Felix Bernhard Herle

Strategische Planung grenzenloser Destinationen

Vertikale und branchenübergreifende Erweiterung
Touristischer Regionen

Schriftenreihe der School of International Business
Internationaler Studiengang für Tourismusmanagement (ISTM)

Herausgegeben von Felix Bernhard Herle

Band 4

SCHRIFTENREIHE DER SCHOOL OF INTERNATIONAL BUSINESS

Internationaler Studiengang für Tourismusmanagement (ISTM)

Herausgegeben von Felix Bernhard Herle

ISSN 1863-9798

1 *Katharina Schirmbeck*
Markenbildung für Regionen
Dachmarkenkonzepte im deutschen Regionalmarketing
ISBN 3-89821-689-6

2 *Stefanie Kranawetter und Ivonne Mühlner*
Erfolgreiches Krisenmanagement für Reiseveranstalter
Ein Handbuch für plötzlich auftretende Krisen im Tourismus
ISBN 978-3-89821-835-1

3 *Angela Bergner*
Tourismus als Mittel zur Armutsminderung in Nepal
Das "Tourism for Rural Poverty Alleviation Programme" (TRPAP)
ISBN 978-3-89821-853-5

4 *Felix Bernhard Herle*
Strategische Planung grenzenloser Destinationen
Vertikale und branchenübergreifende Erweiterung Touristischer Regionen
ISBN 978-3-89821-908-2

Felix Bernhard Herle

STRATEGISCHE PLANUNG GRENZENLOSER DESTINATIONEN

Vertikale und branchenübergreifende Erweiterung Touristischer Regionen

Schriftenreihe der School of International Business
Internationaler Studiengang für Tourismusmanagement (ISTM)

Herausgegeben von Felix Bernhard Herle

Band 1

ibidem-Verlag
Stuttgart

Bibliografische Information der Deutschen Nationalbibliothek
Die Deutsche Nationalbibliothek verzeichnet diese Publikation in der Deutschen Nationalbibliografie; detaillierte bibliografische Daten sind im Internet über http://dnb.d-nb.de abrufbar.

Bibliographic information published by the Deutsche Nationalbibliothek
Die Deutsche Nationalbibliothek lists this publication in the Deutsche Nationalbibliografie; detailed bibliographic data are available in the Internet at http://dnb.d-nb.de.

Coverbild: FIS Skilanglauf Weltcup in Düsseldorf. Abdruck mit freundlicher Genehmigung der Jever Skihalle Neuss, allrounder winter world gmbh & co. kg

∞

Gedruckt auf alterungsbeständigem, säurefreien Papier
Printed on acid-free paper

ISSN: 1863-9798

ISBN-10: 3-89821-908-9
ISBN-13: 978-3-89821-908-2

Printed in Germany

Vorwort zu den Schriftenreihen der School of International Business

Die **Hochschule Bremen** setzt als größte Fachhochschule im kleinsten Bundesland konsequent auf Internationalisierung - und findet mit dieser Haltung bundesweite Beachtung. Im Jahr 2000 erhielt die Hochschule den **Best Practice Award** des renommierten Centrums für Hochschulentwicklung (CHE) für ihren konsequenten Bezug zur Internationalisierung und ihr innovatives Studienangebot. Zusätzlich wurde sie 2001 mit dem **Marketingpreis des Deutschen Akademischen Austauschdienstes (DAAD)** ausgezeichnet und erhielt im selben Jahr vom Stifterverband die Auszeichnung **Reformhochschule.** Zu diesen Auszeichnungen haben die Studiengänge der **School of International Business (SIB)** einen entscheidenden Beitrag geleistet.

Die School of International Business an der Hochschule Bremen wurde als übergeordnete Institution für die international ausgerichteten wirtschaftswissenschaftlichen Studiengänge eingerichtet. Das Studienangebot der SIB umfasst sechs internationale, wirtschaftswissenschaftliche Bachelor-Studiengänge und drei englischsprachige, zahlungspflichtige Master-Studiengänge:

- Internationaler Studiengang Global Management,
- Internationaler Studiengang für Wirtschaftsingenieurwesen,
- Europäischer Studiengang für Wirtschaft und Verwaltung,
- Internationaler Studiengang Volkswirtschaft,
- Internationaler Studiengang Tourismusmanagement,
- Internationaler Studiengang Steuer und Wirtschaftsrecht;
- Master in Global Management,
- Master in International Tourism Management,
- Master in European Studies.

Zudem wird gemeinsam mit dem Internationalen Studiengang *Angewandte Freizeitwissenschaften* ein konsekutiver Master in *Leisure and Tourism* angeboten.

Allen Bachelorprogrammen gemein ist ihre **internationale Ausrichtung**. Dazu gehört vor allem ein integriertes Auslandsjahr im fünften und sechsten Semester, das sich hälftig in ein Studiensemester und ein Semester Praktikum aufteilt.
Die Studierenden werden in spezifischen Lehrveranstaltungen sprachlich und interkulturell gezielt auf ihren Auslandsaufenthalt vorbereitet. Im Austausch studieren Studenten aller Kontinente an der SIB und prägen die internationale Atmosphäre. Insgesamt hat die SIB Kooperationen mit **über 70 Partneruniversitäten weltweit** und empfängt jedes

Semester rund 100 internationale Gaststudierende - ein ungewöhnlich hoher Anteil angesichts von ca. 800 Regelstudierenden. Auch aus diesem Grund wird mindestens ein Drittel aller Lehrveranstaltungen auf Englisch durchgeführt.
Dieses multikulturelle Klima spiegelt sich auch in der Lehre wider. Alle Kurse sind international gemischt - auch, was die Lehrenden betrifft: In den Masterstudiengängen stammen bis zu 40% der Lehrenden von internationalen Hochschulen

In den bislang fünf Jahren ihres Bestehens hat sich die SIB zu einer leistungsfähigen organisatorischen Einheit mit einer eindeutigen Positionierung und einem klaren Profil im Wettbewerb entwickelt. In der Wirtschaft hat sich die SIB unter anderem auch mit dem sehr gut etablierten SIB-Kongress bekannt gemacht, der jährlich stattfindet und sich vor allem an Vertreter der mittelständischen Wirtschaft richtet.

Mit der vorliegenden, neu begründeten Schriftenreihe bietet die SIB in Kooperation mit dem ***ibidem***-Verlag Dozenten und Absolventen der SIB nun eine attraktive Plattform zur Veröffentlichung ausgewählter Monographien und Studien sowie sonstiger Forschungsergebnisse.

Bremen, November 2006

Prof. Dr. Hans-Jürgen Busse
Dekan Fachbereich Nautik und Internationale Wirtschaft der Hochschule Bremen
University of Applied Sciences

INHALTSVERZEICHNIS

Abbildungsverzeichnis

Einleitung

In Zeiten knapper werdender Ressourcen und beschleunigter Veränderungen in Wettbewerb, Markt, Gesellschaft und Technik ist es eine zentrale Aufgabe aller Unternehmen, kreative und tragfähige Strategien zu entwickeln, mit denen ein deutlicher und lang anhaltender Wettbewerbsvorteil realisiert werden kann (vgl. Kreilkamp, 1987, Vorwort).

Touristische Regionen stoßen häufig aufgrund des hohen Verbrauchs der natürlichen Ressourcen an ihre **Wachstumsgrenzen**, weshalb sie früher oder später neue Räume für unternehmerische Tätigkeiten benötigen werden.

Aufgrund der Anforderungen der marktorientierten Unternehmensführung entwickeln Touristische Regionen **neue Fähigkeiten** zur Bedürfnisbefriedigung der Kunden, die auch in branchenfremden Märkten Erfolgspotentiale zum Aufbau neuer Geschäftsfelder darstellen können, vor allem, da das traditionelle Branchengefüge zunehmend in Bewegung zu geraten scheint.

Es treten immer **neue Wettbewerber** in den Markt ein, weil die Tourismusentwicklung weltweit, vor allem auch in strukturschwachen Regionen, als Chance für Wirtschaftswachstum angesehen wird. Touristische Regionen müssen daher ihre Leistungsbereitschaft erhöhen und mit innovativem Handeln Wettbewerbsvorteile aufbauen. Außerdem wächst die Bedrohung Touristischer Regionen durch neue marketingbasierte Destinationstypen wie dem „Land Fleesensee“ und durch moderne Freizeiteinrichtungen in den Quellmärkten wie der Skiarena in Neuss. Daraus können sich für Touristische Regionen neben den Risiken auch Chancen für Wachstum ergeben, wenn sie die veränderte Wettbewerbssituation aktiv mitgestalten.

Beschleunigt wird der Wandel der Wettbewerbskräfte durch **Veränderungen der Bedürfnisstruktur der Touristen in der Freizeit und im Urlaub** sowie die allgemeinen Anforderungen aus der Gesellschaft. In dieser Situation müssen die Unternehmen fortlaufend neue Marketingstrategien entwickeln, um dauerhaft wettbewerbsfähig bleiben zu können.

In den Quellmärkten Touristischer Regionen **bedienen sich immer mehr Unternehmen touristischer Themen**, um Wettbewerbsvorteile aufzubauen. Touristische Regionen profitieren von dieser Entwicklung bisher kaum. Es ist aber anzunehmen, dass sich daraus für Touristische Regionen neue Marktchancen ergeben könnten.

Parallel haben sich **Informations- und Kommunikationstechnologien fundamental gewandelt**, wodurch sich u.a. der Spielraum für vertikales und branchenübergreifendes Handeln Touristischer Regionen vergrößert hat.

Unter dem Eindruck dieser veränderten Umweltbedingungen und aufgrund allgemeiner Überlegungen über innovative und zukunftsweisende Strategien für Touristische Regionen wurde zu Beginn dieser wissenschaftlichen Arbeit folgende **Vision** für Touristische Regionen formuliert:

Das Leistungssystem der Destinationen wird zukünftig aus einzelnen Angebotsbausteinen bestehen, die potentiell an jedem Ort dieser Erde vom Kunden in Anspruch genommen werden können.
Die normative Kraft dieser grenzenlosen (touristischen) Destination besteht aus einer tourismustypischen Grundausrichtung, deren sensueller Kern in einer profilierten Touristischen Region liegt. Als sensualisierte Marke löst sich diese Touristische Region von ihren Grenzen und steuert markt- und wettbewerbsorientiert ein Netzwerk destinationstypischer Angebote.

Die Vision steht am Anfang des Forschungsvorhabens. **Ziel** ist es, erstens zu prüfen, inwieweit die Vision der grenzenlosen Destination wissenschaftlich fundiert werden kann, und zweitens neue Erkenntnisse für das strategische Marketing grenzenloser Destinationen zu gewinnen. Auf der Basis eines breit angelegten **Forschungs-Mix**, der die wesentlichen Erkenntnisse der relevanten Wissenschaften zu diesem Thema multidisziplinär berücksichtigt und ergänzend die deskriptive Analyse relevanter Fallbeispiele aus der Praxis sowie eigene empirische Untersuchungen integriert, wird eine möglichst hohe Sicherheit des Gesamtergebnisses angestrebt.

Die **Tourismuswissenschaft** hat sich bisher in dieser Komplexität mit dem strategischen Marketing grenzenloser Destinationen nicht beschäftigt. Es liegen aber wissenschaftliche Erkenntnisse für einzelne Strategiealternativen vor, die für die Realisierung grenzenloser Touristischer Regionen relevant sind. Über **Ressourcen und Fähigkeiten Touristischer Regionen** gibt es eine breite wissenschaftliche Diskussion (u.a. Bieger, Haedrich, Hinterhuber, Mundt, Kaspar, Kreilkamp, Pechlaner, Steinecke und Wöhler). Auch liegt eine Reihe von Untersuchungen über **Reiseverhalten, -motive und –aktivitäten** vor (u.a. Britisch American Tobacco / Freizeit und Forschungsinstitut B.A.T., Forschungsgruppe Urlaub und Reisen FUR, Institut für Planungskybernetik IPK, Studienkreis für Tourismus). Die umfangreiche wissenschaftliche Diskussion über die **touristische Dienstleistungskette** (Bieger, Freyer, Kreilkamp, Pechlaner, Romeiss-Stracke und Hinterhuber) und Untersuchungsergebnisse über den **Kaufentscheidungsprozess im Tourismus** bieten den theoretischen Rahmen für die Analyse der vertikalen Erweiterung Touristischer Regionen. Der **Tourismuswettbewerb jenseits der Branchengrenzen** ist dagegen erst seit kurzem Thema in der Tourismusliteratur (Pechlaner, Matzler). Das industriegesellschaftliche Lebensmodell (Krippendorf) eignet sich als Bezugsrahmen für die Analyse der **Beziehungen zwischen touristischen und nicht-touristischen Systemen**.

Zur Überprüfung der Vision können zusätzlich zur tourismuswissenschaftlichen Literatur relevante Forschungsergebnisse anderer Disziplinen herangezogen werden. Die Geographie leistet einen Beitrag zur Bestimmung des Begriffes Touristische Region (u.a. Boesch, Hard, Werthmöller). Die Wirtschaftswissenschaft liefert wichtige Erkenntnisse über **Wettbewerbsstrategien** (u.a. Porter), die **Markenführung** (u.a. Haedrich, Esch, Aaker) und das **Käufer- und Konsumentenverhalten** (u.a. Kroeber-Riel/Weinberg). Die Soziologie und Freizeitwissenschaften leisten Beiträge über das **Freizeitverhalten**, **Lebensstile**, die **Erlebnisgesellschaft** sowie das **Käufer- und Konsumentenverhalten** (u.a. Agricola, Opaschowski, Schulze und Vester).

Einige Aspekte der Vision sind bis heute noch nicht Gegenstand der Forschung gewesen. Es gibt keine Forschungsansätze, die das Freizeitverhalten übergreifend untersuchen. Es liegen zwar unabhängig voneinander Untersuchungsergebnisse über das Freizeitverhalten im Alltag und Freizeitverhalten im Urlaub vor, es fehlen aber wissenschaftliche Grundlagen über die **Beziehung zwischen Freizeitverhalten im Alltag und Freizeitverhalten im Tourismus**, insbesondere über den Einfluss der Erfahrungen der Reisenden in Touristischen Regionen auf ihr Konsum- und Freizeitverhalten im Alltag sowie ihren Lebensstil. Es fehlen auch Forschungsgrundlagen über den Einfluss von Destinationserfahrung auf die Besuchsmotivation und Wahrnehmung von tourismustypischen Angeboten im Alltag. Im Rahmen dieser Arbeit wird damit begonnen, diese Forschungsfelder zu bearbeiten. Mit Hilfe qualitativer und quantitativer Untersuchungsmethoden wurden neue Erkenntnisse gewonnen, die einen Beitrag zur wissenschaftlichen Überprüfung der Vision leisten. Darüber hinaus können sie auch zur Hypothesenbildung für weiterführende Grundlagenforschung genutzt werden.

Im **ersten Teil** dieser Arbeit (**I**) wird der **theoretische Bezugsrahmen** für die wissenschaftliche Analyse geschaffen.

Der **zweite Teil (II)** beinhaltet die Analyse der marktlichen, wettbewerblichen, gesellschaftlichen und technologischen Rahmenbedingungen für die Realisierung **grenzenloser Destinationen**, die sich aus der vorhandenen wissenschaftlichen Literatur und den relevanten praktischen Beispielen ableiten lassen. Das erste Kapitel gibt einen Überblick über die **Evolution Touristischer Regionen**. Die wissenschaftliche Diskussion über die Rahmenbedingungen Touristischer Regionen wird vergangenheits- und gegenwartsbezogen sowie zukunftsorientiert dargestellt. Im Mittelpunkt stehen die **Ressourcen und Fähigkeiten Touristischer Regionen**, die Erfolgspotentiale für grenzenlose Destinationen darstellen. Neu daran ist vor allem die Konzentration der Analyse auf ortsunabhängige Ressourcen Touristischer Regionen sowie auf Fähigkeiten, die für die strategische Führung grenzenloser Destinationen notwendig sind. Im zweiten Kapitel wird auf **Trends im Käufer- und Konsumentenverhalten** eingegangen. Das Nachfragepotential des Marktes nach grenzenlosen Touristischen Regionen wird analysiert. Insbesondere werden Trends untersucht, die für den Bedarf nach einem integrierten System von touristischen Angeboten inner- und außerhalb der Touristischen Regionen sprechen. Im Anschluss an die Analyse des Käufer- und Konsumentenverhaltens werden Chancen und Risiken diskutiert, die sich aus der **Wettbewerbssituation** Touristischer Regionen ergeben. Dafür wird im dritten Kapitel eine Analyse des **horizontalen** Wettbewerbs vorgenommen. Im vierten Kapitel folgt die Darstellung des **vertikalen** und im fünften des **branchenübergreifenden** Wettbewerbs im Tourismus. Die breite Horizontbetrachtung entspricht dem explorativen Charakter des Forschungsvorhabens. Im sechsten Kapitel werden kurz die Chancen aufgezeigt, die sich durch die modernen **Informations- und Kommunikationstechnologien** für die Gestaltung grenzenloser Touristischer Regionen ergeben.

Im **dritten Teil** dieser Arbeit **(III)** werden auf der Basis marketingtheoretischer Grundlagen **Strategiealternativen** für grenzenlose Destinationen herausgearbeitet und Chancen und Risiken diskutiert, die sich durch die Erweiterung des Wertsystems für Touristische Regionen bzw. Destinationen ergeben. Das erste Kapitel thematisiert **grundsatzstrategische Entscheidungen**, daraus abgeleitet folgen im zweiten Kapitel **instrumentalstrategische Entscheidungen,** bevor im dritten Kapitel speziell auf die **Markenerweiterung** eingegangen wird.

Im **vierten Teil (IV)** werden die **qualitativen und quantitativen Forschungsergebnisse**, die im Rahmen dieser Arbeit gewonnen werden konnten, dargestellt und diskutiert. Das erste Kapitel beinhaltet die explorativen Ergebnisse der leitfadengestützten Einzelinterviews mit Touristen über den **Einfluss der Destinations-**

erfahrung auf das Konsum- und Freizeitverhalten sowie den Lebensstil im Alltag. Es werden allgemeine Hypothesen über die Beziehung zwischen Touristen und Destinationen sowie über destinationsbeeinflusstes Konsumentenverhalten im Alltag herausgearbeitet, und es erfolgt eine differenzierte Analyse anhand hypothetischer Destinations-Typen. Im zweiten Kapitel folgt die Auswertung quantitativer und explorativer Ergebnisse der Kundenbefragung, die in zwei sog. Destinations-Unternehmen in der Quellregion Berlin durchgeführt wurde, um den **Einfluss der Destinationserfahrung auf die Besuchsmotivation und Wahrnehmung destinationsspezifischer Angebote** im Alltag auf der Ebene der Leistungsträger zu spezifizieren.

Abschließend folgt im **fünften Teil (V)** die **Quintessenz der Einzelergebnisse** in Bezug auf das Forschungsziel. Auf der Basis des breiten Forschungs-Mix können erstmals umfassend grundlegende wissenschaftliche Tendenzaussagen zur strategischen Planung grenzenloser Destinationen getroffen werden. Im ersten Kapitel wird auf das gesamtgesellschaftliche Phänomen der **Entgrenzung von Alltag und Gegenalltag** (Tourismus) eingegangen, bevor im zweiten Kapitel **Tendenzaussagen** als Basis **für die Strategieentwicklung** grenzenloser Destinationen zusammenfassend dargestellt werden. Anschließend werden im dritten Kapitel **hypothetische markenstrategische Modelle** für grenzenlose Destinationen präsentiert. Im vierten Kapitel folgt abschließend die Auflistung weiterführender Forschungsfragen zum Thema.

I Theoretischer Bezugsrahmen

1 Das industriegesellschaftliche Lebensmodell

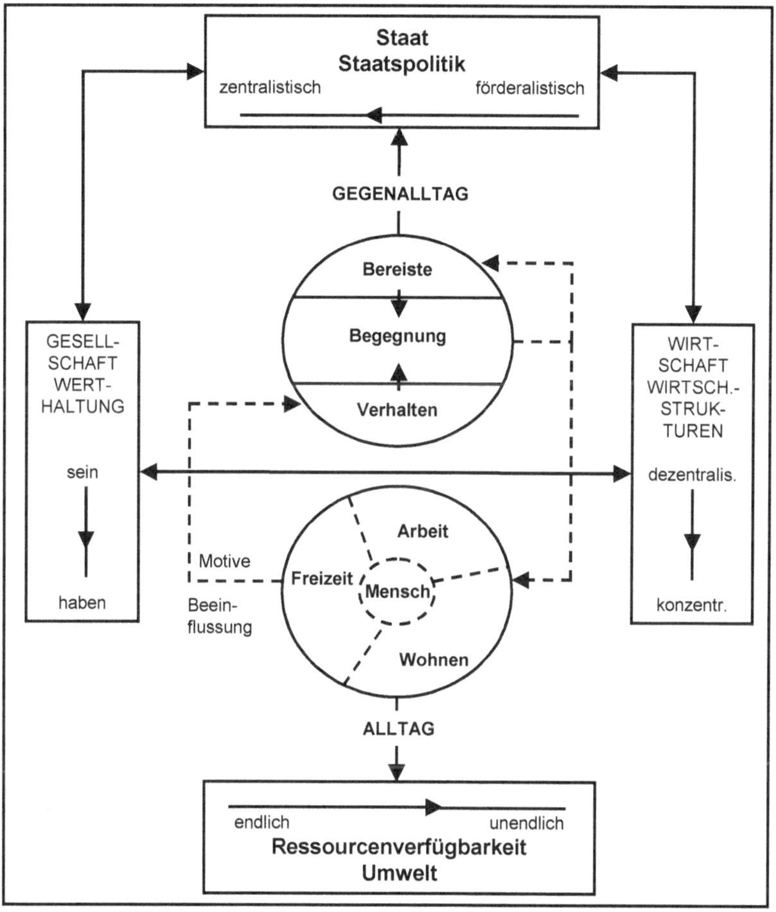

Abbildung 1: Industriegesellschaftliches Lebensmodell

Quelle: Krippendorf, 1984, S. 29

Das in Abbildung 1 auf Seite 6 dargestellte **industriegesellschaftliche Lebensmodell** von Jost Krippendorf eignet sich als übergeordneter Bezugsrahmen für die vorliegende Arbeit. Das recht allgemeine und umfassende Modell stellt u.a. die Beziehungen zwischen dem sog. Alltag und dem sog. Gegenalltag der Touristen als Subsystem in einem übergeordneten System dar. Das **System Gegenalltag** ist identisch mit dem System Touristische Region. Das **System Alltag** kann unter bestimmten Umständen wie dem Subsystem Quellregion einer Touristischen Regionen entsprechen. Auch im Kontext dieser Arbeit, die Realisierungschancen grenzenloser Touristischer Regionen zu erforschen, konzentriert sich die Untersuchung auf die Beziehung zwischen Touristischen Regionen (Gegenalltag im Modell) und Quellregionen Touristischer Regionen (Alltag im Modell). Mit diesem Verständnis stellen die gestrichelten Verbindungslinien zwischen den Systemen Alltag und Gegenwelt in Pfeilrichtung die Beziehungen zwischen Touristischer Region und Quellregion dar. Der Alltag beeinflusst demnach das Verhalten der Reisenden in der Touristischen Region, aber auch die Begegnungen zwischen Reisenden und Bereisten wirken auf die Quellregion. Krippendorf stellt in seinem Modell die Begegnungen zwischen Reisenden und Bereisten in den Mittelpunkt. Diese Darstellung entspricht im Wesentlichen der wissenschaftlichen Diskussion über dieses Thema zum Zeitpunkt der Modellbildung. Im Rahmen dieser Arbeit wird der Focus erweitert. Es werden allgemein Einflüsse der Quellregionen auf die Touristischen Regionen sowie Einflüsse der Touristischen Regionen auf die Quellregion betrachtet, die für das Forschungsvorhaben relevant sind. Die Beeinflussung kann durch die Reisenden (Subjekte) selbst oder durch Objekte (z.B. Destination Management Organisationen) aller Art erfolgen.

2 Strategisches Marketing

Die Analyse der Realisierungschancen grenzenloser Touristischer Regionen erfolgt auf der Basis von Marketing als Führungskonzeption von Organisationen.

2.1 Marketing als Führungskonzeption

Marketing im Tourismus hat seit ca. 1948, ähnlich wie in anderen Märkten, mehrere Entwicklungsperioden durchlaufen. Unterschiede ergeben sich vor allem durch die Rahmenbedingungen der einzelnen Märkte. Die Wandlung der Märkte von

Verkäufermärkten zu Käufermärkten ist ausschlaggebend für den Einsatz des Marketing. Die ersten Jahre sind durch überschaubare Märkte gekennzeichnet. Neue Produkte finden in der Regel auch Käufer. In dieser Phase steht die Produktentwicklung im Vordergrund des Marketing. Die Auflösung der Gesamtmärkte in Teilmärkte kennzeichnet später den Wandel zur Käufermarktsituation. Das Nachfrageverhalten ändert sich aufgrund wirtschaftlicher und gesellschaftlicher Rahmenbedingungen. Kunden verhalten sich differenzierter und wählerischer. Die Produktorientierung im Marketing wird durch nachfrageorientiertes Planen abgelöst. **Marktorientierte Konzepte** werden entwickelt, um den Einsatz der Marketinginstrumente zielgerichteter planen zu können. Für Touristische Regionen bedeutet dies die Erstellung von Kurortentwicklungsplänen und Marketingkonzeptionen sowie kooperatives Marketing (vgl. Freyer, 2007, S. 50).

Im Zuge verstärkter Sättigung einzelner Märkte und gesellschaftlicher Einflüsse gewinnt die **strategische Planung** im Marketing an Bedeutung. Marketing bedeutet jetzt mehr als die optimale Befriedigung der Kundenbedürfnisse zu realisieren. Aufgabe ist es, Konsumentenbedürfnisse besser zu befriedigen als dies Wettbewerbsprodukte können. Das gegenwärtige und zukünftige Verhalten aktueller und potentieller Wettbewerber wird fester Bestandteil der Marketingplanung. Auf der Basis der eigenen Stärken und Schwächen gegenüber dem Wettbewerb müssen strategische Erfolgsfaktoren realisiert werden (vgl. Kreilkamp, 1998, S. 288). Die folgende Definition fasst das zusammen: "Marketing ist eine Führungskonzeption, mit der eine Organisation das Ziel verfolgt, Bedürfnisse und Anforderungen aus Markt und Gesellschaft möglichst frühzeitig zu erkennen und auf der Basis einer Analyse der eigenen Stärken und Schwächen im Verhältnis zum Wettbewerb Strategien zur aktiven Gestaltung der Beziehungen zwischen Organisation und Umwelt zu entwickeln und zu implementieren (Haedrich/Tomczak, 1996b, S. 20)."

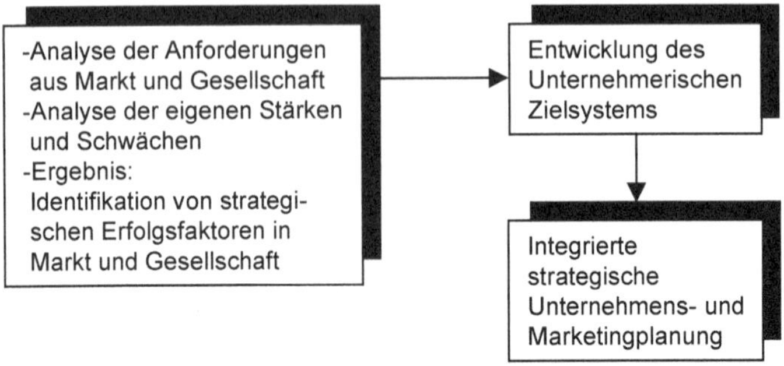

Abbildung 2: Marketing als markt-, wettbewerbs- und gesellschaftsorientierte Führungskonzeption

Quelle: Haedrich/Tomczak, 1996b, S. 20

In diesem Prozess verschmelzen Unternehmens- und Marketingplanung eng miteinander. Der Marketinggedanke ist Kern der Unternehmensphilosophie.

2.2 Strategische Unternehmens- und Marketingplanung

Im Prozess der strategischen Unternehmens- und Marketingplanung bildet die Situationsanalyse bzw. die **Analyse der strategischen Ausgangssituation** die Grundlage aller weiteren Planungen. Sie beinhaltet die Analysen der globalen Umwelt, regulativer Gruppen, des Marktes, der Wettbewerber, der Lieferanten und des Unternehmens selbst. Aufgabe ist es, aktuelle sowie zukünftige Entwicklungen zu erfassen und daraus erwachsene Chancen und Risiken für die Unternehmensplanung zu erkennen. Die **Stärken und Schwächen** des eigenen Unternehmens werden denen der Wettbewerber und alternativen Umweltentwicklungen gegenübergestellt, um Wettbewerbsvorteile zu erkennen und strategische Erfolgsfaktoren ableiten zu können. Die notwendige Zukunftsorientierung der strategischen Planung wird durch die Anwendung von **Prognoseverfahren** und Instrumenten der strategischen Frühaufklärung verstärkt (vgl. Kreilkamp, 1988a, S. 305ff).

Auf der Basis der umfassenden Situationsanalyse wird ein **Leitbild** entwickelt. Leitbilder sind Gegenstand der normativen Planungsebene und dienen als Eckpfeiler für das strategische und operative Marketing-Management. In der Literatur gibt es zum Inhalt eines Leitbildes verschiedene Auffassungen. Becker und Kreilkamp treten für eine klare Trennung zwischen Unternehmensphilosophie und Unternehmensleitbild ein. Unternehmensphilosophie soll übergeordnet eher Wertvorstellungen und Überzeugungen sowie Normen und Verhaltensregeln festlegen, während das Leitbild eine Konkretisierung der strategischen Verhaltensweisen unter Beachtung der Unternehmensphilosophie darstellt. Leitbilder sollten nach Kreilkamp auch marketingpolitische Zielsetzungen wie angestrebter Marktanteil, Bekanntheitsgrad und Image in Bezug auf relevante Zielgruppen beinhalten. Außerdem sollte ein Zeitrahmen festgeschrieben werden, innerhalb dessen die angestrebten Ziele erreicht werden sollen (vgl. Kreilkamp, 1998a, S. 318). Haedrich vertritt die Auffassung, dass Leitbilder dazu dienen, die Unternehmensphilosophie bzw. Vision für die Planungsträger zu übersetzen. Im Leitbild sollen verbindliche Entwicklungsleitlinien des Unternehmens und handlungsbestimmende Leitprinzipien festgelegt werden. Konkrete Unternehmens- und Marketingziele sind für Haedrich nicht Gegenstand der normativen Planungsebene, sondern des strategischen Management und gehören demnach nicht in das Leitbild (vgl. Haedrich, 1998b, S. 280).

Aufbauend auf die im Leitbild angestrebten strategischen Erfolgsfaktoren sind **Positionierungsziele** zu formulieren. Gemeint ist damit die angestrebte Stellung einer Touristischen Region bzw. ihrer Leistungsangebote im Markt, Wettbewerb und in der Gesellschaft (vgl. Haedrich/Tomczak, 1996b, S. 75). Durch die Positionierung muss es gelingen, eine positive Alleinstellung, eine „Unique Selling Proposition" (USP) im Wettbewerbsumfeld zu erreichen. Diese Ziel ist erreichbar, wenn ein echter, d.h. für die Zielgruppe relevanter Kundennutzen angesprochen wird („Dominanzprinzip"), dieser Nutzen vom Kunden deutlich wahrnehmbar ist und auf spezifische Stärken in der Region aufbaut. Außerdem muss der Nutzen die Region möglichst dauerhaft von den Wettbewerbsangeboten positiv abgrenzen („Diskriminanzprinzip") (vgl. Haedrich, 1998b, S. 283; Haedrich/Tomczak, 1996a, S. 136f).

Die Umsetzung der strategischen Planungen erfolgt auf der **operativen Managementebene**. Orientiert am Positionierungsziel und an wichtigen grundsatzstrategischen Entscheidungen soll der Einsatz der Marketinginstrumente durch ein fokussiertes **Marketing-Mix** effizient und effektiv gestaltet werden. Unter Marketing-Mix ist dabei die qualitative, quantitative und zeitliche Kombination der Marketinginstrumente zu verstehen. Die Angebots- bzw. Leistungspolitik übernimmt im Rahmen des Marketing-Mix die Aufgabe, ein marktfähiges Produkt zu schaffen. Die Distributionspolitik sorgt für die Verfügbarkeit am Markt. Die Kommunikationspolitik informiert die potentiellen Abnehmer und Meinungsbildner über das Unternehmen, die angebotenen Leistungen und die Verfügbarkeit des Angebotes und bildet Image und Corporate Identity (vgl. Becker, 2006, S. 489; Haedrich/Tomczak, 1996b, S. 137).

2.3 Strategische Markenführung

Der Begriff **strategische Markenführung** wird im Rahmen dieser Arbeit wie bei Haedrich/Tomczak verstanden, und zwar als die kontinuierliche und systematische Pflege von eingeführten Marken (vgl. Haedrich/Tomczak/Kaetzke, 2003, S. 18). Erfolgreiche Markenführung stützt sich auf das **Konzept der Positionierung**. Es muss eine positive Alleinstellung der Marke im Verhältnis zum Wettbewerb erreicht werden (vgl. hierzu Ausführungen S. 11).

Ausschlaggebend für die erfolgreiche Führung einer Marke ist, dass bei der angestrebten Zielgruppe und anderen Anspruchsgruppen ein unverwechselbares und positives Image von einem Produkt oder einer Dienstleistung aufgebaut wird und dieses Image kontinuierlich an die Veränderungen der Vorstellungswelt der Zielgruppe angepasst wird.

Traditionell haben Marken eine Identifikations- und Differenzierungsfunktion zu erfüllen. Unter Käufermarktbedingungen spielt ergänzend die Wirkungsfunktion der Marke die ausschlaggebende Rolle. Das bedeutet, dass die Marke neben der instrumentellen Funktion (Produktqualität, Kennzeichnung, Verpackung etc.) eine psychologische Funktion (emotionale und sensuale Inhalte) erhalten muss, denn: „Auf gesättigten Märkten ist die Markenpolitik im wesentlichen auf eine psychologische Produktdifferenzierung angewiesen. ... Die verschiedenen Marken sollen dem Konsumenten über ihren sachlich-funktionalen Nutzen hinaus emotionale, auch sensuale Erlebnisse vermitteln wie Freiheit, Naturverbundenheit, Frische, Eleganz usw. (Kroeber-Riel/Weinberg, 2003, S. 128f)." Dieser sog. added-value kann aus Konsumentensicht beispielsweise einen Zusatznutzen der individuellen Sozialprofilierung darstellen, d.h. der Konsument kauft sich mit einer Marke ein spezifisches Lebensgefühl (vgl. Ghazizadeh, 1987, S. 48). Insgesamt scheinen es gerade die starken Marken zu sein, die in besonderem Maße gefühlsmäßig beim Konsumenten verankert sind (vgl. Esch/Wicke/Rempel, 2005, S. 11).

Die Festlegung der **Markenstruktur** ist neben der Markenpositionierung eine weitere Grundsatzentscheidung, die im Rahmen der strategischen Markenführung gefällt werden muss. In der Markenpolitik werden, wie in Abbildung 3 (S. 13) dargestellt, drei grundsätzliche markenstrategische Optionen unterschieden: die Einzelmarke (auch Produkt- oder Mono-Marke), die Familienmarke (auch Produktgruppen- oder Range-Marke) und die Dachmarke (auch Corporate Brand oder Firmenmarke).

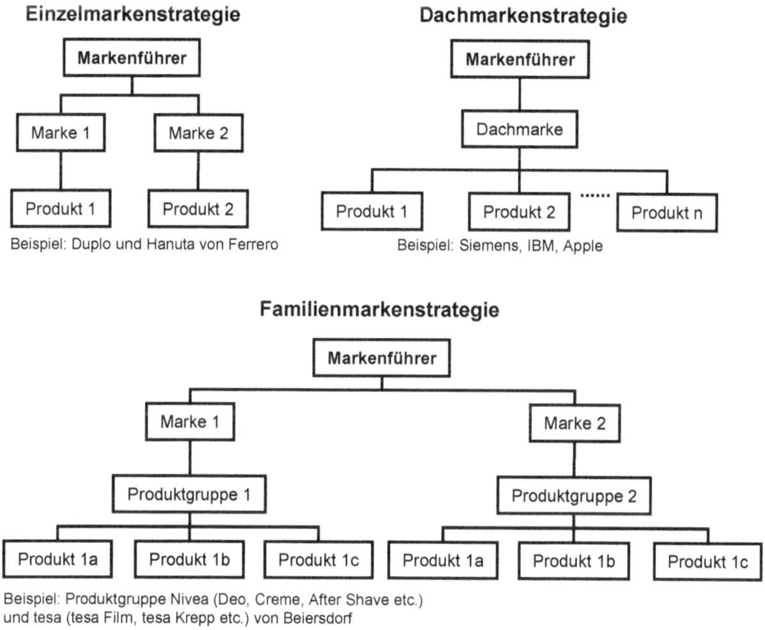

Abbildung 3: Grundlegende Markenstrukturstrategien

Quelle: Homburg/Schäfer, 2001, S. 161

Das Grundprinzip der **Einzelmarke** besteht darin, dass für einzelne Produkte eines Anbieters jeweils eigene Marken geschaffen und im Markt durchgesetzt werden. Bei der **Familienmarke** wird für eine bestimmte Produktgruppe (Produktlinie) eine einheitliche Marke gewählt. So können unter einem produktgruppenspezifischen Markenimage mehrere Produkte geführt werden. Die **Dachmarke** vereint dagegen sämtliche Produkte eines Unternehmens unter einer einheitlichen Marke. Der Herstellername steht bei den Profilierungsbemühungen der Dachmarke im Vordergrund und dient sozusagen als Klammer (vgl. Becker, 2006, S. 197f; Haedrich/Tomczak/Kaetzke, 2003, S. 79ff; Kreilkamp, 1987, S. 316ff).

Neben diesen „reinen“ Markentypen sind auch Kombinationen der markenstrategischen Basisalternativen möglich. Unterschieden wird dabei in zwei- oder dreistufige Marken-Hierarchien. Familien- und Einzelmarken können hierarchisch unter der Dachmarke geführt werden. Ebenfalls möglich ist die Kombination aus Einzelmarke und einer Familienmarke, die wiederum unter einer Dachmarke geführt wird (vgl. Becker, 2006, S. 200ff).

3 Wertschöpfungskette, Wertkette und Wertsystem

Die **Wertschöpfung** von Produkten und Dienstleistungen ergibt sich aus der Differenz zwischen Verkaufspreis und den Kosten der Vorleistungen, die von allen beteiligten Unternehmen von der Produktidee bis zum Fertigprodukt in der Anwendung durch die Produktnutzer aufgewendet werden (vgl. Kotler/Bliemel, 2006, S. 665). Dieser Gesamtprozess der Wertschöpfung wird auch als **Wertschöpfungskette** bezeichnet und kann aus analytischen Gründen in einzelne Phasen, sog. **Wertschöpfungsstufen,** gegliedert werden. Die Wertschöpfungskette stellt dann alle Ressourcen und Fähigkeiten dar, die zur Entwicklung, Erzeugung und Vermarktung eines Produktes bzw. einer Dienstleistung beansprucht werden und was diese Inanspruchnahme je Ressource und Einheit kostet. Diese Darstellung ist unabhängig davon, ob die einzelnen Wertschöpfungsstufen unter der Kontrolle eines oder mehrerer Unternehmen stehen (vgl. Kreilkamp, 1987, S. 191). Am Beispiel der Autoindustrie soll dies verdeutlicht werden. Die Wertschöpfungskette der Autoindustrie beinhaltet die Stufen Forschung und Entwicklung, Produktion, Handel, Wartung und Haltung sowie Entsorgung.

Die Wertschöpfungskette wird auch als **Geschäftssystem** (vgl. Kreilkamp, 1987, S. 194f) oder als **Wertkette** (vgl. Porter, 1999, S. 85) bezeichnet. „Das Geschäftssystem umfasst die Abfolge der Schritte, mit denen ein Unternehmen in einem gegebenen Geschäft seine Güter oder Dienstleistungen produziert und an den Kunden bringt (Kreilkamp, 1998a, S. 306).“ Die Wertaktivitäten im Geschäftssystem bzw. in der Wertkette können in zwei Gruppen und neun Aktivitäten unterteilt werden (vgl. Abbildung 4, S. 15).

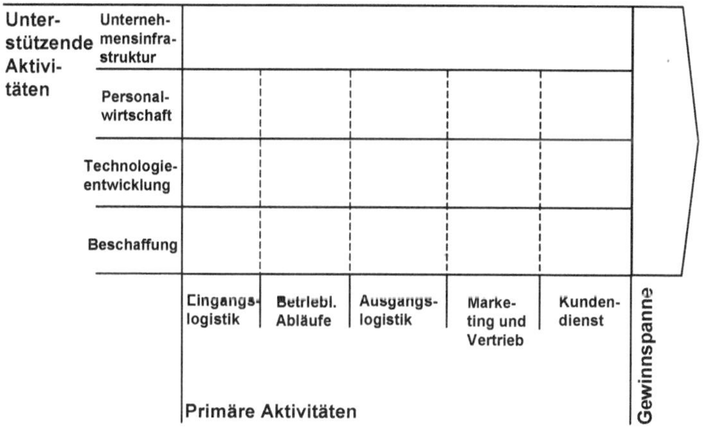

Abbildung 4: Die Wertkette

Quelle: Porter, 1999, S. 85

Die erste Gruppe, die „Primären Aktivitäten", dient der physischen Erzeugung, der Vermarktung und Auslieferung an die Käufer sowie dem Kundendienst. Zu der zweiten Gruppe, den „unterstützenden Aktivitäten", zählen Aktivitäten, ohne die die primären Aktivitäten nicht stattfinden können. Im Einzelnen handelt es sich dabei um die Bereitstellung von Produktionsfaktoren und Infrastruktur. Unter Infrastruktur werden hier Funktionen wie Betriebsleistung, Rechtsberatung und Buchhaltung zusammengefasst (vgl. Porter, 1999, S. 86).

Die gesamte Wertkette eines Unternehmens stellt ein System interdependenter Aktivitäten dar. Abhängigkeiten bestehen nicht nur zwischen den Wertaktivitäten innerhalb des Unternehmens, sondern auch zwischen den Wertketten des Unternehmen und dessen Lieferanten, Vertriebskanälen und Abnehmern (vgl. Porter 1999, S. 85f). Alle Aktivitäten der einzelnen Wertketten zusammen bilden das **Wertsystem** (vgl. Abb. 5, S. 16). „Das Wertsystem umfasst die Wertkette der Lieferanten, die Produktionsfaktoren (wie Rohstoffe, Komponenten und zugekaufte Dienstleistungen) in die Wertkette des Unternehmens einspeisen. Auf seinem Weg zum Endverbraucher wird das Produkt des Unternehmens häufig durch die Wertkette seiner Vertriebskanäle geschleust. Schließlich wird das Produkt zum Produktionsfaktor für die Wertkette der

Abnehmer, die es verwenden, um eine oder mehrere Aktivitäten damit durchzuführen (Porter, 1999, S. 86) ."

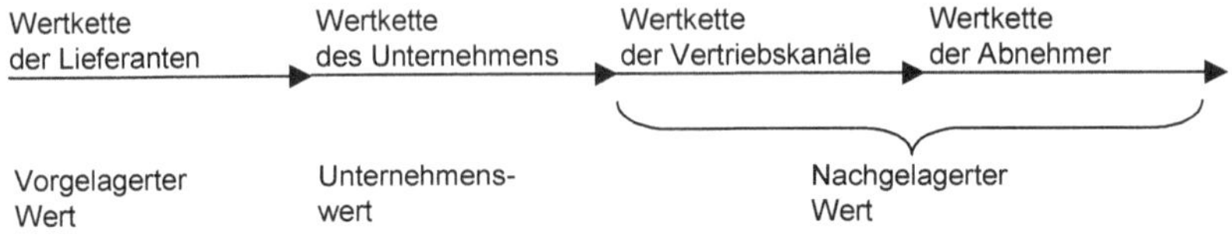

Abbildung 5: Das Wertsystem

Quelle: Porter, 1999, S. 87

Die Länge des **Wertsystems Tourismus** ist nicht genau festgelegt. In der Literatur wird es unterschiedlich weit ausgedehnt. Nach Hesselmann reicht die Ausdehnung von den natürlichen Standortfaktoren auf der einen Seite bis zu den Reisenden auf der anderen Seite. Dazwischen liegen die Wertketten von Einrichtungen in den Touristischen Regionen zur touristischen Nutzung, Beherbergungsbetriebe/Gastronomie, Zielgebietsagenturen, Personenbeförderung, Reiseveranstalter und Reisemittler (vgl. Hesselmann, 1998, S. 715ff).

Pechlaners/Matzlers Darstellung des Wertsystems der Tourismusindustrie beginnt mit der Wertkette der Reisemittler und endet mit der Wertkette der Transportbetriebe für die Rückreise (vgl. Abb. 6).

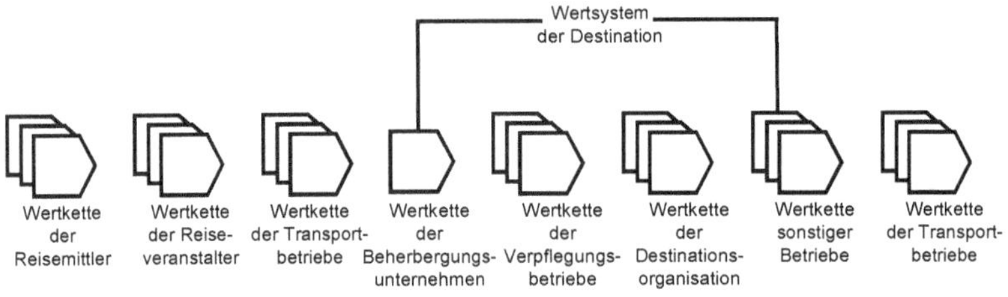

Abbildung 6: Das Wertsystem Tourismus

Quelle: Pechlaner/Matzler, 2000, S. 146 in Anlehnung an Porter, 1993, S. 65

Im Folgenden werden aus methodischen Gründen die sog. **Teil-Wertsysteme „Touristische Region“** und **„Tourismusbranche in den Quellregionen“** des Gesamtwertsystems Tourismus getrennt dargestellt. Das Teil-Wertssystem „Tourismusbranche in den Quellregionen“ wird im weiteren Verlauf dieser Arbeit als **Touristisches Wertsystem Quellregion** bezeichnet.

3.1 Touristisches Wertsystem Quellregion

Gegenwärtig werden in der Literatur dem Touristischen Wertsystem Quellregion die Wertketten der Reisebüros, Reiseveranstalter, Reiseausrüster, Transportunternehmen und Flughäfen oder Bahnhöfe zugerechnet. Einige Unternehmen integrieren mehrere dieser Wertketten. Diese Strategien, die vor allem von Reiseveranstaltern verfolgt werden, die als integrierte Tourismuskonzerne sich als Reisevermittler, -veranstalter und -ausrüster engagieren, werden im Kapitel II 4.2, S. 89-91, behandelt.

Die Unternehmen des Touristischen Wertsystems Quellregion bieten den Reisenden die touristischen Teilleistungen Information/Beratung, Reisevermittlung, Reiseorganisation, Reiseausrüstung, Transport im Quellgebiet und „Nachbetreuung“ an (vgl. Abb. 7, S. 17). **Touristischen Wert** kann das touristische Wertsystem Quellregion jedoch nur in Verbindung mit dem Wertsystem Touristische Region für den Kunden schaffen.

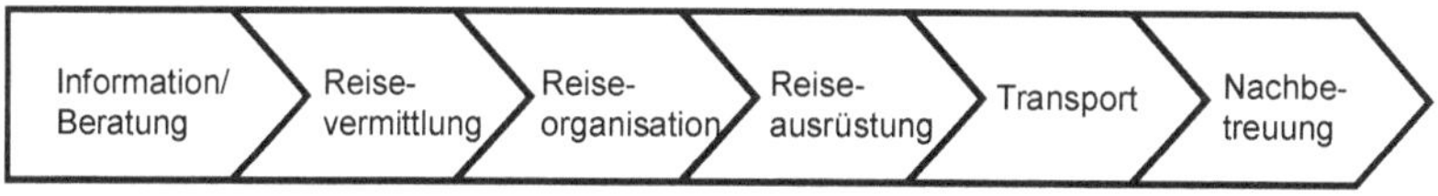

Abbildung 7: Touristisches Wertsystem Quellregion

Eigene Darstellung

3.2 Wertsystem Touristische Region

Beherbergungsunternehmen, Verpflegungsbetriebe, Destinationsorganisationen und sonstige Betriebe werden von Pechlaner/Matzler dem Wertsystem Touristische Region (bzw. Destination) zugeordnet (vgl. hierzu Abb. 6, S. 16). Die Wertkette „sonstige Betriebe“ soll hier noch weiter differenziert werden. Freyer nennt einige Leistungsträger, die in diese Kategorie fallen. Es handelt sich um die Leistungsträger, die in den Touristischen Regionen Reiseleitung, Animation, Freizeitangebote, Attraktionen und Souvenirs anbieten (vgl. Freyer, 2006, S. 136). Darüber hinaus sind Transportunternehmen (vgl. Bieger, 2000, S. 140), Lebensmittelhändler sowie Händler von Reiseaccessoires Teil des Wertsystems Touristische Region.

Das **Wertsystem Touristische Region** stellt demzufolge insbesondere die Wertketten der Transportunternehmen, Incomingagenturen, Beherbergungsunternehmen, Verpflegungsbetriebe, Destinationsorganisationen, Freizeitunternehmen und Anbieter von Attraktionen sowie des Souvenirhandels, Lebensmittelhandels und Reiseaccessoirehandels dar (vgl. hierzu auch Dienstleistungskette im Incoming-Tourismus aus Sicht der Destination, Abb. 18, S. 85)

4 Touristische Region vs. Destination

Was ist eine Region, und was ist eine Touristische Region? Allgemeingültige Antworten auf diese Frage gibt es nicht. Nach Boesch wird der Ausdruck Region in äußerst vielfältiger Weise verwendet. „In der Geographie liegt dabei der Akzent auf der klassifizierenden Gliederung von Teilgebieten nach formalen Kriterien, währenddem es in der Raumplanung und Regionalpolitik um die Gestaltung wirtschafts- (und sozial-) räumlicher Einheiten geht (Boesch, 1989, S. 57).“ In der Geographie hat sich u.a. „die Idee von einer Region als organischer Einheit entfaltet: eine Region, die gleichsam objektiv abgegrenzt werden könne (Boesch, 1989, S. 64).“ Dieser theoretischen Diskussion über die Existenz einer „Wahren Region“ oder „Echten Region“ wird im Rahmen dieser Arbeit kein weiterer Raum eingeräumt, da von ihr keine praxisrelevanten Antworten zu erwarten sind.

Diese Arbeit fokussiert auf **normativ aufgefasste Regionen**, bei denen diese Abgrenzungsproblematik nicht besteht. Dabei besteht Einigkeit dahingehend, dass die Begriffsbestimmung jeweils im engen Zusammenhang mit dem Verwendungszweck steht. Regionen können als symbolische Gruppen oder symbolische Gemeinschaften aufgefasst werden (vgl. Hard, 1987, S. 140; Werthmöller, 1995, S. 78). Theoretisch gibt es keine prinzipiellen Determinanten für die Grenzen und inhaltliche Ausrichtung einer Region. Eine Region ist eine **Gestaltungseinheit**, die es von Natur aus nicht gibt. In der Praxis wird der Begriff allerdings anwendungsorientiert definiert. Regionen „stützen sich auf bestimmte Areale, jedoch ist die Zielsetzung und der Gestaltungswille der Entscheidungsträger gegenüber dem Bestehenden das entscheidende Charakteristikum (Werthmöller, 1995, S. 101)." Die Region als politische Gestaltungseinheit (Verwaltungsregion / Organisationseinheit) ist die gebräuchlichste Form. Andere Abgrenzungen gibt es z.B. nach wirtschaftlichen Aktivitäten wie Bergbauregion oder Industrieregion oder nach Landschaften, z.B. Schwarzmeerregion oder Mittelgebirgsregion.

Eine **Touristische Region** ist demzufolge ein Raum, der z.B. von der Regierung, einer Planungsbehörde, von einzelnen Unternehmern oder auch dessen Bevölkerung als geeignet für den Tourismus erklärt wird und für welchen das Ziel verfolgt wird, den Tourismus zu optimieren, denn: „Erst wenn einem Raum ein „touristischer Sinn“ zugewiesen und ihm damit eine „symbolische Prägnanz“ (cassirer) zuerkannt wird, ist er ein wirklicher Tourismusraum, eine Destination (=Touristifikation) (Wöhler, 2001a, S. 103).“ Traditionell entsprechen Touristische Regionen oft den Verwaltungsregionen. Sie liegen in der (Größen)Hierarchie zwischen Land und Ort. Es können aber auch produktspezifische Kriterien ausschlaggebend sein. So wurde die Insel Föhr offiziell zur Fremdenverkehrsregion erklärt, nachdem sie die Anforderungen der schleswig-holsteinischen Kurortverordnung erfüllte. Nach Kaspar müssen in den Touristischen Regionen Tourismusorte liegen, die als Kristallisationspunkte des touristischen Geschehens gelten und von denen maßgebliche Anziehungskraft auf die Nachfrage ausgeht (vgl. Kaspar, 1991, S. 68).

„Regionen sind Organisationseinheiten. Ihnen stehen **“Destinationen“** als Wettbewerbseinheiten gegenüber (Bratl/Schmidt, 1998, S. B/5)." Destination steht für eine markt- und wettbewerbsorientierte Sichtweise. Nach Haedrich sind unter Destinationen Reiseziele, und zwar aus der Perspektive der Reisenden, zu verstehen (vgl. Haedrich, 1998a, S.6). Diese Reiseziele können einzelne Hotels, Ressorts oder Orte sein. Sie können mit den Touristischen Regionen kongruent sein, können aber auch völlig neuen Kriterien der Abgrenzung unterliegen. Es können mehrtägige Openair Festivals, Klöster, thematische Straßen oder eine Pilgerroute sein. Entscheidend für Destinationen ist, dass sie vom Kunden als solches wahrgenommen werden.

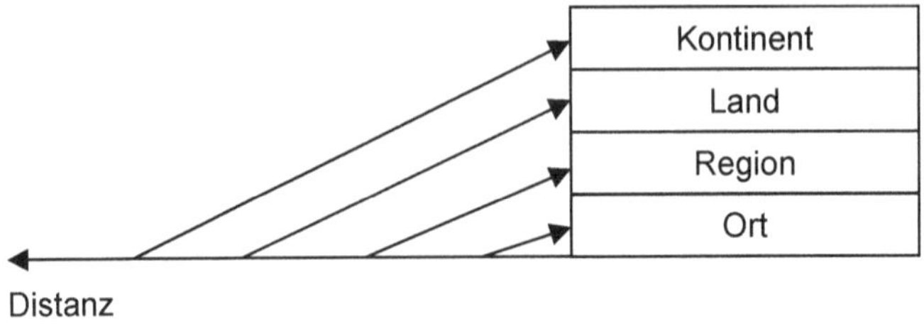

Abbildung 8: Destinationsdefinition in Abhängigkeit der Reisedistanz

Quelle: Bieger,1996, S. 76

Bieger sieht einen engen Zusammenhang zwischen Reisedistanz und der Destinationsdefinition durch den Reisenden. Je näher das Reiseziel am Wohnort des Reisenden liegt, desto kleinräumiger wird er in der Regel Destination definieren. Die Wirkungen dieser räumlichen Distanz auf die Wahrnehmung des Reiseziels können nach Meinung des Autors in gleicher Weise durch sinnliche Nähe zur Destination und Zielgebietserfahrung eintreten. Die sinnliche Nähe kann unabhängig von realer Zielgebietserfahrung eintreten. Sie kann durch Allgemein-, Reise-, und wissenschaftliche Literaturstudien entstehen. Reiseberichte von Freunden und Verwandten sowie Erfahrungen mit destinationsspezifischen Produkten können ausschlaggebend sein. Letztendlich ist entscheidend, dass der Reisende aus irgendeinem Grund einen bestimmten Raum zum Bereisen auswählt und so eine Destination definiert. "Was eine Destination für einen bestimmten Gast ist, hängt von seinen Bedürfnissen und seiner Wahrnehmung ab" (Bieger, 2005, S. 56), insofern besteht die Möglichkeit, dass Touristen Destinationen auch unabhängig von konkreten Raumzusammenhängen definieren (vgl. Wöhler, 2001a, S. 104). Im Endeffekt bedeutet das, dass die Grenzen Touristischer Regionen, welche oft durch Verwaltungsstrukturen oder physische Merkmale geprägt sind, aufgrund des individualisierten Konsums ihren Sinn für den Reisenden verlieren. Reisezweck, sinn- und erlebnisorientierte Reiseinhalte führen zu völlig neuen Touristischen Regionen, auch grenzenlosen Touristischen Regionen als Destinationen, die auch als Symbolsysteme bestehen können (vgl. Wöhler, 2001a, S. 104f). Damit sind zwar mittelbar auch regionale Entscheidungen verbunden, die spielen dabei aber erst eine untergeordnete Rolle (vgl. Haedrich, 1999, S. 161).

Die Kristallisationspunkte im Sinne Kaspars können in Destinationen räumlich nah beieinander und auch weit voneinander entfernt liegen. Die räumliche Distanz verliert aufgrund der hohen Reisegeschwindigkeit in der heutigen Zeit zunehmend an

Bedeutung, und die Raumüberwindung wird zunehmend reduziert als Mittel zum Zweck, es sei denn, der Transport ist wie bei einer Kreuzfahrt zentraler Reisezweck. Destinationen können theoretisch auch globale und zukünftig sogar außerirdische Ausdehnung erhalten. Theoretisch kann z.B. "Metropolen der Welt" eine Destination sein. Für Städter könnte in diesem Fall das Bereisen dieser Region auch den Besuch der eigenen Stadt mit einschließen, wenn es sich dabei um Bereiche handelt, die für sie nicht alltäglich sind (vgl. Wöhler, 2001a, S. 104f). Auch thematische Jahre wie beispielsweise das "Lutherjahr 1996", welches durch den Deutschen Fremdenverkehrs Verband (DFV), die Deutsche Zentrale für Tourismus (DZT), Vertretern wichtiger Orte mit Reformationsbezug und der Evangelischen Kirche Deutschland (EKD) inszeniert wurde, ist nach dieser Definition für ein Jahr lang als die Destination "Luthers Leben" oder "Lutherdeutschland" markt- und wettbewerbsorientiert vermarktet worden (vgl. Wolff, 1997, S. 18). Die Destination Lutherdeutschland besteht für einige Kunden wahrscheinlich weiterhin, jedoch ohne Management und Marketing.

Der in der Geographie normativ aufgefasste Regionenbegriff, bei dem die Zielsetzung und der Gestaltungswille der Entscheidungsträger gegenüber dem Bestehenden das entscheidende Charakteristikum ist, erweitert sich beim Begriff der Destination um die kundenorientierte und wettbewerbsorientierte Sichtweise.

In Theorie und Praxis werden die Begriffe Touristische Region und Destination nicht immer eindeutig verwendet. Der Begriff der Destination wird durchaus auch für Touristische Regionen verwendet, die von Kunden nicht als Destinationen wahrgenommen werden bzw. deren Ausrichtung nicht oder nicht nachweislich markt- und wettbewerbsorientiert ist (vgl. hierzu auch Kapitel II 1.3.1, S. 37). Im Rahmen der vorliegenden Arbeit werden die Begriffe wie folgt verwendet: Grundsätzlich wird der Begriff Touristische Region verwendet. Der Begriff der Destination wird nur dann verwendet, wenn es sich um spezifische Beispiele für aktives markt- und wettbewerbsorientiertes Verhalten Touristischer Regionen handelt und für Destinationen, die markt- und wettbewerbsorientiert positioniert sind.

5 Grenzenlose Destination

Unter **grenzenlosen Destinationen** werden markt- und wettbewerbsorientierte Touristische Regionen (als System) mit eigenständiger Profilierung verstanden, die ihre unternehmerischen Aktivitäten auf Wertsysteme außerhalb des Wertsystems Touristische Region ausdehnen.

Im Einzelnen handelt es sich dabei um Strategien, die vertikale und branchenübergreifende Erweiterungen des Wertsystems Touristischer Regionen beinhalten und die das Ziel verfolgen, durch die Integration von bzw. die Kooperation mit Anbietern destinationsspezifischer (codierter) Produkte und Dienstleistungen und durch die Schaffung eigener destinationsspezifischer Angebote in den Quellregionen zusätzliche strategische Erfolgsfaktoren für die Destination aufzubauen. Dafür müssen die Angebote aus der Perspektive der Kunden als Teil des gesamten Leistungsangebotes der Destination wahrgenommen werden. Mit anderen Worten, grenzenlose Destinationen sind grenzenlos agierende Touristische Regionen, die ihren Kunden in und außerhalb der „Original"-Destination ein markt- und wettbewerbsorientiertes „Buffet" mit destinationsspezifischen Angeboten anbieten. Die Destination verfolgt dabei das Ziel, dauerhafte strategische Wettbewerbsvorteile zu erzielen.

II Analyse der strategischen Ausgangssituation grenzenloser Destinationen

Die Analyse der strategischen Ausgangssituation grenzenloser Destination beinhaltet die Evolution Touristischer Regionen, das Käufer/ Konsumentenverhalten, Veränderungen des Wettbewerbsumfeldes Touristischer Regionen und neue Informations- und Kommunikationstechnologien, und zwar immer unter dem Aspekt, welche Chancen und Risiken sich daraus für die Realisierung grenzenloser Destinationen ergeben.

1 Evolution Touristischer Regionen

Die Rahmenbedingungen Touristischer Regionen haben sich in den letzten Jahrzehnten stark gewandelt. Inhalt dieses Kapitels ist es, diese Veränderungen aufzuzeigen und aus einer geschichtlichen Betrachtung heraus mögliche Zukunftsentwicklungen zu diskutieren. Dabei werden Erkenntnisse aus der Wissenschaft sowie aus der Praxis berücksichtigt. Im Mittelpunkt stehen die **Ressourcen und Fähigkeiten Touristischer Regionen**, die potentiell Erfolgsfaktoren für grenzenlose Destinationen darstellen können. Neu daran ist vor allem der Focus auf Ressourcen Touristischer Regionen, die auch außerhalb des Wertsystems Touristische Region Erfolgspotentiale darstellen könnten sowie die Erforschung von Fähigkeiten für die Führung grenzenloser Destinationen.

Im Einzelnen werden Leistungsangebot, Marketing und Management Touristischer Regionen betrachtet, um Chancen und Risiken für die Realisierung grenzenloser Destinationen zu erkennen. Die Ressourcen und Fähigkeiten werden dahingehend geprüft, ob Touristische Regionen sie nutzen könnten, um in den Quellmärkten erfolgreich unternehmerisch tätig zu werden. Nach Auffassung des Autors sollten sie dafür folgende Kriterien erfüllen. Sie müssen destinationsübergreifend attraktiv sein, relativ standortunabhängig (mobil und exportfähig) sein, für den Kunden erkennbar wertvoll und gegenüber der Konkurrenz einmalig und schwer imitierbar sein. Nur so können dauerhaft Wettbewerbsvorteile aufgebaut werden (vgl. auch Hinterhuber, 1996, S. 11). Im Hinblick auf die strategische Markenführung grenzenloser Destinationen werden die Veränderungsprozesse des Marketing, Management und der Markenpolitik Touristischer Regionen identifiziert und diskutiert.

1.1 Leistungsangebot

Das Leistungsangebot einer Touristischen Region umfasst traditionell die natürlichen Gegebenheiten wie Landschaft und Klima, Ortscharakter, die allgemeine und spezielle Infrastruktur, welche für den Aufenthalt von Touristen notwendig ist und Betreuungspersonal, wie lokale Reise- und Bergführer. Aus Touristensicht gehört auch die Bevölkerung dazu; sie wird als Bestandteil des Angebotes wahrgenommen. So fließt die Gastfreundschaft der Bewohner in die Bewertung des Leistungsangebotes einer Touristischen Region mit ein. Im Zuge wachsender Ansprüche der Touristen und der daraus resultierenden Dienstleistungsorientierung hat sich das Leistungsangebot erweitert. Zentrale Informations- und Reservierungssysteme, direkte und indirekte Vertriebskanäle zum Kunden sind Teil des Angebotes. Nach Tamma wird im Tourismusbereich ein „artikuliertes Produkt erzeugt und konsumiert, das sich aus heterogenen Elementen zusammensetzt, wobei die Palette von natürlichen und kulturellen Ressourcen, materiellen und immateriellen Gütern bis hin zu standorttypischen und -untypischen sowie einheimischen und nicht einheimischen Ressourcen reicht (Tamma, 1999, S. 41).“ Kaspar unterscheidet das ursprüngliche Angebot, wozu er die natürlichen Gegebenheiten, soziokulturellen Verhältnisse und die allgemeine Infrastruktur zählt, und das abgeleitete Angebot, welches Einrichtungen zur Ortsveränderung, des Aufenthaltes, der Vermittlung umfasst. Die Einrichtungen des Aufenthaltes (abgeleitete Angebote) gliedert er zusätzlich in touristische Infrastruktur und Suprastruktur. Die touristische Infrastruktur umfasst alle gemeinschaftlichen, d.h. öffentlich benutzbaren Einrichtungen, die touristische Aktivitäten ermöglichen, aber nicht zur touristischen Suprastruktur gezählt werden. Zur touristischen Suprastruktur zählen die Einrichtungen für Beherbergung und Verpflegung (vgl. Kaspar, 1996, S. 66ff).

Neuerdings werden auch Leistungsangebote, die klassisch nicht zur jeweiligen Touristischen Region gehören, in das Angebot integriert. Vor- und nachgelagerte Stufen der Wertschöpfungskette einer Reise werden als Bestandteile des Angebotes vermarktet. Pauschalangebote Touristischer Regionen integrieren beispielsweise An- und Abreise, den Aufenthalt inklusive Betreuung und Zusatzleistungen sowie anschließende Versorgung mit Leistungen der Region am Heimatort. Bieger definiert diesen gesamten Produktionsapparat von der Information vor der Reise bis zur Stammkundenpflege nach der Reise als Dienstleistungskette im Tourismus[1], unabhängig davon, ob die Leistungen pauschal angeboten werden. Entscheidend ist die Sicht des Kunden, und dieser "differenziert beim Konsum der verschiedenen Leistungselemente (z.B. ein Transport, Essen) oft nicht nach den verschiedenen Unternehmen, sondern schreibt die Leistungen und deren Qualität der Destination als Ganzes zu (Bieger, 2005, S. 58)."

1.1.1 Natürliche Attraktionen

Kaspar zählt zu den natürlichen Gegebenheiten geographische Lage, Klima, Topographie (Relief), Landschaftsbild, Vegetation und Tierwelt (vgl. Kaspar, 1996, S. 66). Romeiß-Stracke subsumiert diese Ressourcen unter den Begriff Landschaft. Sie fasst Flora und Fauna, Topographie (Berge, Ebene), Wasser und Klima zusammen (vgl. Romeiß-Stracke, 1989, S. 15). Swarbrooke unterscheidet in verschiedene Kategorien von touristischen Attraktionen. Der Kategorie "natürliche Attraktionen" werden Strände, Höhlen, Felswände, Flüsse und Seen und Wälder zugeordnet (vgl. Mundt, 2006, S. 327). Die Verwendung des Begriffs Attraktion trägt der kundenorientierten und wettbewerbsorientierten Denkweise Rechnung, die das Management Touristischer Regionen verlangt. Auch Kaspars Verständnis zielt in diese Richtung, wenn er von Angeboten spricht, welche "durch ihre Anziehungskraft dem Tourismus Richtung und Gestalt geben (Kaspar, 1996, S. 65)." Natürliche Gegebenheiten, die als touristisch attraktiv bezeichnet werden können, gehören demnach zum relevanten Leistungsangebot Touristischer Regionen, wenn sie durch den Touristen als Attraktion wahrgenommen werden.

Die Qualifizierung des natürlichen Angebotes als Attraktion geschieht also durch den Kunden. Allgemeingültige Aussagen über natürliche Attraktionen Touristischer Regionen können nicht getroffen werden. Attraktivität ist situationsabhängig. Gesellschaftliche Normen in den Quellgebieten sowie affektive und kognitive Faktoren sind wichtige Einflussfaktoren von Wahrnehmung und Beurteilung touristischer Attraktionen durch den Konsumenten. So galten für den Bildungs- und Kulturreisenden im 17. und 18. Jahrhundert die Alpen als hässliches, unwirtliches und ungesundes Landschaftshindernis auf dem Weg nach Italien. Auch das Klima, welches als attrak-

[1] Vertiefende Ausführungen zur Dienstleistungskette siehe Kapitel II 4, S. 84-85.

tiv angesehen wird, kann sich ändern. Bis Anfang des 20. Jahrhunderts wurde von der Mehrheit der Besucher Siziliens und der Côte d`Azur das Klima dieser Regionen im Winter dem im Sommer vorgezogen. Heute ist es genau umgekehrt (vgl. Mundt, 2006, S. 325).

Neuerdings sind grundlegende Wandlungen im Hinblick auf die natürlichen Attraktionen Touristischer Regionen zu beobachten. Die massenhafte Nachfrage nach touristischen Attraktionen, die zunehmende Reiseerfahrung und die Wettbewerbsintensität zwischen den Touristischen Regionen führen dazu, dass die natürlichen Gegebenheiten und soziokulturellen Verhältnisse Touristische Regionen nicht mehr ausnahmslos die Grundbedingung für den Erfolg einer Touristischen Region darstellen. Mundt hat hierzu interessante Überlegungen angestellt. Er beleuchtet Kaspars Aufteilung des touristischen Angebotes in "ursprüngliches" und "abgeleitetes". Unter dem ursprünglichen Angebot versteht Kaspar "all jene Faktoren, die in ihrem Wesensgehalt keinen direkten Bezug zum Fremdenverkehr haben, aber durch ihre Anziehungskraft dem Tourismus Richtung und Gestalt geben". Abgeleitetes Angebot umfasst alle Leistungen, "die im Hinblick auf eine touristische Verwendung bereitgehalten werden (Kaspar, 1996, S. 65)." Mundt vertritt die Auffassung, dass ein großer Teil der von Kaspar unter "abgeleitetes Angebot" subsumierten Elemente ebenfalls die Funktion erfüllen, die Kaspar eigentlich dem "ursprünglichen Angebot" zuweist: Freizeitparks wie Disneyland, Autorennstrecken, Ferienclubs und Events können nämlich "durch ihre Anziehungskraft dem Tourismus Richtung und Gestalt" geben (vgl. Mundt, 2006, S. 326). Heute sind natürliche Grundlagen oft schon nur noch Kulisse für Events und andere Erlebnisangebote. Diese Erkenntnis ist wichtig für das Management Touristischer Regionen, weil sie die Voraussetzung darstellt, dass mögliche Erfolgspotentiale für das Marketing auch im sog. abgeleiteten Angebot gesucht bzw. neu geschaffen werden. Mundt bringt es auf den Punkt, indem er festhält: "Durch die rigide Trennung dieser beiden vermeintlich unterschiedlichen Angebotsbereiche besteht eher die Gefahr, dass Tourismusmanager in ihrer Kreativität zur Entwicklung neuer Attraktionen gehemmt werden, wenn sie in ihrem Verantwortungsbereich die "gottgegebenen" Angebotselemente vermissen, auf die sie mit ihrer Planung aufbauen können (Mundt, 2006, S. 326)."

Die Region Orlando im Staat Florida ist dafür beispielhaft. Für die Ansiedlung von Disney World in dieser Region war neben den großen verkäuflichen Flächen, die zu niedrigen Grundstückspreisen angeboten wurden, das subtropische Klima der Region ausschlaggebend. Das natürliche Angebot alleine hätte nicht ausgereicht, um Orlando zu einer Touristischen Region zu entwickeln. Die Erfolgsgeschichte von Disney World hat letztendlich die Nachfrage nach der Region Orlando so stark erweitert, dass immer mehr Unternehmen Angebote für Touristen geschaffen haben. Mittlerweile gibt es neben Disney World unzählige kleine und große Freizeit- und Erlebnisparks sowie Betriebe des Gastgewerbes und andere Einrichtungen für Touristen in der Region Orlando.

Als **Ergebnis** ist ein wesentlicher Trend festzustellen, aus dem Chancen für grenzenlose Destinationen abgeleitet werden können: Natürliche Attraktionen verlieren in den meisten Touristischen Regionen gegenüber den abgeleiteten Attraktionen an Bedeutung. Dadurch gewinnen Touristische Regionen zusätzliche Ressourcen und Fähigkeiten, die nicht unmittelbar standortgebunden sind und somit Erfolgspotentiale für grenzenlose Destinationen darstellen. Die Chancen und Fähigkeiten zur Realisierung grenzenloser Destinationen dürften bei Touristischen Regionen umso stärker ausgeprägt sein, je weniger ihre Unique Selling Proposition (USP) auf der natürlichen Grundlage basiert. Die weltweite Multiplikation Disney Worlds, das überwiegend aus abgeleitetem Angebot besteht, ist dafür ein Beleg aus der Praxis.

1.1.2 Touristische Infrastruktur

Der durch die postmoderne Infrastruktur (sinn-) entleerte Raum erhält dann seinen Reiz, wenn er sich „vergnüglich erleben“ lässt. Die Anziehungskraft des Raumes rührt nicht länger von seinen ursprünglichen Gegebenheiten her (vgl. MacCannell, 1992, S. 188ff). Folgt man dieser Analyse, so ist nicht mehr der Raum, sondern der bloße Aufenthalt an einem Platz identitätsstiftend – sofern er die Möglichkeit des (Sich-) Erlebens bietet (vgl. Wöhler/Saretzki, 1996, S. 28).

Touristische Regionen unterliegen diesem Wandel weder zeitgleich noch in gleicher Geschwindigkeit. Die Loslösung der touristischen Infrastruktur vom ursprünglichen Angebot scheint jedoch ein immanenter Bestandteil der Evolution Touristischer Regionen zu sein. Eine **Verlagerung des Wesenskerns** des touristischen Angebotes vom ursprünglichen Angebot zum inszenierten Erlebnisraum ist Teil dieses Prozesses. Regionen, die dem Tourismus einen besonderen Stellenwert bei wirtschaftlichen Entwicklungen einräumen, passen die vorhandene Infrastruktur den Bedürfnissen ihrer Gäste an und schaffen sukzessive neue Angebote, die dazu dienen sollen, dass der Gast zufrieden ist. Dies kann zu einer Normierung der touristischen

Infrastruktur und einer Anpassung an internationale Standards führen, wodurch das Angebot Touristischer Regionen Gefahr läuft, austauschbar zu werden.

Für Wöhler hängt das Schicksal des modernen Tourismus von der Fähigkeit ab, "die Bedingungen der Attraktion selbst zu erzeugen. Der Tourismus kommt damit in eine Phase der durchgreifenden "**industriellen Produktion**": Vom Markt sind Komponenten zu einem attraktiven, touristischen (Kunst-) Angebot zu kombinieren (Wöhler/Saretzki, 1996, S. 31)." Diese Angebote können als Ware getauscht, bewertet und gehandelt werden. Beispiele sind Skilifte, Freizeitbäder, aber auch kulturelle Inszenierungen, Shows, Musikveranstaltungen, bewegliche Infrastruktur für Abenteuer und Sport (z.B. Kletterwände, Laufbänder zum Ski- und Snowboard) sowie mobile Großraumhallen für Events.

Für die vorliegende Untersuchung scheint eine Differenzierung der touristischen Infrastruktur in **„fixe"** und **„variable Angebote"** sinnvoll. Dabei sind unter variablen Bausteinen Infrastrukturen zu verstehen, die beweglich sind und flexibel eingesetzt werden können. Fixe Bausteine hingegen sind durch Immobilität gekennzeichnet. Ein Vergleich mit der Anlage von Filmstudios soll dies verdeutlichen. Fest installierte Rohbauten, ausgestattet mit modernster Technik und Infrastruktur, die für eine Filmproduktion Grundvoraussetzung sind, entsprechen den fixen Bausteinen einer Touristischen Region. Kulissenwände und Innenausstattung, die passend zur jeweiligen Filmproduktion den Rohbauten spezifische Gestalt verleihen, sind variable Bausteine. Die Praxis handelt längst in diesem Sinne. Beispiel ist die Verwandlung Kitzbühels in eine Langlaufarena. Die Straßen wurden zu Loipen, die Bürgersteige zu Zuschauertribünen und das Ereignis als Ganzes zum TV-Event.

Die Differenzierung in „fixe" und „variable" Angebote ist als Kontinuum darstellbar (Abb. 9, S. 29). Rein theoretisch sind alle Infrastrukturen beweglich. Aus diesem Grund soll die Position auf dem Kontinuum durch das Ausmaß ökonomischer Investitionen (Effizienz) und gesellschaftlicher und ökologischer „Investitionen" (Legitimität), die getätigt werden müssen, um die Angebote zu beschaffen bzw. abzuschaffen, bestimmt werden.

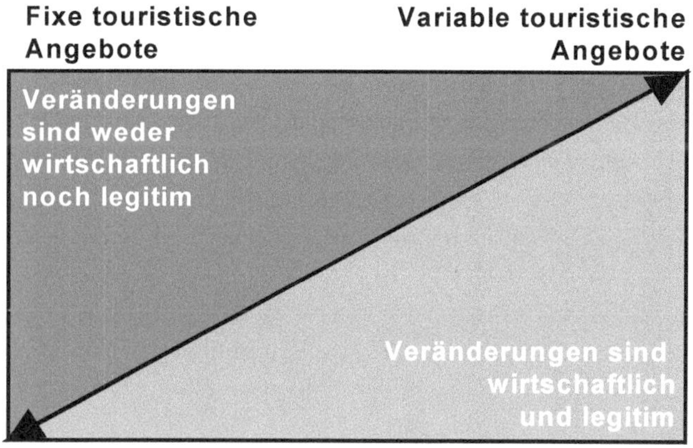

Abbildung 9: Fixe und variable touristische Angebote

Eigene Darstellung

Erst ein Gesamturteil von Effizienz und Legitimität der Maßnahmen legt die Position auf dem Kontinuum fest. Die Pole werden gebildet durch fixe Angebote, deren Veränderung weder wirtschaftlich noch legitim ist und variable Angebote, deren Veränderung wirtschaftlich und legitim ist.

Analog gilt dieses auch für die Servicekomponenten, die Dienstleistung einer Touristischen Region. Kaspar bezeichnet diese Elemente der touristischen Infrastruktur als Betreuungs- und Informationsdienste (vgl. Kaspar, 1996, S. 68). Die informations- und kommunikationstechnischen Hilfsmittel für Service und Dienstleistung werden ebenfalls in fixe und variable Bausteine unterschieden. So ist beispielsweise das zentrale Reservierungssystem fix, während die Zeitmessung des Langlaufs variabel ist. Das Personal, ein wesentlicher Faktor erfolgreicher Dienstleistung, kann diesem System ebenfalls zugeordnet werden.

Touristische Regionen können durch die variablen Angebote der touristischen Infrastruktur schneller markt- und wettbewerbsorientiert auf verändertes Konsumentenverhalten und auf beschleunigte Produktlebenszyklen reagieren. Strategische Optionen sind dabei die Verbesserung des Gesamtproduktes und die Schaffung zusätzlicher Ressourcen. Unter Verbesserung des Gesamtproduktes sind nach Kreilkamp Qualität, Service, Zusatzleistungen usw. zu verstehen (vgl. Kreilkamp, 1998b, S. 325).

All dies führt dazu, dass in Touristischen Regionen produktspezifische und organisatorische Fähigkeiten und Ressourcen entwickelt werden, die ein geeignetes Potential für die Realisierung grenzenloser Destinationen darstellen. Nach Auffassung des Autors ist zwar davon auszugehen, dass in den nächsten Jahren der Wettbewerb vorrangig über Verbesserungen des Gesamtproduktes auf regionaler Ebene ausgetragen wird. Mit einer weiteren Wettbewerbsverschärfung könnte aber die Erweiterung des Wertsystems zum Aufbau von Wettbewerbsvorteilen zukünftig an Bedeutung gewinnen. In der Zwischenzeit laufen Touristische Regionen möglicherweise Gefahr, dass bereits andere touristische und branchenfremde Unternehmen Produkte und Dienstleistungen mit destinationsspezifischen Inhalten in den Quellregionen erfolgreich anbieten, wodurch diese Unternehmen dauerhaft einen Erfahrungsvorteil gegenüber Touristischen Regionen realisieren könnten.

1.1.3 Ortscharakter

Die Ortscharaktere sind wichtige Bausteine des Leistungsangebotes Touristischer Regionen. Bewertungskriterien sind Siedlungsstruktur, Ortsbild und örtliche Begrünung. Der Tourismus verändert Ortsbilder. Ursprünglich authentische Kulissen weichen tourismusorientierter Architektur. Eine Ausprägung ist ein tourismusorientierter "**Verdörflichungsprozess**", der darauf bedacht ist, die Erwartungen der Fremden zu erfüllen. Beispiele sind der rustikale Neo-Heimatstil sowie neuere Entwicklungen in alpenländischen Orten, bei denen mit Material von Abrisshäusern (Holz) an anderer Stelle mit völlig neuer Bautradition ein neuer Haus- oder Siedlungstyp gebaut wird. Dies kann zu dem Paradox führen, "dass der Tourismus als dynamischer Wirtschaftszweig durch Reproduktion und Inszenierung eine Musealisierung und Monotonisierung der Ortsbilder" bewirkt. "Realität und Illusion nähern sich zunehmend an (Antonietti, 1995, S. 118)." Standardisierte Anleihen authentischer Architektur, deren eigentlicher Zweck die Profilierung touristischer Orte im Wettbewerbsumfeld ist, verkehren in das Gegenteil, zur Austauschbarkeit der Orte (vgl. Antonietti, 1995, S. 118f).

Eine andere Ausprägung ist die **Verstädterung** touristischer Orte. Die Anpassung der allgemeinen und touristischen Infrastruktur an die große Nachfrage des modernen Tourismus führt zum Bau von Jumbochalets, Großhotels, Einkaufszentren, Parkhäusern und U-Bahnen in ursprünglich dörflich geprägten Tourismusorten. Ortscharaktere verändern sich. Eine harmonische Veränderung der Ortsbilder ist dabei selten gewährleistet. Im Rahmen dieser Prozesse verlieren Ortsbilder gegenüber anderen Leistungsangeboten Touristischer Regionen an Bedeutung. Moderne, oft nicht regionaltypische Angebote dienen in zunehmendem Maße der Profilierung Touristischer Regionen.

Der Bedeutungsverlust regionaltypischer Ortscharaktere und -bilder hat nach Ansicht des Autors wesentlichen Einfluss auf die Evolution Touristischer Regionen. Die dargelegten Veränderungen der Rahmenbedingungen schaffen Voraussetzungen, die zukünftig zur Auflösung der traditionellen Grenzen Touristischer Regionen führen können: Regionale Ortscharaktere verlieren an Bedeutung und neue Bezugsgrößen müssen gefunden werden, um dem Konsumenten ein dauerhaft attraktives Angebot bieten zu können. Chancen für grenzenlose Destinationen werden daraus erwachsen, wenn die neuen Bezugsgrößen z.B. über sinn- und erlebnisorientierte oder thematische Inhalte hergestellt werden, die nicht nur für das touristische, sondern auch für das übrige Freizeitverhalten der Menschen relevant sind (vgl. hierzu Freizeit und Freizeitverhalten in Kapitel II 2.4, S. 56-67). Im Rahmen der durchgeführten Untersuchungen wurden deshalb sinn- und erlebnisorientierte Themen erforscht, die Chancen zur Positionierung bzw. Markenbildung von grenzenlosen Destinationen bieten

1.1.4 Kultur und Tradition

Kultur und Tradition gehören nach Kaspar zum ursprünglichen Angebot einer Touristischen Region. Kultur und Tradition besitzen eine hohe Anziehungskraft für Touristen und sind ein wesentlicher Leistungsbestandteil Touristischer Regionen (vgl. Kaspar, 1996, S. 65). **Regionale Kultur** ist zunächst etwas Authentisches und wird von der einheimischen Bevölkerung getragen und gepflegt. Von Touristen entdeckt, möchten sie daran teilhaben. Dem Marketing Touristischer Regionen dient sie als imagebildender Faktor. Dworschak verdeutlicht dies an einem Beispiel aus Frankreich: "Arlade" ist eine öffentliche rituelle Feier in der baskischen Stadt Fuenterrabia und wurde getragen von allen Bürgern. Aufgrund großer externer Nachfrage und aktiver Vermarktung wurde das Fest zu einer Attraktion für Touristen. Überlegungen des Tourismus-Managements, das Fest zweimal jährlich anzubieten, bewirkten nachlassendes Interesse der Einheimischen. "Somit wurde eine ursprünglich von der breiten Bevölkerung getragene Tradition zu einer kommerziellen Veranstaltung, die ihrer Bedeutung verlustig ging (Dworschak, 1998, S. 119f)." Dieses Beispiel ist Beleg für Transformationsprozesse, die der mobilen Gesellschaft und vor allem dem System

Tourismus innewohnen. Der ursprüngliche kulturelle Kontext einer Touristischen Region wandelt sich. Stetiger Import fremdkultureller Charakteristika und die strategische Ausrichtung der angebotenen Leistungsbündel auf die Interessen der Gäste verändern lokale Kultur.

Kulturelle Aktivitäten und Ausdrücke Touristischer Regionen verändern sich dahingehend, dass natürliche Entstehungsprozesse von Kultur gegenüber marketingorientierten Inszenierungen in den Hintergrund treten. Als "**Commodization**" (vgl. Greenwood, 1977, S. 135) wird dieser Prozess bezeichnet, "im Zuge dessen der Handel und die Bewertung von Dingen und Aktivitäten zusehends nach ihrem Tausch- oder Marktwert erfolgen und die dadurch zu Gütern und Dienstleistungen werden (Dworschak, 1998, S. 124)." Kultur entfernt sich dabei zunehmend von den authentischen Ursprüngen, wird dafür aber **beweglich** und kann von den Regionen selbst kreiert, importiert und auch exportiert werden. Vielleicht braucht es noch eine attraktive, natürliche Kulisse, obwohl auch diese potentiell ersetzbar zu sein scheint. Durch diesen Prozess entwickeln sich **Chancen** für Touristische Regionen, grenzenlos handeln zu können. Für das Management Touristischer Regionen erweitert sich die Tastatur des Marketing um ein Vielfaches. Ressourcen für den **kulturellen Imageaufbau** von Regionen werden künstlich geschaffen. Es bieten sich aber auch Möglichkeiten, völlig neue **Sinnzusammenhänge** zu kreieren, die die Bildung Touristischer Regionen jenseits der traditionellen Grenzen ermöglichen, denn: „Eine Inszenierung des Raumes für Freizeit- und Konsumzwecke impliziert u.a., dass sich Urlaubsorte, Ferienregionen, und ganze Nationen nicht mehr vom gelebten und substantiell gegebenen Raum („real-life" destination) her verstehen und definieren. Der Tourismus ist eine zentrale, global tätige Abschaffung der raumverfassten sperrigen Wirklichkeit, die sich in die Realität der Inszenierung auflöst (Wöhler, 2001a, S. 101)." Diese Entwicklung stellt aber auch ein **Risiko** dar, wenn in dieser Phase die Positionierungen Touristischer Regionen zu ähnlich werden und ein hoher Wettbewerb zwischen austauschbaren Produkten entsteht. Es muss daher gelingen, der Gefahr der internationalen Standardisierung und Vereinheitlichung kultureller Angebote durch innovatives und differenziertes Marketing zu begegnen.

1.1.5 Bevölkerung

Die Bevölkerung Touristischer Regionen beeinflusst die Qualität des Leistungsangebotes der Region. Sie tut dies durch ihre bloße Anwesenheit (z.B. Boule spielende Franzosen unter Platanen), aber auch durch aktive Teilnahme am Tourismus (z.B. Vermieter). Gleichzeitig wird die Bevölkerung der Touristischen Region vom Tourismus beeinflusst. Die Tourismusforschung befasst sich mit beiden Phänomenen. Der Einfluss des Tourismus auf die Bevölkerung und damit letztendlich die Lebenskultur in der Touristischen Region ist eher Thema der Ethnologen, Anthropologen, der Soziologen und teilweise auch der Geographen. Der Einfluss der Bevölkerung auf die Planung und die Qualität des Leistungsangebotes ist dagegen das Thema der Wirtschaftswissenschaftler und auch der Geographen.

Inhalt dieses Kapitels ist erstens der Prozess der **Akkulturation**, der Anpassung der Bevölkerung an die Kultur und Verhaltensweisen der Touristen bis zur Entstehung einer professionellen Dienstleistungskultur, und zweitens die **Beteiligung der Bevölkerung am touristischen Planungsprozess** markt- und wettbewerbsorientierter Destinationen. Und welche Chancen ergeben sich aufgrund der Strukturveränderungen für die Vision der grenzenlosen Destination? Den Prozess der Akkulturation durchläuft die Bevölkerung idealtypisch in verschiedenen Phasen, parallel zum Lebenszyklus einer Touristischen Region. In der Einführungsphase ist die Bevölkerung meist sehr offen, von natürlicher Dienstleistungsbereitschaft im Sinne von Gastfreundschaft geprägt. Es findet eine kritiklose Akkulturation oder sogar Imitation der fremden Kultur statt. Nach einer Phase zunehmender Distanz gegenüber der fremden Kultur und starker Orientierung auf die eigene Kultur gelingt es in der Reifephase, die eigene Identität neu zu definieren und zu einem kulturellen Selbstverständnis zu finden (vgl. Müller/Thiem, 1993, S. 279ff; Bieger, 2005, S.41), Unter Managementgesichtspunkten sollte dieses kulturelle Selbstverständnis eine möglichst konfliktfreie Synthese aus Tradition und moderner Dienstleistungskultur darstellen, welche entsteht, wenn die Bevölkerung sich ihrer Rolle als interner Faktor einer Touristischen Region bewusst wird und ihr Verhalten entsprechend verändert.

In modernen dienstleistungsorientierten Touristischen Regionen finden aber die Interessen der Bevölkerung auch zunehmend ihren Ausdruck in der eigenen Freizeitgestaltung. Bevölkerung übernimmt, abhängig vom Grad der zur Verfügung stehenden freien Zeit und vorhandener Geldmittel, die Rolle des Dienstleisters und des Konsumenten. Für die Planungssysteme Touristischer Regionen heißt das, dass das touristische Leistungsangebot, das Freizeitangebot der Region besucher- und bevölkerungsorientiert geplant werden muss. Letztendlich beeinflusst demzufolge die Bevölkerung die Qualität des Leistungsangebotes als Anbieter und als Konsument.

In modernen Planungssystemen Touristischer Regionen wird aus diesem Grund die Bevölkerung als Anspruchsgruppe von Anfang an einbezogen, damit später die Identifikation mit der touristischen Kultur gewährleistet ist. In der Alpenregion haben sich die Planungssysteme sogar dahingehend verändert, dass die reine Kundenorientierung verstärkt von einer Austausch- und Nutzenorientierung abgelöst wird. „Es werden Interessen der Gäste mit den der gastgebenden regionalen Bevölkerung gleichgesetzt, um langfristig die Grundlagen für ein erfolgreiches Wirtschaften im Einklang mit sozialen und ökologischen Ansprüchen zu ermöglichen (Walch, 1999, S. 67)."

Im Hinblick auf die Realisierung grenzenloser Destination lässt sich folgendes **Ergebnis** zusammenzufassen. Einwohner aus Destinationen, die sich in der Frühphase der touristischen Entwicklung befinden, werden außerhalb der Destination, beispielsweise im Rahmen von Produktpräsentationen, als „authentische Subjekte" zur Schau gestellt. Einwohner moderner und dienstleistungsorientierter Touristischer Regionen haben dagegen das Interesse und die Möglichkeit, aufgrund vorhandener Ressourcen destinationstypische Angebote markt- und wettbewerbsfähig zu gestalten, um diese selbst oder über fremde Vertriebswege in den Quellregionen zu vermarkten. In diesem Fall avanciert die Bevölkerung zu aktiven Mitgestaltern grenzenloser Destinationen.

1.2 Marketing

1.2.1 Strategische Unternehmens- und Marketingplanung

Seit Mitte der 80er Jahre rückt die Formulierung eines Leitbildes in das Zentrum der Marketingplanung Touristischer Regionen (vgl. hierzu Ausführungen über strategische Unternehmens- und Marketingplanung, I 2.2, S. 10-12). **Leitbilder Touristischer Regionen** beinhalten unternehmensphilosophische Aspekte und teilweise auch marketingorientierte Grundsätze. Sie werden im Rahmen der strategischen Marketingplanung Touristischer Regionen gemeinsam mit den Stakeholdern, z.B. der einheimischen Bevölkerung, touristischen Organisationen, Lieferanten und Kapitalgebern, erarbeitet (vgl. Haedrich, 1998b, S. 279). Sinn und Zweck der demokratischen Vorgehensweise bei der Leitbildentwicklung ist es, eine möglichst hohe **Legitimität** bei allen beteiligten Anspruchsgruppen zu erzielen. Nur so wird das Leitbild als Leitstern, als Orientierungsmittel für alle tourismusrelevanten Handlungen dienen können. Konsensorientierung darf dabei allerdings nicht zu einem Hemmschuh notwendiger strategischer Entscheidungen werden.

Die ökonomische Dimension der Tourismusentwicklung einer Region muss ebenfalls Gegenstand des Leitbildes sein. **Marktliche Effizienz** ist nur erreichbar, wenn sich die Unternehmensphilosophie bzw. die Vision des Unternehmens auch an den Bedürfnissen des Marktes orientiert. Touristischen Regionen muss es gelingen, ein Gleichgewicht zwischen marktlicher Effizienz und gesellschaftlicher Legitimation zu erreichen, um dauerhaft erfolgreich am Markt bestehen zu können.

Touristische Regionen haben sich in der Anfangsphase **kundenorientierter Marketingstrategien** vor allem in Richtung soziodemographische Gruppen (z.B. Familien) positioniert. In den 90er Jahren folgen Neigungs- und Szenepositionierungen (z.B. Sportart / Snowboardszene). Neuerdings tendieren Touristische Regionen in Richtung leistungsorientierter Erlebnis- und Problemlösungskonzepte: „Entsprechend ergeben sich Marktsegmentierungen nach Kriterien >>Lebensphase des Gastes<<, >>breiter Reisezweck<< und >>Psychographie<<. Ein Beispiel dafür ist die Positionierung >>Freerider-Skigebiet für naturbegeisterte Jugendliche<< (Bieger, 1998c, S. 9).“

Alle Positionierungen Touristischer Regionen haben gegenwärtig eines gemeinsam, die Erfüllung des Kundennutzens bedarf immer der Anwesenheit der Zielgruppe in der Region. Grenzenlose Destinationen müssen dagegen zusätzlich einen positionierungsspezifischen Kundennutzen in den Quellmärkten erfüllen. Diese strategische Zielsetzung ist allerdings nur dann sinnvoll, wenn dadurch zusätzliche Wettbewerbsvorteile aufgebaut werden können. Voraussetzung dafür ist, dass tourismusspezifische Angebote in den Quellmärkten auf relevante Kundenbedürfnisse treffen.

1.2.2 Neuere Entwicklungen der touristischen Marketingplanung

Für das Forschungsprojekt scheinen zwei Entwicklungsströme im Marketing Touristischer Regionen besondere Bedeutung zu erlangen: Der Trend zu Marketingkooperationen und der Wandel vom passiven zum aktiven Marketing, der häufig mit der Suche nach innovativen Imagedimensionen verbunden ist.

Der allgemeine Trend zu **Marketingkooperationen** im Tourismus wird weiter zunehmen. Touristische Regionen werden noch stärker kooperieren. Vor allem werden Leistungsanbieter mit anderen Unternehmen innerhalb und außerhalb der Region horizontale, vertikale und laterale Kooperationen eingehen, um Wettbewerbsvorteile aufzubauen, beispielsweise durch die Entwicklung innovativer Leistungsangebote (vgl. Kapitel II 3, S.71-84).

In zahlreichen Märkten reicht es heutzutage nicht mehr aus, das Marketing an artikulierten Kundenwünschen auszurichten. Vielmehr ist es erforderlich, latent vorhandene Kundenwünsche zu eruieren und mit entsprechenden Marketingaktivitäten zu bedienen. Diese Entwicklung kennzeichnet eine neue Phase des Marketing und zwar vom passiven zum **aktiven Marketing** (vgl. Kreilkamp, 1998a, S. 290; Haedrich/Tomczak, 1996a, S. 141ff). Marketing zeichnet sich dabei durch die Individualisierung des Leistungsangebotes und durch den Dialog zwischen Unternehmen und Kunden aus.

Aktivitäten Touristischer Regionen, insbesondere in der Tourismus- bzw. Freizeitbranche in den Quellregionen, bieten unter diesen Bedingungen die Chance, Nähe zum Kunden aufzubauen, um so latente Bedürfnisse aufzuspüren und den Dialog intensiver pflegen zu können. Auf diese Weise könnten „Wellness-Regionen" beispielsweise Produkte entwickeln, die anknüpfend an den Grundbedürfnissen ihrer Gäste genau die Aspekte des Wellness zusätzlich berücksichtigen, die ihre Gäste zu Hause aus Zeitgründen nicht wahrnehmen können oder die sie aus klimatischen Gründen nicht geboten bekommen. Dadurch könnte es Touristischen Regionen gelingen, neue reiseübergreifende bzw. tourismusübergreifende Imagedimensionen zu besetzen, die Aktivitäten in den Quellregionen und in den Touristischen Regionen einbeziehen. Mit solchen neuen Imagedimensionen grenzenloser Touristischer Region ergeben sich wahrscheinlich Chancen, Wettbewerbsvorteile zu erzielen bzw. die Regeln des Marktes und Wettbewerbs neu zu bestimmen. Voraussetzung wäre, dass das grenzenlose Image die Region dauerhaft positiv vom Wettbewerb abgrenzt. Möglichkeiten dazu werden in den Kapiteln III 3 (Erweiterungen von Destinationen durch Markenerweiterung) und V 2.2 (Positionierungsalternativen) diskutiert.

1.3 Management

Management Touristischer Regionen beinhaltet im Wesentlichen die Planung, Organisation, Steuerung sowie Kontrolle der Aktivitäten einer Region. Nach einem historischen Überblick über das Management Touristischer Regionen in Deutschland und im Alpenraum werden die Ziele des Managements Touristischer Regionen im Unterschied zum Destination-Management beleuchtet, und anschließend wird auf die Rolle der Destination-Management-Organisationen eingegangen.

1.3.1 Entwicklung zum Destination-Management

In den **50er und 60er Jahren** des Tourismus ist das Management Touristischer Regionen in Deutschland und im Alpenraum vor allem haus- und ortszentriert. Die Zusammenarbeit einzelner Leistungsträger konzentriert sich auf gemeinsame Ortsprospekte, gelegentlich in Verbindung mit gemeinsamen Messeauftritten auch auf Regionsprospekte. Es entstehen Werbegemeinschaften. Tourismusvereine werden gegründet, um die Interessen des Tourismus zu vertreten. Ziel ist es z.B., die Orte für die Gäste zu verschönern.

Die **70er und 80er Jahre** sind durch die Entwicklung ortsorientierter Strategien geprägt. Die Tourismusorganisationen kennzeichnet ein Neutralitätsprinzip gegenüber ihren Mitgliedern. Entwicklungen geschehen unter breiter Einbindung unterschiedlicher Interessen. Konsensorientierung mit zunehmendem Einfluss der Politik kennzeichnet die Organisation und die Zusammenarbeit in der Tourismusplanung (vgl. Bratl/Schmidt, 1998, S. B/2). Die hohe Konsensorientierung wirkt positiv auf das Zugehörigkeitsgefühl der Anspruchsgruppen zur Region und auf die Festigung der örtlichen und regionalen Identität sowie die Gastfreundschaft. Eher negativ ist das Resultat für die strategische Planung im Sinne eines Tourismus-Managements. Ergebnis sind unprofilierte Durchschnittspositionierungen, fehlende Qualitätsselektion einzelner Leistungsträger und fehlende Nähe zum Markt. Erfolgreiches, selbständiges unternehmerisches Handeln passt nicht zur Philosophie des gemeinsamen Handelns (vgl. Bieger, 1998a, S. 4f).

In den **90er Jahren** und zur Jahrtausendwende verringert sich der politische Einfluss. Unter dem Druck des globalen Verdrängungswettbewerbs und leerer öffentlicher Kassen entsteht eine Differenzierung zwischen Politik und Tourismus. Ziel ist es, leistungsstärkere, marktorientiertere, effektivere und flexiblere Managementorganisationen aufzubauen. Der Begriff des **Destination-Managements** wird eingeführt. Das Konzept der Destination entspringt der praktischen Arbeit im Tourismus und ist wissenschaftlich noch nicht überprüft (vgl. Keller, 1998b, S. 2). Es basiert auf der Annahme, dass international wettbewerbsfähige, strategisch gemanagte Angebots- und Entwicklungseinheiten für den internationalen Markt geschaffen werden müssen. Zur Abgrenzung der Destination können Kriterien wie geographischer Raum, zusammenhängendes Angebot oder Aufenthaltsradius des Gastes herangezogen werden (Destination, vgl. Kapitel I 4, S. 18-21). Das Konzept des Destination-Managements verfolgt nach Bieger ein Reengineering der Strukturen im Incoming-Tourismus.

"Ausgehend von segmentspezifischen Kundenwünschen sollen Räume definiert werden, die sämtliche für das jeweilige Segment relevante Teilleistungen enthalten und somit ein Produkt bilden (Bieger, 1998a, S. 8)." Setzt sich die Idee des Destination-Managements durch, bedeutet das nach Auffassung des Verfassers konsequenterweise, dass alle bestehenden Grenzen Touristischer Regionen dahingehend überprüft werden müssen, ob sie den Anforderungen an eine Destination standhalten. Ziel müsste es sein, nur noch markt- und wettbewerbsorientierte Touristische Regionen als Destinationen zu schaffen. Nach einer solchen Prüfung können Destinationen deckungsgleich mit etablierten Touristischen Regionen sein, wenn die Region den Anforderungen einer Destination genügt. Destinationen können auch durch Regionsverbünde[2] entstehen oder völlig neu definiert werden, wie Heidiland oder das Land Fleesensee[3].

1.3.2 Destination-Management-Organisationen (DMO)

Ein weiterer Schwerpunkt in der Diskussion um das Destination-Management betrifft die **Steuerungsmöglichkeiten Touristischer Regionen**. Aktuelle Forderungen aus Wissenschaft und Praxis zielen auf ein Destination-Management, welches die Touristische Region in die Lage versetzt, möglichst wie ein Unternehmen agieren zu können (Vgl. u.a. Bieger, 1998c, S. 2-15; Keller, 1998, S. 44-46). Das Land Tirol spricht z.B. im Zusammenhang mit der Gestaltung des "Neuen Tiroler Wegs" von der "Organisationsreform des Tourismuskonzerns Tirol (vgl. Margreiter, 1998, S. 39)." Auch Haedrich teilt diese Auffassung, für ihn sind touristische Planungsobjekte Produkte, deren Planung in der Regel unter dem Dach größerer touristischer Planungseinheiten -Reiseveranstalter, Regionen, Gemeinden und Zielorte- erfolgt. „Diese Planungseinheiten werden überwiegend nach den Grundsätzen gewinnorientierter Unternehmen geführt, so dass heute allgemeines Einverständnis darüber besteht, dass die Prinzipien der Unternehmensplanung, speziell der Planung in Dienstleistungsunternehmen, Anwendung finden können (Haedrich, 1998b, S. 279)." **Destination-Management-Organisationen** bzw. Destination-Management-Companies (DMC) sollen dabei eine zentrale Rolle übernehmen. Diese Überlegungen basieren auf der Vorstellung, dass Touristische Regionen nur dann wettbewerbsfähig sind und am

---

[2] Das Wettbewerbsverhalten etablierter Touristischer Regionen wird in Kapitel II 3.1, S.73-76 ausführlicher behandelt.

[3] Neue Destinationstypen werden Kapitel II 3.2, S. 76-79 näher betrachtet.

Markt dauerhaft bestehen können, wenn nicht nur das normative Management, sondern auch das strategische und operative Management einer Region die gleiche Stoßrichtung verfolgt (vgl. Kapitel II 1.3.2, S. 38-40).

Destinationen sollten auch über eine kritische Größe verfügen, um ein professionelles Management und Marketing durchsetzen zu können. In Tirol werden beispielsweise für die Vergabe von Landesmitteln folgende Maßstäbe angelegt: “Destinationen werden dann als solche anerkannt, wenn sie vom Gast als Reiseziel ausgewählt werden (unabhängig vom geographischen Raum), das Vorhandensein aller für einen Urlaub erforderlichen Einrichtungen gegeben ist, sie einen Markennamen und eine Mindestgröße von 5000 gewerblichen Betten haben, 600.000 bis 1.000.000 Jahresnächtigungen und 8 Mio. Marketingbudget erreichen (Bratl/Schmidt, 1998, S. B/4).“[4]

Über die Aufgaben der Organisation Touristischer Regionen fehlt bisher eine einheitliche Auffassung (vgl. Bieger, 2005, S. 64f). Uneinigkeit besteht vor allem bei Finanzierung und Management touristischer Leistungsangebote, die öffentliche Funktionen erfüllen und allen als “öffentliches Gut” zur Verfügung stehen (z.B. Wanderwege, Schwimmbäder, Veranstaltungen etc.) (vgl. Bieger, 2005, S. 16ff). Dieser Aspekt ist weiterführend jedoch nicht Gegenstand dieser Arbeit. Einigkeit dagegen besteht dahingehend, dass Tourismusorganisationen für die Vermarktung unterschiedlicher “Leistungs-Markt-Bereiche” verantwortlich sind (vgl. Bieger, 2005, S. 56f). Dabei sind zwei Ebenen zu unterscheiden: Die Strategie für die gesamte Region oder Destination im Sinne eines Gesamtunternehmens und die Strategie für einzelne Produkt-Markt-Kombinationen (Strategische Geschäftseinheiten = SGE) (vgl. Hinterhuber, 1992, S. 143). Strategische Geschäftseinheiten werden definiert als „gedankliche und evtl. auch organisatorische Zusammenfassung von Tätigkeitsfeldern einer Unternehmung, die im Hinblick auf produkttechnische, marktbezogene, insbesondere wettbewerbsbezogene sowie umweltbezogene Merkmale eine Homogenität aufweisen, die eine gemeinsame strategische Betrachtung nahe legt (Beck, 1992, S. 1108).“ Touristische Regionen bestehen in der Regel aus einer oder mehreren strategischen Geschäftseinheiten (siehe hierzu Ausführungen in Kapitel II 1.4, S. 40-42).

Unter Management- und Marketinggesichtspunkten kann es auch sinnvoll sein, wenn sich mehrere kleinere Zielgebiete zu einer markt- und wettbewerbsfähigen Destination mit einer gemeinsamen Destination-Management-Organisation zusammen-

---

[4] Es handelt sich um Österreichische Schillinge. Das entspricht ca. 585.000 Euro.

schließen, um so Synergieeffekte zu erzielen. Als größere Vermarktungseinheiten haben sie beispielsweise mehr finanzielle Mittel, um Bekanntheit und Image im Markt aufzubauen. Gleiches kann auch für den regions- und destinationsübergreifenden Zusammenschluss mehrerer Strategischer Geschäftseinheiten gelten: Seefeld in Tirol positioniert sich beispielsweise für die Zielgruppe "Ski-Langläufer" im Verbund mit Leutasch in Tirol als Olympiaregion und für Alpine Skiläufer im Verbund mit Garmisch-Partenkirchen als "Skiregion Zugspitze". Bei diesen Verbünden handelt es sich bisher tendenziell um Kooperationen, die sich auf Teilleistungen – Skipass und Prospekte für die Skiregion, Loipensystem und Nutzerkarten - beschränken. Professionelles Destination-Management mit einer eigenen Management-Organisation gibt es für diese Verbünde nicht. Dies ist wahrscheinlich Ausdruck davon, dass in letzter Konsequenz bei den momentanen Entscheidern in der Regel "Kirchturmdenken" ausschlaggebend ist. Abschließend soll noch angemerkt werden, dass aus betriebswirtschaftlichen Gründen Destination-Management-Organisationen auch das Management unterschiedlich positionierter Destinationen übernehmen können.

Aufgrund der Beobachtungen ist es wahrscheinlich, dass sich in Zukunft vermehrt marktgerechte und regionenübergreifende Verbünde einzelner Strategischer Geschäftseinheiten und auch Leistungsanbieter als Destinationen mit eigenem strategischen Management bilden werden, welche von selbstständigen Destination-Management-Organisationen markt- und wettbewerbsorientiert geführt werden können. Im Zuge dieser Veränderungen dürften auch die Chancen für die Realisierung grenzenloser Destinationen wachsen.

1.4 Markenführung

Mit Beginn der strategischen Planung im Marketing Touristischer Regionen gewinnt auch die strategische Markenführung an Bedeutung (Strategische Markenführung, vgl. Kapitel I 2.3, S. 12-14).

In der Praxis gibt es mittlerweile einige sehr erfolgreich **implementierte Marken**. Laut einer Branchenbefragung in den 90er Jahren werden beispielsweise die Urlaubsorte St. Moritz und Wandelorientierung als sehr starke Tourismusmarken eingeschätzt. Bei den Urlaubsregionen gilt dies u.a. für die Toskana, Südtirol und den Arlberg. Auch künstlich geschaffene Marken, die nicht einem Orts- oder Regionsnamen entsprechen, wie die Sportwelt Amadé, Steirisches Thermenland und Euro-Disney, gehören heute zu den starken Tourismusmarken (vgl. Ferner/Potsch, 1998, S.81).

Viele Touristische Regionen haben seit den 90er Jahren aufgrund der veränderten Rahmenbedingungen ihre **Markenstruktur** verändert. Eine Stoßrichtung beinhaltete die Zusammenführung mehrerer Einzelmarken unter einer Dachmarke, um die Wettbewerbsfähigkeit im Markt zu stärken (vgl. Abb. 3, S. 13). Positive Beispiele sind die Markenpolitiken Italiens und Österreichs. In diesen Ländern ist es gelungen, einen einheitlichen Markenauftritt der Bundesländer (Österreichs) bzw. die Regionen (Italien mit Ausnahme Südtirols) unter den jeweiligen Ländernamen als Dachmarke zu etablieren.

Gleichzeitig haben Touristische Regionen aus etablierten Einzelmarken Dachmarken gemacht, um darunter verschiedene Produkte führen zu können. Diese Strategie hat den Vorteil, dass der Markt differenzierter bearbeitet werden kann, ohne dass dafür neue Marken aufgebaut und gepflegt werden müssen. Am Beispiel der Marke Tirol soll diese Strategie hier erläutert werden. In den 80er Jahren des letzten Jahrhunderts wurde die Produktdifferenzierung in Tirol sehr weit vorangetrieben. Um diese Entwicklung marketingstrategisch besser steuern zu können, wurde die Marke Tirol als Dachmarke etabliert. Darunter werden seitdem einerseits themenorientierte Produkte (z.B. Tirol Familiennester, Wirtshaus, Boarder Ressorts etc.) sowie Touristische Regionen und Destinationen geführt. Die Anzahl der Themenkataloge lag am Anfang sehr hoch, sie ist später wieder reduziert worden, weil Imageuntersuchungen Gefahren aufgezeigt haben, dass durch zu viele neue Produkte der Markenkern Tirols verwässert werden könnte. Neben den touristischen Produkten und Organisationen werden heute unter der Tourismus-Marke Tirol auch nicht-typische touristische Unternehmen und Produkte Tirols, die positiv zum Image der Tourismusregion Tirol beitragen, unter der Dachmarke geführt (vgl. hierzu Abb. 10, S. 42). Mit dieser Strategie sollen Synergieeffekte realisiert werden, und zwar vor allem in der Kommunikationspolitik.

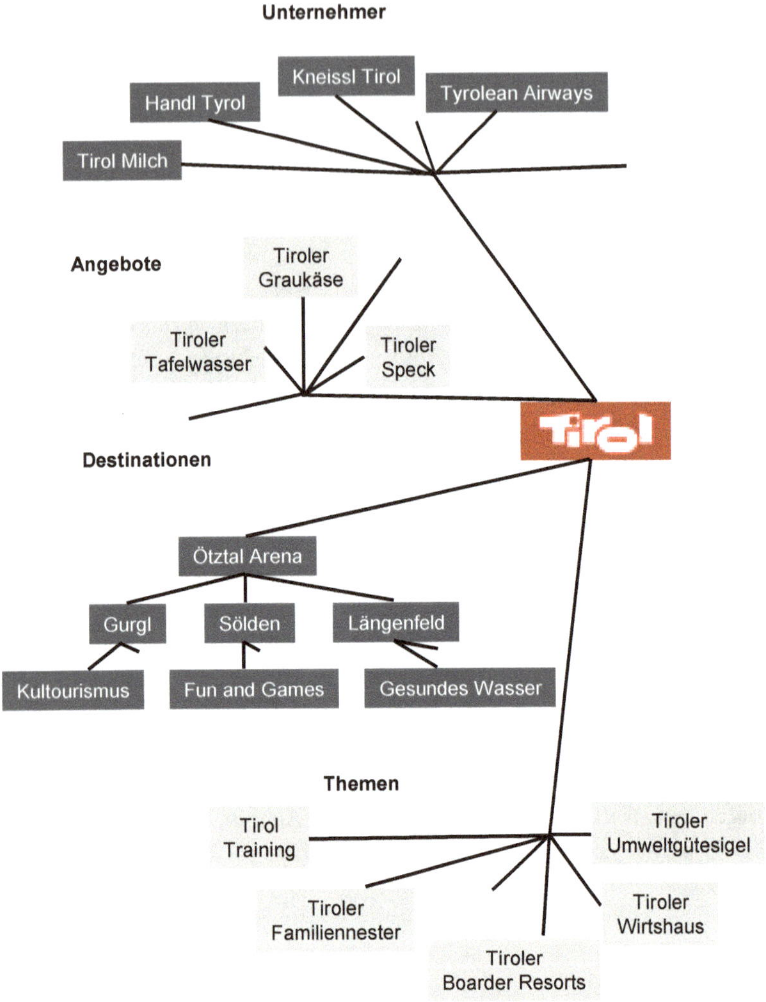

Abbildung 10: Das Konzept der Führungsmarke Tirol

Quelle: Ferner/Pötsch, 1998, S. 165

2 Käuferverhalten / Konsumentenverhalten

In diesem Kapitel werden erstens die allgemeinen und freizeitspezifischen Trends im Konsumentenverhalten thematisiert. Im Mittelpunkt steht die Frage, ob sich aufgrund der Trendentwicklungen Chancen für Destinationen ergeben, die Wertschöpfungskette zu erweitern. Neben den allgemeinen Trends wird ein Schwerpunkt auf das erlebnisorientierte Konsumverhalten gelegt, weil es sich bei der Erlebnisorientierung um einen Trend handelt, der in besonderem Maße Einfluss auf das Freizeitverhalten nimmt. Freizeit schließt dabei definitorisch freie Zeit im Alltag und auf Reisen ein. Ein eigenes Kapitel wird der Wandelorientierung der Konsumenten gewidmet. Wandelorientierung der Konsumenten folgt nach Pine/Gilmore (2000) der Ebene der Erlebnisorientierung und birgt für Destinationen Chancen, außerhalb des Wertsystems Touristische Region aktiv zu werden.

Zweiter Schwerpunkt ist die Bedeutung der Freizeit auf Reisen sowie der Freizeit im Alltag für die Lebensqualität und den Lebensstil der Menschen. Gegenstand der Untersuchung ist hier vor allem die Wechselbeziehung zwischen den „Freizeitwelten" im Alltag und in Touristischen Regionen sowie der Einfluss des Reisens auf den allgemeinen Lebensstil (Industriegesellschaftliches Lebensmodell, vgl. Kapitel I 1, S. 7-8). Es werden im Hinblick auf die Zielsetzung der Arbeit Phänomene diskutiert, die die Vision der grenzenlosen Destination stützen könnten.

Kurzfristige Verhaltensänderungen der Konsumenten, die sich aufgrund der Ereignisse des 11. September 2001 und der gegenwärtigen Weltwirtschaftkrise einstellen, werden im Rahmen dieser Arbeit nicht berücksichtigt, weil es noch unklar ist, wie dauerhaft sie wirken werden.

2.1 Allgemeine Trends

Seit Ende der 80er Jahre ist das Verhalten der Konsumenten stärker denn je von Wandel geprägt. Während vorher ein überschaubares und relativ stabiles Umfeld gegeben war und die Verbraucher ein konsistentes Verhalten an den Tag legten, stellt sich der Verbraucher nunmehr als immer komplexer handelndes Wesen dar. Viele Konsummärkte sind aufgrund des sich wandelnden Kundenverhaltens in Bewegung geraten. Die Anforderungen an die Unternehmen steigen. Die Kunden werden immer kritischer: Das 5. Deutsche Kundenbarometer – eine vom Emnid-Institut im Auftrag der Deutschen Marketingvereinigung und der Deutschen Post AG von Mai bis August 1996 durchgeführte Befragung von 32.000 Konsumenten – erbrachte einen neuen Tiefstand der Zufriedenheitswerte mit den Leistungen der Unternehmen. Die Verbraucher sind besser informiert und stärker emanzipiert; die Erwartungen an die Unternehmen steigen und können immer häufiger nicht erfüllt werden. Diese Unzufriedenheit mit den bestehenden Angeboten ist zwar eine Bedrohung für viele Unternehmen, stellt jedoch gleichzeitig eine Chance für neue und innovative Angebote dar. Die Aussicht auf Erfolg ist somit für innovative Betriebstypen und Angebotsideen des Handels und Freizeitsektors unter Berücksichtigung der Entwicklungen dieses Konsumentenverhaltens gegeben.

Der „Otto Normalverbraucher“ gehört der Vergangenheit an. Die Unternehmen können sich nicht mehr darauf verlassen, dass einzelne Personen nach immer dem gleichen Handlungsprinzip agieren. Vielmehr kann heute vom **„hybriden Konsumenten“** gesprochen werden, d.h. einzelne Personen handeln nicht mehr ausschließlich nach einem Handlungsprinzip; ein und derselbe Käufer gibt im gleichen Produktfeld einmal viel Geld für ein Produkt aus, bei anderen Kaufanlässen handelt er als „Schnäppchen-Jäger“ und kauft äußerst preisbewusst ein. Er kauft z.B. im exklusiven Feinkostgeschäft, aber auch beim Lebensmitteldiscounter. Auch wird der Anbieter sehr viel häufiger gewechselt, wenn sich eine bessere Alternative bietet.

Eine Steigerung an Komplexität stellt der Typus des **„multi-optionalen Konsumenten“** dar. Dieser verfolgt gleichzeitig mehrere Handlungsprinzipien. Das „Entweder-Oder“ wird abgelöst durch ein „Sowohl-als-auch“: Arbeit *und* Freizeit, Bescheidenheit *und* Hedonismus, Qualität *und* Quantität. Dieser Konsument ist vielschichtig und lebt mehrere Rollen zum gleichen Zeitpunkt. Er folgt einem wesentlichen Trend, dessen Auswirkungen auf das Konsumentenverhalten die Futurologin Faith Popcorn so beschreibt: „99 Leben auf einmal: Ein mörderisches Tempo und ständiger Zeitmangel zwingen uns eine große Rollenvielfalt auf (Kotler/Bliemel, 2006, S. 282).“

Die Konsumenten werden ein **Zeitdefizit** erfahren, weil sie in immer kürzerer Zeit immer mehr Güter und Dienstleistungen in Anspruch nehmen. Popcorn bestätigt damit das sog. „Lindner-Axiom“ (1973), welches besagt, dass mit der fortschreitenden Arbeitsproduktivität eine zunehmende zeitliche Verdichtung aller Aktivitäten einhergeht (vgl. Stengel, 1998, S. 34). Das Zeitdefizit wird sich unmittelbar auch auf die Geschäftsabläufe zwischen Unternehmen und Kunden auswirken. „Die Konsumenten und Geschäftsleute von heute, die unter ständigem Zeitdruck stehen, wollen immer weniger Zeit mit Anbietern von Gütern und Dienstleistungen verbringen, und diese fügen sich diesem Wunsch auch bereitwillig. Man denke nur an die Fast-Food-Restaurants und die Call-Center von Unternehmen, in denen sich alles um die Frage dreht, wie man die Sekunden pro Dienstleistungsvorgang auf ein Mindestmaß reduzieren kann. Am Ende werden die Kunden überhaupt keine Zeit mehr für die Anbieter von Gütern und Dienstleistungen aufbringen und lernen, ihre Zeit anderswo zu verbringen. Aber wo? (Pine/Gilmore 2000, S. 69f).“ Aus diesem Grund gehen die Unternehmen im Rahmen von Kundenbindungsstrategien u.a. dazu über, selbst Events bzw. Erlebnisse anzubieten, um den Kontakt zu den Kunden nicht zu verlieren.[5]

Außerdem wird das multioptionale Konsumentenverhalten von einigen Verbrauchern ein **anderes Ausgabeverhalten** verlangen, um mit gleichem oder ähnlich hohem frei verfügbaren Einkommen das veränderte Konsumverhalten finanzieren zu können. Der Konsument wird sich in einem Spannungsfeld zwischen Lebensnotwendigkeit und Illusionierung des Lebens bewegen. Er „wohnt und lebt in zwei Gebäuden: Im eisernen Käfig der wirtschaftlichen Notwendigkeit und im luxuriösen Schloss romantischer Träume und Genüsse (Opaschowski, 2001, S. 101).“ Er wird beispielsweise für Güter des täglichen Bedarfs weniger ausgeben, um sich ab und zu einen Luxus leisten zu können. Jeder zweite Bundesbürger lebt bereits nach dieser Devise: „Freizeit genießen, und wenn das Geld knapp wird, lieber woanders sparen als am Urlaub, Auto, Freizeit-Sport, an Multimedia-Angeboten, Kultur oder Hobbys (Gruner + Jahr , 2001, S. 1).“ Diese Entwicklung wirkt sich bereits heute auf das Marktschichtenmodell aus. Die Mitte bricht weg. Der untere und der obere Markt gewinnen an Bedeutung (vgl. Abb. 11, S. 46). Im oberen Markt ist die Kaufentscheidung primär als eine Entscheidung für eine oder mehrere Marken oder Varianten einer Produktgattung zu betrachten. Erfolgreich sind dabei zunehmend die Unternehmen, die ihre Leistungen erlebnisorientiert aufwerten, denn in gesättigten Märkten spielt die emotionale Erlebnisvermittlung durch Produkte und Leistungen eine entscheidende Rolle (vgl. Kroeber-Riel/Weinberg, 2003, S. 125).

---

[5] Im Kapitel II 5 über den branchenübergreifenden Wettbewerb wird diese Thematik vertieft. Im Hinblick auf das Forschungsziel wird dort der Frage nachgegangen werden, ob sich für Destinationen im Bereich der Firmenevents etc. Chancen auftun, mit ihren Ressourcen und Fähigkeiten geeignete Partner solcher Veranstaltungen zu werden.

Im unteren Markt ist dagegen der Preisvorteil für den Kunden und nicht der Produktvorteil ausschlaggebend für eine Kaufentscheidung.

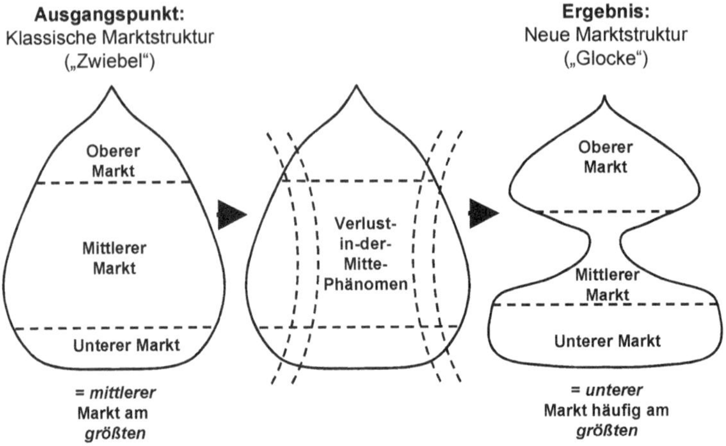

Abbildung 11: Grundlegende Änderungen in der Marktschichtenstruktur (Basis: Marktvolumen)

Quelle: Becker, 2006, S. 359.

Der **„Smart Shopper“** ist ein von Multi-Optionalität geprägter Verbrauchertypus. Er betrachtet beispielsweise die Verteilung des vorhandenen Haushaltsbudgets kritisch und managt dieses nach strategischen Gesichtspunkten, indem die Zusammenhänge des Konsums beachtet werden: An einer Stelle Gespartes ermöglicht es, an anderer Stelle nicht auf den Pfennig achten zu müssen. Der „Smart Shopper“ ist selten an Marken gebunden, ein Markenartikel rechtfertigt nicht automatisch einen höheren Preis. Der „Smart Shopper“ sucht ständig die für ihn beste Offerte. Sein Konsumverhalten ist von einer stärkeren Rationalität geprägt und in weiten Bereichen gewinnt für ihn das Preis-Leistungs-Verhältnis eines Produktes gegenüber den emotionalen Werten einer Marke.

2.2 Erlebnisorientierung

„Ich will. Ich will haben. Ich habe es mir verdient.“ So beschreibt Popcorn die Philosophie der **Erlebniskonsumenten**. „Der erlebnisorientierte Mensch ist im Vormarsch (Kroeber-Riel/Weinberg, 2003, S. 114)." Das B.A.T. Freizeitforschungsinstitut hat dazu folgende Forschungsergebnisse gewonnen: Im Jahr 2000 zählt fast die Hälfte der Bevölkerung (49%) zur Gruppe der Erlebniskonsumenten. Deutliche Unterschiede gibt es nach Altersgruppen. Nur 24 Prozent der über 55-jährigen folgen dem Prinzip des Erlebniskonsums. Bei der jüngeren Generation, dazu zählen Jugendliche zwischen 14-17 Jahren und junge Erwachsene zwischen 18-24 Jahren, sind es bereits 68 Prozent. Erlebniskonsum wird von Opaschowski als das definiert, was nicht Versorgungskonsum ist. **Versorgungskonsum** dient der Befriedigung von Grundbedürfnissen und wird subjektiv als Pflichtbereich der Lebensführung empfunden. **Erlebniskonsum** dagegen soll Lust und Freude schaffen, soll den Konsumenten in eine Atmosphäre zum Träumen versetzen. Das Besitzbedürfnis als zentrales Motiv des Konsums tritt gegenüber dem Kauf- und Gebrauchserlebnis in den Hintergrund. Sozialwissenschaftler bezeichnen diesen Wandel als „Transmaterialismus" (vgl. Opaschowski, 2001, S. 99ff). „Es gibt eine lange Liste von Produkten, die im Laufe der vergangenen Jahrzehnte an Gebrauchsbedeutung verloren haben, um **Erlebnisbedeutung** dazuzugewinnen: Möbel, Haushaltsgeräte, Nahrungsmittel, Bekleidungsartikel, Autozubehör und anderes (Schulze, 2000, S. 422)." Das Marketing setzt dabei auf emotionale Erlebniswerte und bedient sich oft sinnlicher und emotionaler Erfahrungsmuster aus der Erlebniswelt Tourismus. „Bei vielen Gütern werden die mitgelieferten Zusatzreize sogar zum vorrangigen Grund für das Konsumieren oder für die Auswahl bestimmter Marken (Kroeber-Riel/Weinberg, 2003, S. 115)."

Das **Kaufverhalten** wird beim erlebnisorientierten Kunden stärker durch affektive Prozesse als durch kognitive Prozesse beeinflusst. Der erlebnisorientierte Mensch will sich emotional verwirklichen. „Man lebt nicht primär für die Zukunft, sondern in der Gegenwart, in der die Individualität ausgedrückt wird (Kroeber-Riel/Weinberg, 2003, S. 114)." Schulze unterscheidet in „außenorientierte" und „innenorientierte" Kunden. Für erstere ist die objektive Produktqualität kaufentscheidender, während zweite eher nach dem System: „weil es gut zu mir passt, weil es mir gut gefällt" ihre Kaufentscheidung fällen (vgl. Schulze, 2000, S. 427f)."

Der **Kaufentscheidungsprozess** in erlebnisorientierten Märkten wird allerdings durch zwei wesentliche Größen erschwert. Erstens wissen die Menschen oft gar nicht genau, welche Art von Erlebnis sie anstreben, und zweitens werden sie mit einem undurchschaubaren Überangebot konfrontiert, das die Auswahl des richtigen Erlebnisses schwierig gestaltet. Um dieser Situation zu entrinnen, entwickelt der erlebnisorientierte Konsument Strategien der Produktauswahl. Wenn auch meist nur verschwommen, bildet der Konsument Interesse, Indifferenz oder Abneigung gegenüber einzelnen Erlebnisangeboten aus. Um Entscheidungen zu vereinfachen, bildet er eine sog. **Korrespondenzroutine** aus, die sich zu seinem persönlichen Konsumstil verbindet, denn: erst durch eine Art **ästhetisches Grundprogramm**, welches der Mensch sich anlegt, ist er in der Lage, sich im Durcheinander des Erlebnismarktes zurechtzufinden Schulze bezeichnet dieses Verhalten als **erlebnisrational** (vgl. Schulze, 2000, S. 431ff). Dennoch bleibt es höchst schwer, mit dem Korrespondenzprinzip das adäquateste Erlebnisangebot herauszufinden, weil bei der Entscheidung z.B. für einen Urlaub am Schluss doch noch zu viele sehr ähnliche Angebote übrig bleiben. Das Korrespondenzprinzip kann in der Alltagspraxis erst durch Abstraktion anwendbar gemacht werden.. Das **Abstraktionsprinzip** manifestiert sich dort etwa durch den Konsum von Serienangeboten bzw. Fernsehserien, Zeitschriftenabonnements, durch das Aufsuchen der Lokalitäten von Szenen oder der Bindung an bestimmte Marken. Im Endeffekt führt dies beim erlebnisorientierten Konsumenten zu einer Optimierung von Konsumgewohnheiten, nicht aber zur Optimierung einzelner Konsumakte. Neben diesem Rationalitätstypus der Erlebnisnachfrage verbreitet sich ein Typ der Erlebnisnachfrage ohne konkreten Erlebniswunsch, welcher nur allgemein das Bedürfnis hat, irgendetwas zu erleben (vgl. Schulze, 1993, S. 431ff). noch mal überarbeiten

Auf das Korrespondenzprinzip und Abstraktionsprinzip des erlebnisrational handelnden Konsumenten stellen sich Anbieter bereits ein. „Die Vermittlung von spezifischen und emotionalen **Produkt- und Markenerlebnissen** ist ein wichtiges Ziel des Marketing geworden (Kroeber-Riel/Weinberg, 2003, S. 116)." Dabei wird das Marketing auf empirisch ermittelte Erlebniscluster der Konsumenten ausgerichtet, um so eine eindeutige Positionierung dauerhaft am Markt durchzusetzen. Dieses Selektionsprinzip begünstigt solche Zeichen- und Bedeutungskomplexe, auf die sich viele verständigen können, was laut Schulze zu einer alltagsästhetischen Evolution geführt hat (vgl. Schulze, 2000, S. 432). Im Rahmen der Primäruntersuchungen dieser Arbeit wurden mit Reisenden qualitative Befragungen durchgeführt, um erste Erkenntnisse darüber zu gewinnen, welche Erlebniscluster Touristischer Regionen auch in den Quellmärkten (grenzenlos) vom Kunden wahrgenommen werden (hierzu ausführlich Kapitel IV 1.5-1.7, S. 138-165).

Der erlebnisorientierte Konsument möchte mit dem Konsum von Produkten und Dienstleistungen einen besonderen **Erlebniswert** erzielen. „Unter einem Erlebniswert versteht man den subjektiv erlebten, durch das Produkt, die Dienstleistung, das Verkaufsgespräch oder die Einkaufsstätte vermittelten Beitrag zur Lebensqualität der Konsumenten. Es handelt sich dabei um sinnliche Erlebnisse, die in der Gefühls- und Erfahrungswelt der Konsumenten verankert sind und einen realen Beitrag zur Lebensqualität leisten (Weinberg, 1992, S. 3)." Nach Pine/Gilmore gibt es vier **Erlebnissphären,** und zwar Unterhaltung, Bildung, Realitätsflucht und Ästhetik, die in einer optimalen Kombination am >richtigen Ort< die „erfüllendsten Erlebnisse" beim Konsumenten bewirken (vgl. Abb. 12, S. 49).

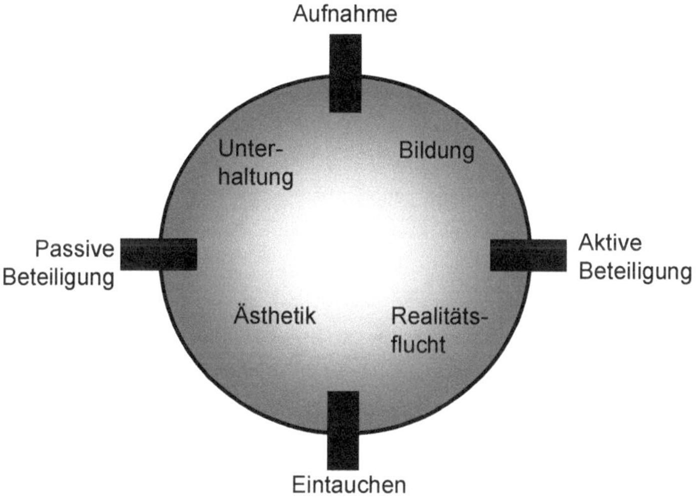

Abbildung 12: Die vier Erlebnissphären

Quelle: Pine/Gilmore, 2000, S. 52

Die Erlebnissphären ergeben sich aus den Dimensionen Beteiligung des Konsumenten (horizontale Achse) und der „Verbindung oder Umweltbeziehung", die zwischen Konsument und Ereignis entsteht. Die Beteiligung des Konsumenten wird daran gemessen, wie stark er die Ereignisse beeinflusst. Die Pole bilden die passive und aktive Beteiligung (vgl. Pine/Gilmore, 2000, S. 52f). In der Marketingliteratur wird diese Dimension allgemein mit dem „Aktivitätsniveau des Externen Faktors", hier des Konsumenten, beschrieben (vgl. u.a. Haedrich, Bruhn, Stauss). Die zweite

Dimension ist zwischen den Extremen „Aufnahme“ und „Eintauchen“ angesiedelt. Die Dimension Aufnahme bedeutet, dass die Aufmerksamkeit der beteiligten Person in Anspruch genommen wird. Eintauchen dagegen bedeutet, dass „der Gast physisch (tatsächlich) ein Teil des eigentlichen Erlebnisses wird (vgl. Pine/Gilmore, 2000, S. 53). Die vier Felder, die die Dimensionen auf der vertikalen und horizontalen Achse bilden, definieren die Sphären der Erlebnisse.

Zur **Sphäre der Unterhaltung** gehören Erlebnisse, die „mittels der Sinne passiv aufgenommen“ werden, wie Musik hören oder ein Buch lesen. Zur **Sphäre der Bildung** gehören Erlebnisse, die unter Beteiligung des Verwenders aktiv aufgenommen werden. Solche Erlebnisse bieten beispielsweise technische Museen, die es dem Besucher ermöglichen, durch eigenes Experimentieren Prozesse zu verstehen. Bei der **Sphäre der Realitätsflucht** ist die persönlich sinnliche Erfahrung der beteiligten Personen sehr viel tiefer als bei den Unterhaltungs- oder Bildungserlebnissen. Moderne Themenparks, Casinos, Chatrooms und Virtual-Reality-Spiele bieten diese Erlebnisse. Zur **Sphäre der Ästhetik** gehören passive ästhetische Erfahrungen, die die Menschen erleben. Traditionelle Museumsbesuche und der Blick auf landschaftliche Attraktionen ermöglichen solche Erfahrungen (vgl. Pine/Gilmore, 2000, S. 54ff).

Die gleichen Erlebnisse werden aber beim Konsumenten nicht dauerhaft das gleiche hohe Niveau des Erlebniswertes auslösen können. Erlebnisorientierte Konsumenten reagieren darauf mit Kumulation und Variation der Erlebnisse. **Kumulation** bedeutet, dass der Konsument versucht, die Quantität der Erlebnisse zu steigern, um ein „optimales Reizniveau“ zu halten. Die Menge der Erlebnisse nimmt dabei zu, jedoch auf Kosten der Intensität des Erlebens. So verkürzt beispielsweise der Konsument die Abstände der Besuche „seines“ Einkaufszentrums oder Erlebnisbades. Die **Variation** der Erlebnisse ist dagegen eine „Abwechslungsstrategie“ des Handelnden. In diesem Fall wechselt der Konsument das Einkaufszentren oder das Erlebnisbad. Laut Schulze darf die Veränderung des Erlebnisses „aber gerade nur so groß sein, dass es nicht zu einer Desorientierung kommt (Schulze, 1993, S. 435).“

Erlebnisanbieter müssen auf diese Reaktionsmuster der Konsumenten mit immer neuen Erlebnisangeboten oder zumindest mit Variationen reagieren. Es wird immer wichtiger werden, möglichst alle Erlebnissphären optimal zu kombinieren, um Wettbewerbsvorteile zu erzielen. Dabei müssen die Erlebnisanbieter sich selbstverständlich stets an den artikulierten oder besser noch an den latenten Bedürfnissen der Kunden orientieren. Andernfalls können Erlebnisse zur Massenware degradieren, was einen Preisverfall bedeutet (vgl. Pine/Gilmore, 2000, S. 246).

Zusammenfassend ist festzuhalten: Aus dem Trend zur erlebnisorientierten Leistungssteigerung von Produkten und Dienstleistungen können sich für Touristische Regionen wahrscheinlich **Chancen** für neue Geschäftsfelder ergeben. Mit ihren spezifischen Ressourcen und Fähigkeiten könnten Touristische Regionen an Inszenierungen von Erlebnissen in den Quellmärkten mitwirken und davon finanziell profitieren, denn touristische Erlebnismuster sind dazu geeignet, in den Quellregionen Erlebniswerte für die Kunden zu schaffen. Bereits heute werden in den Quellregionen Inszenierungen mit Hilfe von sinnlichen und emotionalen Erlebnismustern aus der Erlebniswelt des Tourismus gestaltet. Demzufolge ist anzunehmen, dass Touristische Regionen das Korrespondenz- und Abstraktionsprinzip der Konsumenten strategisch nutzen können, wenn es ihnen gelingt, in den Quellregionen vertraute Leistungen für ihre Gäste anzubieten. In den Kapiteln II 2.5, S.67; II 4.1, S. 84-89 und II 5, S. 91-98 wird diese Tendenzaussage weiterführend diskutiert.

Im zweiten Teil dieser Arbeit werden die Ergebnisse der Sekundäranalyse durch eigene qualitative empirische Untersuchungsergebnissen ergänzt. Die eigenen Untersuchungsergebnisse vervollkommnen das Gesamtbild, weil sie Aussagen darüber beinhalten, welche destinationstypischen Güter und Dienstleistungen beim Konsumenten sinnliche Erlebnisse auslösen, die zu einem intensiveren Gesamterlebnis eines Produktes, einer Dienstleistung oder einer Einkaufsstätte beitragen können.

2.3 Wandelorientierung

Der Mensch ist aufgrund nachlassender Bedeutung von Leitbildern und -figuren wie Kirche, Politik etc. und verblassender Utopien verunsichert. Beck beschreibt diese Verunsicherung so: „Eine Konsequenz ist, dass die Menschen immer nachdrücklicher in das Labyrinth der Selbstverunsicherung, Selbstbefragung und Selbstvergewisserung hineingeraten. Der (unendliche) Regress der Fragen: „bin ich wirklich glücklich?", „bin ich wirklich selbsterfüllt?", „wer ist das eigentlich, der hier ‚ich' sagt und fragt?" führt in immer neue Antwort-Moden, die in vielfältiger Weise in Märkte für Experten, Industrien und Religionsbewegungen umgemünzt werden. In der Suche nach Selbsterfüllung reisen die Menschen nach Tourismuskatalog in alle Winkel der Erden......Sie lassen sich umschulen. Sie fasten. Sie joggen. Sie wechseln von einer Therapiegruppe zur anderen ..... (Beck, 1986, S. 495)."

Auch Pine/Gilmore sehen in der steigenden Nachfrage nach Fitnesscentern, Therapien und Weiterbildungsangeboten den wachsenden Bedarf nach Gütern und

Dienstleistungen, der nicht allein mit der Inszenierung von Erlebnissen befriedigt werden kann.

Das Konsumentenverhalten wird mittlerweile verstärkt durch den Wunsch nach Veränderung grundsätzlicherer Art geprägt. Ausgerichtet auf diese spezifische Nachfrage ist in den letzten Jahrzehnten ein Markt mit eigenständigen wirtschaftlichen Angeboten entstanden. Diese Angebote, die die **Herbeiführung einer Wandlung** beim Konsumenten bewirken sollen, bilden vorerst die letzte Ebene des „Fortschritts des wirtschaftlichen Werts (vgl. Pine/Gilmore, 2000, S. 243ff).“ Abbildung 13 auf Seite 54 stellt in einem Modell diese Entwicklung dar. Nach diesem Modell gelingt eine Individualisierung von Dienstleistungen durch die Inszenierung von Erlebnissen. Eine Individualisierung inszenierter Erlebnisse wiederum ist durch die Herbeiführung einer Wandlung beim Konsumenten zu realisieren. So wird die letzte Ebene des wirtschaftlichen Werts erreicht. Diese Ebene genießt höchste Relevanz beim Kunden. Gelingt es einem Unternehmen, sich in diesem Feld zu positionieren, können Spitzenpreise durchgesetzt werden. Die erste und zweite Ebene dieses Modells wird dagegen von undifferenzierten Massengütern (Rohstoffen) und Verbrauchsgütern besetzt.

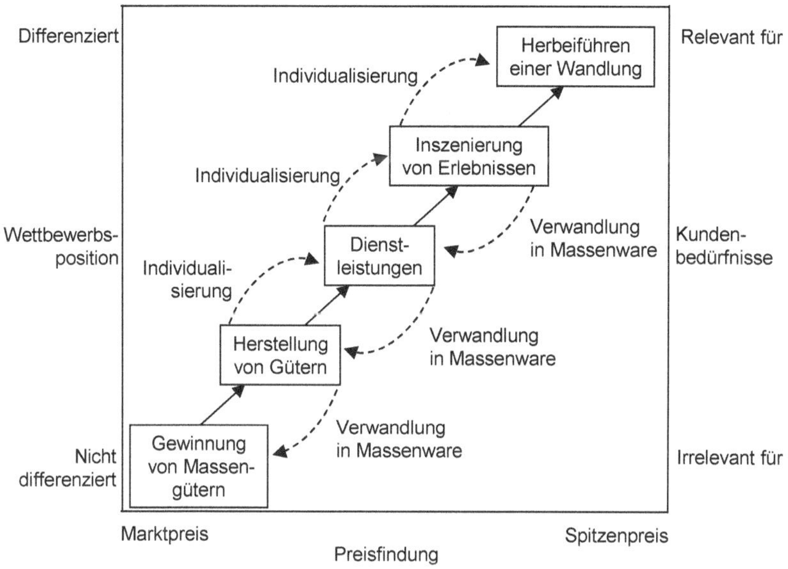

Abbildung 13: Der Fortschritt des wirtschaftlichen Werts einschließlich der letzten Ebene

Quelle: Pine/Gilmore, 2000, S. 247

Doch was ist das Einzigartige an der Ebene der Wandlungen, im Unterschied zu den Erlebnissen? Inszenierte Erlebnisse können beim Konsumenten einen hohen Erlebniswert erzielen. Mit der Zeit verblassen jedoch Erinnerungen an die Erlebnisse, es sei denn, es waren Erlebnisse, die zufällig oder unerwartet das Leben veränderten. Dagegen sind Wandlungen dauerhaft wirkungsvoll. Käufer von Wandlungen nehmen ein Angebot oder eine Dienstleistung in Anspruch mit dem Ziel oder Zweck, eine beabsichtigte Veränderung zu erzielen. Aufgabe der Unternehmen ist es, die beabsichtigte Wirkung hervorzurufen. Voraussetzung dabei ist, dass der Konsument sich tatsächlich verändern möchte. Deshalb wird er auch als **Wandlungsanwärter** bezeichnet. Eine grundlegende Veränderung kann beispielsweise eine gesündere Lebensweise, das Verfolgen neuer Lebensziele oder die Aufgabe einer schlechten Angewohnheit sein (vgl. Pine/Gilmore, 2000, S. 255).

Die stark wachsende Nachfrage nach **Wellnessangeboten**[6] ist ein herausragender Beleg für die Zunahme der Wandelorientierung der Konsumenten. Alle Definitionen aus dem amerikanischen Raum von Wellness haben laut dem Deutschen Wellness-Verband wesentliche gemeinsame Merkmale. Dies sind die zentrale Bedeutung des Lebensstils, die Selbstverantwortung für die Gesundheit, die multifaktorielle Genese von Gesundheit sowie die Ausschöpfung von Potentialen zur größeren Lebensqualität (vgl. Hertel, 1992, S. 37). Sie unterliegen alle einem starken **Veränderungsbedürfnis**. Auch für Trendforscher Horx steht die Suche nach der Harmonie im Zentrum des Wellness-Begriffes. „Wellness wird primär definiert als die Wiederherstellung der durch Beschleunigungstrends und Komplexitätssteigerung verloren gegangenen Balance im Leben (Horx-Strathern/Horx, 2001, S. 7)."

Wandlungen können aber nicht hergestellt, durchgeführt oder inszeniert werden; sie können nur begleitet werden. Die Unternehmen übernehmen in der Wandlungswirtschaft die Rolle sog. **Wandlungsmoderatoren**. Sie „können bestenfalls die richtigen Umstände herbeiführen, unter denen die Veränderung stattfinden kann, also die richtigen Erlebnisse inszenieren, welche die richtigen Dienstleistungen einschließen.... (Pine/Gilmore, 2000, S. 263)." Beispiel für die wandlungsstrategische Ausrichtung eines Unternehmens ist die Führung eines Themenrestaurants, welches die Wandlungsmoderation für Menschen übernimmt, die ihre Ernährungsgewohnheiten ändern wollen. Das Basisangebot besteht aus einer optimalen Kombination der vier Erlebnissphären einer Inszenierung (vgl. hierzu Abb. 12, S. 49) und wird ergänzt durch die spezifischen Inhalte, die darauf ausgerichtet sind, die Wandlung einzuleiten und zu begleiten. Als Ergebnis „könnte der Unterhaltungsbereich die Wahl der Speisen vergnüglich gestalten, der Bildungsbereich die Vorteile der richtigen Ernährung hervorheben, der Ästhetikbereich zur richtigen Geschwindigkeit und Menge beim Essen anregen und das Lokal insgesamt einen Ort bieten, an den man flüchten kann, wenn man versucht ist, in alte Gewohnheiten zurückzufallen (Pine/Gilmore, 2000, S. 249f)." Auch die Club Robinson-in-town-Oasen (vgl. hierzu Ausführungen II 5.1.3, S. 96-98) bieten mit der Ernährungs- und Fitnessberatung wandlungsorientierte Leistungen an.

In den Vereinigten Staaten entfallen bereits 1996 fast 10 Prozent des Bruttoinlandsproduktes (BIP) und fast 20 Prozent der Beschäftigten auf jene Branchen, die

---

[6] Das Interesse an Wellnessreisen in den nächsten drei Jahren ist beispielsweise laut RA 2002 von 6 Prozent im Jahr 2000 auf 10 Prozent im Jahr 2001 gestiegen (vgl. F.U.R., 2002b, S.6)

eindeutig mit Wandlungen identifiziert wurden. Zwischen 1959 und 1996 liegen die durchschnittlichen jährlichen Wachstumsraten bei Beschäftigung und beim BIP der Wandlungsbranche vor der Dienstleistungsbranche an erster Stelle, das allerdings auf niedrigem Niveau (vgl. Abb. 14, S. 55).

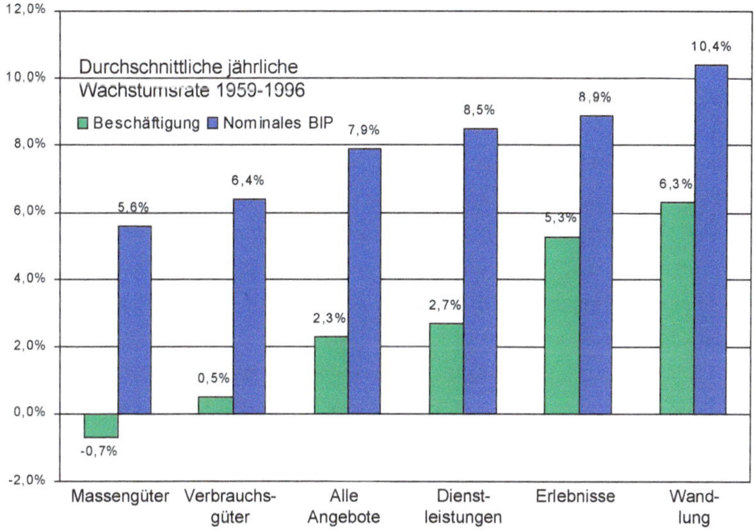

Abbildung 14: Beschäftigungswachstum und Anstieg des nominalen Bruttoinlandsproduktes (BIP) nach wirtschaftlichem Angebot in den USA

Quelle: Pine/Gilmore, 2000, S. 273

Pine und Gilmore erwarten, dass die Wandlungswirtschaft spätestens mit der Sättigungsphase der Erlebniswirtschaft diese weitestgehend ablösen wird. „Dann wird die Grundlage des Erfolges darin bestehen, dass man in der Lage ist, die individuellen Bestrebungen der Kunden zu verstehen und ihnen dabei zu helfen, diese Bestrebungen zu verwirklichen (Pine/Gilmore, 2000, S. 257).“

Auch unter den Motiven für eine Urlaubsreise gibt es solche, die mit Veränderungen der Persönlichkeit, mit einem Wandel der Konsumenten verbunden sind. Cohen differenziert in seiner **phänomenologischen Typologie** von Touristen beispielsweise drei von fünf Gruppen, die die Urlaubsreise mit dauerhaften Persönlichkeitsveränderungen und der Suche nach neuen Lebensmodellen verbinden: Die „Experiential Mode“, die „Experimental Mode“ und die „Existential Mode“. Die „Experiential Mode“ charakterisiert Reisende, die sich vom Besuch fremder Kulturgruppen eine Chance zur Selbstverwirklichung und inneren Veränderung versprechen. Reisende der „Experimental Mode“ wollen durch längere Aufenthalte in der Fremde dieses Ziel erreichen. Für die dritte Gruppe, die „Existential Mode“, wird dagegen die Touristische Region zum einzigen Raum der Selbstverwirklichung. Von den Touristen dieses Typs wird das Leben zu Hause häufig nur als Zeit zum Geld verdienen für die Reisen angesehen (vgl. Cohen, 1979, S.179f; Herle, 1982, S. 30f).

Zusammenfassend geht aus der Untersuchung hervor, dass es eine wachsende Zahl von Konsumenten gibt, die Produkte und Dienstleistungen nachfragen, welche dauerhafte Veränderung der persönlichen Lebensgestaltung ermöglichen. Touristische Regionen könnten tendenziell von diesem Trend profitieren. Dafür müssen sie erstens relevante Kompetenzen besitzen, die aus der Sicht der Touristen Wandlungen bewirken können (z.B. Fitness, Gesundheit, Lebensstil). Zweitens müssten die Regionen auch in den Quellmärkten kompetente Angebote schaffen, um längerfristig den Bedarf ihrer Gäste befriedigen zu können. Diese zweite Bedingung kann nach Auffassung des Autors nur durch die Strategie der grenzenlosen Destination realisiert werden. Es ist aber noch unerforscht, ob es Touristische Regionen gibt, die tatsächlich relevante Kompetenzen besitzen, um als Wandlungsanbieter in den Markt eintreten zu können. Im Rahmen der eigenen qualitativen empirischen Untersuchung dieser Arbeit werden zusätzliche Erkenntnisse gewonnen, die zu diesem neuen Forschungsfeld einen Beitrag leisten (vgl. hierzu Teil IV, S. 131-185).

2.4 Freizeit und Freizeitverhalten

Nach den Ausführungen über die allgemeinen Trends im Konsumentenverhalten folgt eine Trendanalyse der freizeitspezifischen Verhaltensweisen und eine Darstellung der Chancen und Risiken, die sich daraus für Aktivitäten Touristischer Regionen in Quellregionen ergeben.

2.4.1 Begriffsverständnis von Freizeit

In der Wissenschaft gibt es kein einheitliches **Begriffsverständnis von Freizeit**. „Die Abgrenzung der Freizeit als Residualkategorie zur beruflichen Arbeit oder mit Hilfe von Sinnzuschreibungen wird im Rahmen von theoretisch ausgerichteten Arbeiten bevorzugt; eine andere Art von Abgrenzungsversuchen findet sich vor allem in der soziologisch orientierten empirischen Umfrageforschung: die Definition als Insgesamt von Aktivitäten, mit denen die zu definierende Zeitspanne ausgefüllt wird (Vogt, 1976, S. 725).“ Uneins ist man sich in der Freizeitforschung darüber, wo die zeitliche Grenze zu setzen ist. Einigkeit besteht aber insofern, dass es dafür keine allgemeingültige Antwort geben kann, da Regenerationszeiten von der Arbeit durch diese selbst (Arbeitssituation) und die persönliche Situation der betroffenen Menschen beeinflusst werden. Somit entstehen ganz unterschiedliche, individuell geprägte Zeiträume, die notwendig sind, um die Freizeit, die zur Regeneration notwendig ist, zu überwinden und in eine eigenständige Freizeit zu gelangen. Die Freizeitforscher sind sich dahingehend einig, dass die Qualität der Freizeit als ein Freiraum, der nicht ausschließlich der Regeneration, der Erholung von der Arbeitszeit dient, mit der Dauer der Freizeit zunimmt.

Nach Opaschowski schließt freie Zeit alle zeitlich verfügbaren Lebenssituationen ein. Dazu zählen freie Zeit am Feierabend, am Wochenende, im Urlaub, im Ruhestand und in der Arbeitszeit. In der Regel ist aber mit Freizeit die Tagesfreizeit (Feierabend), die Wochenfreizeit (Wochenende) und die Jahresfreizeit (Urlaub) gemeint. Dabei handelt es sich um sog. offene Freizeitsituationen, die zur freien Verfügung und für selbstbestimmtes Tun offen sind (vgl. Opaschowski, 1996, S. 96).

Die **touristische Freizeit** unterscheidet sich von der übrigen Freizeit durch räumliche, zeitliche und sachliche Kriterien. **Räumlich** unterscheidet die touristische Freizeit sich deshalb, weil sie Mobilität bzw. Ortsveränderung der Menschen voraussetzt. Ergänzt wird die räumliche Abgrenzung durch die **zeitliche Dimension**. Bewegt der Mensch sich aus dem alltäglichen Umfeld heraus, dies jedoch nicht länger als einen Tag (ohne Übernachtung), wird dies in der Regel als Tagesausflug, aus der Sicht der Destinationen als Tagesbesuch definiert. Dauert der Aufenthalt außerhalb des alltäglichen Umfeldes länger als einen Tag und beinhaltet 1-3 Übernachtungen, wird dieser in der Regel als Kurzurlaubsreise bezeichnet. Die WTO empfiehlt aus Sicht der Touristischen Region, diese Reisenden als übernachtende Besucher bzw.

Touristen zu bezeichnen. Laut Definition wird aus einer Kurzurlaubsreise eine Urlaubsreise bzw. längere Urlaubsreise, wenn sie mehr als 4 Übernachtungen beinhaltet[7].

Das dritte Abgrenzungsmerkmal ist die **sachliche Dimension**. Die WTO empfiehlt eine Abgrenzung der verschiedenen Tourismusformen nach dem Reisezweck[8]:

1. Freizeit, Erholung und Urlaub/Ferien
2. Besuch bei Freunden, Bekannten und Verwandten
3. Geschäft und Beruf
4. Gesundheit
5. Religion/Wallfahrt
6. Sonstiges

Der Autor kann diesen Empfehlungen der WTO zur begrifflichen Abgrenzung der touristischen Freizeit weitestgehend folgen, versteht aber im Unterschied dazu Freizeit als Obergriff, worunter auch Tagesbesuche und Urlaubsreisen subsumiert

---

[7] Tourismusstatistiken
European Travel Monitor (Europa)
(Besuche von Verwandten und Bekannten werden gesondert erfasst)
Kurzurlaubsreisen: 1-3 Nächte Dauer
Längere Urlaubsreisen: Urlaubsreisen von 4 Nächten und mehr
Basis: Wohnbevölkerung ab 14 Jahre

Reiseanalyse RA (Deutschland)
Urlaubsreise: Dauer mindestens 5 Tage
Kurzurlaubsreise: Dauer von 2-4 Tagen
Basis: Erwachsenen Bevölkerung in Deutschland ab 14 Jahre

Welttourismusorganisation (weltweit)
Empfehlungen zur Tourismusstatistik verabschiedet durch die Statistikkommission der Vereinten Nationen, März 1993
Tagesbesucher: Ein Besucher, der nicht in dem besuchten Land bzw. am besuchten Ort übernachtet
Touristen (übernachtende Besucher): Ein Besucher, der wenigstens eine Nacht (und nicht mehr als 12 Monate) in einem Beherbergungsbetrieb oder einer Privatunterkunft in dem besuchten Land bzw. am besuchten Ort verbringt. Dauer: 1- 3, 4-7, 8-28, 29-91, 92-365

[8] Im Hinblick auf die Zielsetzung dieser Arbeit ist anzumerken, dass alle genannten Tourismusformen nach Reisezweck prinzipiell auch Formen der alltäglichen Freizeit sein können (Ausnahme ist die Wallfahrt). Alltägliche Freizeit und touristische Freizeit unterscheiden sich demnach in der Regel nur durch räumliche und zeitliche Dimensionen.

werden (vgl. auch Freyer, 2006, S. 63f). Diese Hierarchie der Begriffe liegt auch dieser Arbeit zu Grunde.

2.4.2 Rahmenbedingungen der Freizeit

Die Rahmenbedingungen der Freizeit haben sich in den letzten Jahrzehnten in den Hauptquellgebieten des weltweiten Tourismus ständig verändert. Allen Untersuchungen ist gemeinsam, dass sie ein stetiges **Wachsen der Freizeit**, des Urlaubs und des **Tourismus** nachweisen. In Deutschland verringerte sich beispielsweise die durchschnittliche wöchentliche Arbeitszeit zwischen 1950 und 2000 von 6 auf 5 Tage, von 48 auf 38,5 Stunden. In der gleichen Zeit erhöhten sich die arbeitsfreien Tage von 86 auf 165 Tage im Jahr (vgl. Opaschowski in: Freyer, 2006, S. 25).

Gleichzeitig verliert die traditionelle Arbeitsorientierung des Lebens laut einer Studie des Soziologischen Forschungsinstituts Göttingen (SOFI) gegenüber familien- und freizeitorientierten Lebenskonzepten an Bedeutung (vgl. Opaschowski, 1995, S. 19). Nahrstedt vertritt dagegen den Standpunkt, dass Freizeit als emanzipative Alternative zur Arbeitszeit eher einer Ideologie entspringt (vgl. Nahrstedt, 1990, S. 31).

Allerdings ist festzustellen, dass sich trotz kürzerer Arbeitszeiten die meisten **Freizeittermine** auf das lange Wochenende konzentrieren. „So hat der Samstag für jeden dritten Bundesbürger seinen festen Platz als Hauptausgehtag. Den Sonntag bestimmen dann bei der Mehrheit der Befragten die beiden „F“: Faulenzen und Familie (Opaschowski, 1994, S. 37).“ Aktivitäten außer Haus während der Woche haben vergleichsweise wenig Bedeutung (vgl. Opaschowski, 1994, S. 54). Auf Freizeitverhalten in verschiedenen Lebensphasen wird im Rahmen dieser Arbeit nicht eingegangen.

„Die **Urlaubsdauer** hat sich in den letzten vierzig Jahren von 9 auf 31 Tage mehr als verdreifacht. ... Die rapide Zunahme der Urlaubszeit hat auch ihre Schattenseiten. Der „Faktor Geld“ hinkt dem „Faktor Zeit“ hinterher. Die Kluft zwischen Urlaubsdauer und Reisedauer wird immer größer (Opaschowski, 1995, S. 18).“ Die meisten arbeitsfreien Tage müssen zu Hause verbracht werden.

Die Anzahl der **Urlaubsreisen** (mindestens fünf Tage Dauer) der deutschen Bevölkerung über 14 Jahren ist von 1972 bis 2001 um 38,6 Millionen auf 63,4 Millionen gestiegen (vgl. F.U.R., 2002b, S. 2). Bis 2010 erwarten die Forscher der F.U.R. laut RA-Trendstudie aus 2001 ein weiteres Wachstum auf 80 Millionen Urlaubsreisen im Jahr. Diese quantitativen Wachstumsmöglichkeiten sind nach F.U.R aber auch mit Strukturveränderungen verbunden: „Neue Zielgruppengewichtungen (Senioren als Wachstumsmotor), andere Zielpräferenzen (weiter weg), kürzere Reisedauer (F.U.R., 2001, o. S.).“ Im Jahr 2002 hat die Gesamtnachfrage nach Reisen aufgrund der Ereignisse am 11. September 2001 und schwacher Konjunktur weltweit abgenommen. In Deutschland wird die Zahl voraussichtlich bei ca. 5 – 10 Prozent liegen. Endgültige Zahlen liegen noch nicht vor, und es bleibt abzuwarten, ob dies nachhaltige Auswirkungen auf den Langfristtrend haben wird, oder ob es sich nur um einen kurzfristigen Nachfragerückgang handelt. Bisher melden zumindest die Fluggesellschaften und Reiseveranstalter im Verlauf des Jahres 2002 abnehmende Rückgänge.

Mehr als verachtfacht haben sich in Deutschland zwischen den 70er und 90er Jahren die monatlichen **Freizeitaufwendungen** eines Vier-Personen-Arbeitnehmerhaushalts mit mittlerem Einkommen. Davon entfallen etwa 70 Prozent auf Freizeit ohne Reisen. Im Jahr 2010 werden die Bundesbürger monatlich im Durchschnitt mehr als 1.000 Mark (ca. 511.- Euro) für die Freizeit zur Verfügung haben (Opaschowski, 1995, S. 35ff und 2001, S. 99). 30 Prozent entfallen auf den Touristikmarkt. Durchschnittlich gaben die Europäer 990 Euro für jede Reise im Jahr 2000 aus. Die Deutschen haben 2000 durchschnittlich 1549 DM (ca. 790.- Euro) pro Urlaubsreise ausgegeben (F.U.R., 2001, S. 134). Dieses Budget wird voraussichtlich auch zukünftig weiter wachsen, aber das Ausgabenwachstum schwächt sich ab und bewegt sich mehr im Einklang mit der Entwicklung des verfügbaren Einkommens (vgl. Opaschowski, 2001, S. 103; Lettl-Schröder, 2001, S. 37).

Grundsätzlich ist das **Geschäftsvolumen der Freizeitwirtschaft** nur schwer zu erfassen. Zu der Freizeitwirtschaft zählen so verschiedene Bereiche wie Touristik, Auto- und Radfahren, Medien, Lifestyle und Fitness, Gastronomie, Computer und Video, Theater und Museen, Literatur, Freizeitsport, der Do-it-yourself-Sektor und die Gartenarbeit, oft ohne eigene Branchenstatistik. Auch die Immobilienbranche hat in den letzten Jahren am wachsenden Freizeitmarkt über Freizeitparks, Musicaltheater, Multiplex-Kinos und Urban-Entertainement-Center partizipiert. Die Deutsche Gesellschaft für Freizeit schätzt den Umsatz der Freizeitwirtschaft für das Jahr 1999 in Deutschland alles in allem auf rund 455 Mrd. DM (DGF, 2000, S. 80).“ Das entspricht etwa 10 Prozent des Bruttoinlandproduktes (www.deg.uni-bremen.de 30.09.02) Für das Jahr 2000 prognostiziert die Firma Wenzel & Partner Ausgaben in Höhe von 470 Milliarden Mark. „Eine Umfrage des Arbeitskreises Freizeitwirtschaft am Institut der deutschen Wirtschaft Köln bei den Freizeitverbänden bestätigt die überwiegend gute Stimmung in der Freizeitwirtschaft. Mehr als 70 Prozent der befragten Branchen erwarten höhere oder zumindest gleich bleibende Umsätze. Zu den Branchen, die von Umsatzsteigerungen ausgehen, zählen u.a. Tourismus, Kino, Fitness, Freizeitparks und –anlagen, Sportfachhandel, private Rundfunkhäuser, Gastgewerbe und Unterhaltungselektronik (Gruner+Jahr, 1/2001, S. 14)." In 2002 sieht die Stimmung aufgrund der weltpolitischen und konjunkturellen Rahmenbedingungen ungünstiger aus. Eine Konjunkturumfrage des Instituts der Deutschen Wirtschaft (IVV) in Köln zeigt, dass Anfang 2002 22 der 38 befragten Freizeitwirtschaftsverbände von einer schlechteren Stimmung als im Vorjahr ausgehen. Allerdings sei bei vielen die Stimmung pessimistischer als die Einschätzung der tatsächlichen Umsatz-, Beschäftigungs- und Investitionsentwicklung, so der IVV (www.welt.de/daten/2002/02/21/0221wi315804.htx).

Insgesamt zeigen vorliegende Untersuchungsergebnisse, dass die Freizeitbranche sich durch große Dynamik auszeichnet. Im Freizeitmarkt entstehen neben den etablierten Teilmärkten junge, teilweise schnell wachsende neue Teilmärkte mit niedrigeren Eintrittsbarrieren für neue Marktteilnehmer. Die Situation kann daher für Touristische Regionen, die in den Freizeitmarkt in den Quellregionen einsteigen wollen, tendenziell als chancenreich bewertet werden. Außerdem dürfte der Freizeitmarkt in den Quellregionen für Touristische Regionen aufgrund der Umsätze interessant sein, weil etwa 70 Prozent aller Freizeitausgaben für die Freizeit in den Quellregionen verwendet werden.

Schwierigkeiten bzw. Risiken, die mit einem Markteintritt Touristischer Regionen in den Quellmärkten verbunden sein könnten, ergeben sich vor allem aus dem in der Regel hohen Investitionsbedarf für Freizeitobjekte sowie aus dem Fehlen der notwendigen Organisationsstrukturen und Kompetenzen in den Touristischen Regionen. Im weiteren Verlauf dieser Arbeit werden daher unterschiedliche Möglichkeiten für ein Engagement Touristischer Regionen in den Quellmärkten dargestellt und diskutiert. In diesen Zusammenhang gehören auch Ergebnisse der Primäruntersuchung über destinationstypische Leistungen, für die Touristen tendenziell bereit sind, in der Freizeit zu Hause Geld zu investieren, und über potentielle Fähigkeiten Touristischer Regionen, solche Angebote zu schaffen (siehe hierzu Kapitel IV 1.6, S. 145-150 und IV 1.7.4-1.7.6, S. 157-164)

2.4.3 Allgemeine Entwicklungen und Trends

Die **ersten Freizeitbeschäftigungen** in der neueren europäischen Geschichte, Lesen und Musik hören, gehören auch heute noch zu den beliebtesten Beschäftigungen in der Freizeit. Das Lesen nimmt mit dem Vorlesen der Bibel seinen Anfang, bevor das leise intimere Lesen sich ausbreitet. Es folgen höfische nicht öffentliche Konzerte und später öffentliche durch Bürger (Beamte, Professoren, Kaufleute) selbst organisierte musikalische Freizeitvergnügen (vgl. Becher, 1990, S. 157ff).

In der ersten Hälfte des 19. Jahrhunderts werden die ersten **öffentlichen Feste** veranstaltet, die nicht allein die Vernunft, sondern auch Emotionen des Menschen ansprechen. Manche Veranstalter (z.B. Kölner Dombaufeste 1842 bis 1880) beginnen, „Feste zu inszenieren und in dieser perfekten Inszenierung den Besuchern ein Bild darzustellen, das sich in ihrem Bewusstsein abbilden und einprägen sollte (Becher, 1990, S. 172)."

In der Weimarer Republik entsteht in Deutschland eine neue Form der Freizeitkultur. W. Laqueur bezeichnet sie als eine ´**Populärkultur**`. Populär werden Boxkämpfe, Sechstagerennen sowie Kinopaläste, Varietés und Tanzsäle. Hinzu kommen mit Rundfunk und Film neue Medien, die bis heute das Freizeitverhalten stark beeinflussen (vgl. Becher, 1990, S. 175).

Die Hauptmotive der ersten sog. **touristischen Reisen** zum Selbstzweck sind religiöser Art wie bei Wallfahrten, Pilger- und Bildungsreisen. Bei der „Grand Tour" der jungen Adligen im 17. und 18. Jahrhundert spielt neben der Bildung auch das Vergnügen eine Rolle. Später folgen der Gesundheitsaspekt, die körperliche Betätigung und die Erholung. In Deutschland wurden um 1800 die ersten Seebadeanstalten in Heiligendamm, Norderney und Travemünde eröffnet (vgl. Freyer, 2006, S. 9ff). Als Boomfaktoren des Tourismus, wie er sich heute darstellt, werden vor allem die externen Kräfte Wohlstandssteigerung, Verstädterung, Motorisierung und Zunahme der Freizeit angesehen (vgl. Krippendorf, 1986, S. 43).

Die Mehrheit der **Urlaubsreiseziele** der Deutschen Bevölkerung über 14 Jahren liegt im Ausland (70,8 Prozent in 2001). Der Anteil der Auslandsreisen hat seit 1972 kontinuierlich zugenommen. 1972 lag der Auslandsanteil (nur alte Bundesländer) bei 52,7 Prozent. Hauptreiseziel ist Deutschland mit 29,2 Prozent Marktanteil (vgl. F.U.R., 2002a, S. 4).

Gesundheitsorientierte **Urlaubsformen** (Wellness-, Fitness- und Gesundheitsurlaub), All-Inclusive-Reisen und Studienreisen liegen laut Reiseanalyse 2002 im

Trend. Beim Vergleich der Interessensbekundungen für 20 verschiedene Urlaubsformen im Januar 1999 und 2002 ist das Interesse an einem Wellnessurlaub um 125 Prozent gestiegen. Das Interesse an All-Inclusive-Reisen ist um 65 Prozent, am Fitnessurlaub um 51 Prozent, am Gesundheitsurlaub um 46 Prozent und bei Studienreisen um 45 Prozent gestiegen (vgl. F.U.R., 2002a, S. 7).

Im Folgenden werden zuerst wesentliche Veränderungen des Freizeitverhaltens dargestellt, die sich aus den Megatrends ableiten lassen. Anschließend wird auf freizeitspezifische Trends eingegangen. Den Trends des erlebnisorientierten- und wandelorientierten Freizeitverhaltens ist ein eigenes Kapitel gewidmet.

Der Trend des **hybriden Konsumenten** spiegelt sich auch in der Freizeit wider. Die gleiche Person kann mittags an einem Imbissstand eine Curry-Wurst genießen und abends die Freizeit in einem Sterne-Restaurant verbringen. Ebenso schließen sich der Aufenthalt in einem einfachen Bauernhaus und einem 5-Sterne-Hotel nicht mehr aus. Es sinkt jedoch die Nachfrage nach mittelklassigen Angeboten. So erwartet die Forschungsgemeinschaft Urlaub und Reisen, dass „das untere Preissegment auf Kosten des mittleren tendenziell größer werden wird" und gleichzeitig das Luxussegment zunimmt (vgl. Lettl-Schroeder, 2001, S. 40).

Vom **multioptionalen – Konsumenten** wird „ein breites Angebotsspektrum mit hoher Wahlfreiheit erwartet (Steinecke, 1997, S. 11)." Touristische Regionen können diesen Konsumententypus in der Regel nicht mehr alleine zufrieden stellen. Sie werden je nach den Erfordernissen der jeweiligen Kundensegmente auf mehr oder minder offene, flexible Möglichkeiten der Leistungsorganisation zurückgreifen müssen, was zur Folge hat, „dass auch für die Unternehmen auf lokaler Ebene die Voraussetzungen für eine effiziente Kooperation mit weit entfernt gelegenen Anbietern und für den Zugang zu anderen lokalen und globalen Netzwerken geschaffen werden müssen (Tamma, 1999, S. 48)."

Durch den Trend zu **„99 Leben auf einmal"** gewinnen insbesondere spontan ausführbare Freizeitaktivitäten ohne lange Lern- und Vorbereitungszeiten an Beliebtheit. Dies begünstigt witterungsunabhängige Freizeitmöglichkeiten. Die Spontaneität des Verhaltens zeigt sich auch im touristischen Bereich. Die **Kurzurlaubsreise**-Intensität, d.h. der Anteil der erwachsenen Bevölkerung, der mindestens eine Kurzurlaubsreise (1-3 Übernachtungen) pro Jahr unternimmt, ist seit 1970 von 23 Prozent auf 34 Prozent im Jahr 2000 angestiegen. Diese Entwicklung ist allerdings von stärkeren Schwankungen als bei der Urlaubsreise-Intensität gekennzeichnet, so haben 1999 mit einer Steigerung von 3,7 Prozentpunkten gegenüber 1998 36,7 Prozent der

Deutschen über 14 Jahre eine oder mehrere Kurzurlaubsreisen gemacht, im Jahr 2000 sank der Anteil wieder auf 34 Prozent (vgl. F.U.R., 2002b, S. 45). Den **klassischen Freizeitsport** kennzeichnen verschiedene Entwicklungsströmungen. Die Individualisierung der Menschen hat die Ausübung **nichtorganisierter Sportarten** stark gefördert. Biken, Joggen, Skaten und Surfen sind die bevorzugten Sportarten der neuen Generation. Sie werden auch als „Funsportarten“ bezeichnet (vgl. Opaschowski, 2001, S. 153). Parallel steigt die Nachfrage nach Extremsport bzw. Abenteuersport und folgt somit dem gesellschaftlichen Trend, der Suche nach extremen Erlebnissen und Abenteuern.

In den 80er Jahren gilt: „Wer körperlich fit ist, der gilt auch als geistig fit, beruflich fit und nicht zuletzt sozial fit. **Fitness** garantiert fast in jeder Hinsicht hohe soziale Anerkennung und ist quasi zu einem neuen Ideal geworden (Mrazek, 1988, S. 211).“ Dieser Trend wird abgelöst durch den Trend zu **Wellness**. „Wellness verlangt „Ambiente“, „Flair“, und „Atmosphäre“, irgendeine Form von Ummantelung, die das wohlige Gefühl von körperlicher Verausgabung, das sich etwa nach dem Sport einstellt, erst zur genussbetonten „Wellness“ steigert (Graff, 2001, S. V2/5).“

Auf die veränderte Nachfrage, vor allem auf die Individualisierung, haben Unternehmen mit einem großen Angebot an kommerziellen und vereinsunabhängigen Sporteinrichtungen reagiert. Zahlreiche Einrichtungen wie private Tauchschulen, Fitnesscenter, Wellnesscenter gibt es mittlerweile in den Touristischen Regionen und ihren Quellregionen.

„Die Renaissance der schönen Künste. **Kultur** wird Sport als wichtigste Freizeitbeschäftigung ablösen (Naisbitt, 1990, S. 268)“ lautet eine Trendaussage Naisbitts im Jahr 1990. Der Interessentenkreis für Museumsbesuche ist beispielsweise in Deutschland zwischen 1992 und 2000 von 22 Prozent auf 38 Prozent gestiegen und der der Openair-Konzerte von 14 Prozent auf 25 Prozent (vgl. Opaschowski, 2001, S. 202). Die Anbieter haben diese Entwicklung stark gefördert, indem sie ihre Angebote durch Sonderausstellungen und Festivals zu Großereignissen umwandelten und damit die Anzahl der potentiellen Besucher drastisch erhöhten. „Aus der Hochkultur für wenige ist eine Massenkultur für breite Bevölkerungsschichten geworden, die individuelle Nischen zulässt (Opaschowski, 2001, S. 222),“ resümiert Opaschowski.

Viele Reiseveranstalter und Touristische Regionen haben sich bereits auf diese Trends eingestellt. Reiseveranstalter bieten eigene Wellnessprogramme an. So beispielsweise die TUI im Reisekatalog Vital-Welten. Unter Tirolvital.com vermarkten gemeinsam mehrere Tiroler Hotels ihre „Top Vital- und Wellnessangebote“. Der

Trend Kultur wird durch die stärkere Ausdifferenzierung der Studienreisenangebote, insbesondere bei dem deutschen Marktführer Studiosus, unterstrichen.

2.4.4 Erlebnisorientierung in der Freizeit

Die wachsende Erlebnis- und Wandelorientierung wirkt sich in Wohlstandsgesellschaften in besonderem Maße auf die Erwartungshaltungen der Konsumenten in der Freizeit aus. „Die grundlegenden Bedürfnisse sind gestillt, „höhere Bedürfnisse" (im Sinne von Maslow) kommen zum Zuge. Dazu gehören Bedürfnisse nach sensualer Anregung und Selbstverwirklichung, nach verfeinertem emotionalen Erleben (Kroeber-Riel/Weinberg, 2003, S. 126)." Erlebnisse können graduell unterschiedliche Bedeutung für den Konsumenten haben. Das Spektrum reicht vom emotionalen Erlebniswert als Zusatznutzen freizeitorientierter Dienstleistungen bis zu wandelauslösenden Erlebnisangeboten.

Konsumenten sind bereit, in die Freizeit zusätzliches Geld zu investieren, sobald sie sich **zusätzlichen Erlebniswert** versprechen bzw. erfahren. Eine Untersuchung in den USA hat ergeben, dass Konsumenten für einen Kaffee das fünf- bis zehnfache bezahlen, wenn sie den Kaffee in einer außergewöhnlichen Atmosphäre genießen können (vgl. Pine/Gilmore, 2001, S. 14). Auch Touristische Regionen bedienen sich mittlerweile der Erlebnisse als Zusatzangebot, um Wettbewerbsvorteile zu erzielen. Die massenhafte Organisation von Straßenfesten, Festivals und Großereignissen in Destinationen sind deutliche Zeichen.

Erlebnisangebote in Erlebnisschwimmbädern bieten dagegen weitaus mehr als reinen Zusatznutzen. Gegenüber dem Besuch traditioneller Schwimmbäder wird der Erlebniswert um ein Vielfaches gesteigert. Der Besucher kann komprimiert an einem Ort in kurzer Zeit die unterschiedlichsten Erlebnisangebote wahrnehmen und dadurch eine **Leistungssteigerung in der Freizeit** erleben. Solch effiziente Formen der Freizeitgestaltung bieten sich für den erlebnisorientierten Konsumenten auch mit dem Besuch von Freizeit- und Vergnügungsparks. Der multi-optionale Konsument kann an diesen Orten verschiedene Ziele gleichzeitig erreichen. Er kann sich erholen, einkaufen, kulturelle Anregungen mitnehmen und Spaß haben (vgl. Kroeber-Riel/Weinberg, 2003, S. 126; Opaschowski, 2000, S. 19f). Auch Touristische Regionen sind in diesem Segment erfolgreich, wenn es ihnen gelingt, durch die Vernetzung einzelner isolierter Angebotsbausteine marktgerecht ganzheitliche Erlebniswelten zu schaffen.

Graduelle Steigerung des Erlebniswerts bietet sich in „Fantasy-Welten", die völlig andere, unbekannte Eindrücke vermitteln können. Dabei bietet die inszenierte Erlebniswelt dem Konsumenten die Möglichkeit, die moderne **Lebenswirklichkeit zu transzendieren.** So besteht nach Adler (1987, S. 108) für einige Menschen die Kunst des Reisens „nicht mehr darin, gesellschaftliche Fassaden, Kulissen und Inszenierungen zu durchdringen und zum `wirklichen Leben´ vorzustoßen, sondern eher umgekehrt, das `wirkliche Leben´ durch die Inszenierung einer in sich stimmigen, interessanten, originellen und möglichst fesselnden Erlebniswelt zu überhöhen (Günther, 1996, S. 108)."

2.4.5 Wandelorientierung in der Freizeit

„Yoga-Kurse an Kretas Südküste", „Tantra-Sommer-Initiative – die innere Sonne erwecken auf Korfu" und „Spirituelle Reisen mit Meditation & Selbsterfahrung" sind Beispiele für Angebote unter der Rubrik „Reisen" im Berliner Stadtmagazin „Zitty" (7/2001, S. 233ff), die belegen, dass eine Nachfrage nach **wandelorientierten Reiseangeboten** vorhanden zu sein scheint (Wandelorientierung, vgl. Kapitel II 2.3; S.51-56). Es gibt auch Touristische Regionen, die Angebote auf den wandelorientierten Konsumenten ausrichten. „Ich finde meinen Weg" lautet die Überschrift einer Doppelseite im Bad Tölzer Image- und Angebotskatalog. Der Fließtext beinhaltet eine Passage, die sich auf die gesamte Freizeit bezieht: „Zweimal die Woche 30 bis 60 Minuten Training, das sollte sich jeder leisten. Wer regelmäßig sanften Sport betreibt, hält seinen Körper bis ins hohe Alter fit. ... Erst wenn Sport Freude macht, schüttet der Körper Glückshormone aus." Erst nach diesen allgemeinen Verhaltenstipps für ein gesünderes und glücklicheres Leben wird – in gleicher Schriftgröße - für den Aufenthalt in Bad Tölz mit der Überschrift „Einkehrschwung zum Ich" geworben (Bad Tölz, 2001, S. 18f). Der Aufenthalt in der Touristischen Region wird somit als ein Baustein einer Wandlung erklärt.

Die o.g. Beispiele zeigen, dass in der Freizeitdienstleistung einschließlich Tourismus die Inszenierung von Erlebnissen und Wandel eine große Rolle spielen.

Der Erfolg, d.h. die Steigerung des subjektiven Wohlbefindens und der persönlichen Lebensqualität des Konsumenten, ist dabei jedoch erst durch Eigenerfahrung möglich. Dafür muss der Konsument bereit sein, sich neuen psychischen, physischen oder emotionalen Erfahrungen zu öffnen. Die Aufgabe der Unternehmen ist es, diesen Prozess durch die Bereitstellung optimaler Rahmenbedingungen in Form von geeigneter Erlebnisinfrastruktur und persönlicher Erlebnismoderation zu fördern, denn Konsumenten müssen befähigt und begleitet werden, um neue Dimensionen erfahren zu können (vgl. Bieger, 2005, S. 6). Die Motivation des Konsumenten ist Voraussetzung für zielorientiertes Verhalten des Konsumenten und wird deshalb aus der Managementperspektive als Hauptansatzpunkt für Leistungssteigernde Beeinflussungsstrategien angesehen (vgl. Staehle, 1999, S. 218f).

2.5 Einfluss des Reisens auf Freizeitverhalten und Lebensstil

In diesem Kapitel werden Wechselwirkungen zwischen alltäglicher Freizeit und Urlaub thematisiert. Inhalt der Analyse ist zunächst der Einfluss des Reisens auf den Lebensstil. Nach einer Klärung des Begriffs Lebensstil wird auf die Rolle von Urlaub und Freizeit für den individuellen Lebensstil eingegangen. Eine Annäherung an dieses Thema erfolgt durch die Darstellung der aktuellen wissenschaftlichen Diskussion in unterschiedlichen Fachdisziplinen. Anschließend wird der Einfluss des Reisens auf das Freizeitverhalten an praktischen Zusammenhängen verdeutlicht. Dabei folgt die Analyse verhaltensorientierten Ansätzen. Diese Herangehensweise erscheint als angemessen für die Beurteilung der ökonomischen Chancen grenzenloser Destinationen.

„Der **Lebensstil** repräsentiert kulturelle und subkulturelle Verhaltensmuster. Seine Messung ermöglicht den Vergleich des Konsumentenverhaltens in unterschiedlichen Kulturen (Subkulturen) (Kroeber-Riel/Weinberg, 2003, S. 558).“ Vom Standpunkt des Handelnden ist die Sicherung und Vermittlung personaler und sozialer Identität die Hauptfunktion eines Lebensstils. So oder ähnlich ist der gemeinsame Nenner aller Lebensstil-Definitionen der verschiedenen Fachdisziplinen zu bestimmen. Größere Unterschiede treten auf der konzeptionellen Ebene der diversen Forschungsdisziplinen auf. Je nach Forschungsinteresse existieren stark voneinander abweichende Konstrukte zur Messung von Lebensstilen (vgl. Gluchowski, 1988, S. 12). Im Rahmen dieser Arbeit soll darauf jedoch nicht differenzierter eingegangen werden. Erläutert sei die marktorientierte und wettbewerbsorientierte Verwendung. Im Marketing wird das Lebensstil-Konzept als Partialmodell zur Kennzeichnung von Käuferverhalten und zugleich als eine Kombination von Marktsegmentierungsmerkmalen zur Abgrenzung homogener Käufergruppen verwendet. Es wird in Bezug auf das allgemeine Verhalten sowie auf bestimmte Produkt-Markt-Kombinationen ausgerichtet (vgl. Diller, 2001, S. 900).

Mit abnehmenden distinktionsorientierten Lebensstilkonzepten und zunehmendem Wohlstand entwickelt sich seit den Fünfzigern eine Vielfalt neuer Lebensstilgruppen, die unabhängig voneinander existieren. Die Zugehörigkeit der Lebensstilsubjekte zu diesen Gruppen kann sich dabei im Zeitverlauf auch mehrfach ändern.

In diesem Zusammenhang setzt sich in der Soziologie und in der Freizeitwissenschaft seit den Achtzigern zunehmend die Erkenntnis durch, dass **Freizeitstil** und Lebensstil immer ähnlicher, ja fast deckungsgleich sind. Dies ist nach Meinung der Wissenschaftler darauf zurückzuführen, dass die **Freizeitorientierung** des Lebens seit den Sechzigern bei fast allen Bevölkerungsschichten kontinuierlich zugenommen hat (vgl. Becher, 1990, S. 11; Tobarski, 1989, S. 43). Urlaub ist ein Teil dieser Freizeitorientierung. Für Romeiß-Stracke gilt der individuelle Lebensstil als Vehikel persönlicher Identität, die sich in Freizeit und Urlaub ausdrückt (vgl. Romeiß-Stracke, 1991, S. 33). Opaschowski definiert Freizeitstile als freizeitorientierte Lebensstile in der Wechselwirkung von Lebenszielen, Informationsinteressen, Freizeitaktivitäten, Urlaubswünschen und Konsumeinstellungen (vgl. Opaschowski, 1993, S. 178). Georg gelangt ebenfalls zu der Erkenntnis, dass für Individuen, die einen von Anderen wahrnehmbaren, klassifizierbaren und symbolische Zugehörigkeit und Identität markierenden Stil entwickeln wollen, das touristische Handeln einen bedeutsamen Teil dieses Stils darstellt, denn der Urlaub ist ein symbolisch hoch aufgeladenes Feld im Rahmen der Distinktionsbemühungen von Lebensstilkollektiven geworden (vgl. Georg, 1995, S. 20). Es scheint also in der Wissenschaft weitestgehend Einigkeit darüber zu bestehen, dass Urlaub und Freizeit lebensstilprägende Faktoren sind.

Ungeklärt bleibt in diesem Zusammenhang wie das Verhalten der Reisenden im Alltag durch das Reisen beeinflusst wird. Darüber gibt es keine spezifischen Untersuchungen. Aus diesem Grund sollen wissenschaftliche Erkenntnisse anderer die Fragestellung tangierende Forschungsergebnisse zum Erkenntnisgewinn beitragen.

Die **Tourismusforschung** betrachtet das System Tourismus als ein offenes System. Es ist eingebettet in übergeordnete Systeme. Die Systeme beeinflussen sich gegenseitig, wobei die Intensität der In- bzw. Outputs etwas über die Einflussstärke der übergelagerten Systeme auf den Tourismus bzw. die Einflusskraft des Systems Tourismus auf andere Systeme aussagt (vgl. Kaspar, 1998, S. 16). Forschungsfelder der Tourismuswissenschaft sind bisher vor allem die Inputs der übergeordneten Systeme auf das Subsystem Tourismus. In diesem Zusammenhang wurden bis in die siebziger Jahre Alltag und Reisen in der Regel als Gegensatzpaare bewertet (Industriegesellschaftliches Lebensmodell, vgl. Kapitel I 1. S. 7-8). Enzensbergers so genannte Fluchttheorie (Enzensberger, 1972) bzw. die Bewertung des Urlaubs als Gegenwelt zum Alltag ist mittlerweile einer differenzierteren Beurteilung gewichen. Soziologische und kulturwissenschaftliche Ansätze stellen dieses Gegensatzpaar zunehmend in Frage. Begründet wird dies u.a. damit, dass Reisen mittlerweile zum Alltag gehört, weil regelmäßig gereist wird. Auch Cohen untermauert mit seiner phänomenologischen Typologie von Touristen diese Entwicklung. Zwei von fünf Motiv-Gruppen stellen explizit einen Zusammenhang zwischen Reise und Alltag her. Die Reisenden dieser Gruppen versprechen sich von den Reisen eine Chance zur inneren Veränderung bzw. zur Selbsterfahrung, und zwar mit nachhaltiger Wirkung auf das Leben zu Hause (vgl. Cohen, 1979, S. 183ff).

Darüber hinaus ist anzunehmen, dass sich einhergehend mit der zunehmenden Emanzipation der Freizeitwelt von der Arbeitswelt die Distanz zwischen Freizeit im Alltag und Freizeit im Urlaub verringert hat (vgl. hierzu Kapitel II 2.5, S. 67-71). Dies hätte zur Folge, dass das Freizeitverhalten im Alltag und Urlaub von bestimmten Bevölkerungsgruppen ganzheitlich wahrgenommen wird, was sich positiv auf die Realisierung grenzenloser Destinationen auswirken dürfte.

Weitere Indizien für Intensität des Outputs des touristischen Systems auf die Freizeit im Alltag lassen sich aus verschiedenen wissenschaftlichen Erkenntnissen ableiten. So kann beispielsweise historisch der Urlaubsreise eine Vorreiterrolle des erlebnisorientierten Konsums zugewiesen werden, denn per se ist sie mit Erlebnissen verbunden, die weit mehr als nur Grundbedürfnisse abdecken. Außerdem ist nachgewiesen, dass mit Hilfe touristischer Erlebnismuster in den Quellmärkten Erlebniswerte geschaffen werden können (Erlebnisorientierung, vgl. Kapitel II 2.2, Seite 48-52), das äußert sich beispielsweise darin, dass sich durch tourismusspezifische Inszenierungen und Thematisierungen in Touristischen Regionen und Quellregionen gemeinsame Merkmale und Strukturen herausbilden, wodurch aus Konsumentensicht die Unterschiede zwischen sog. Heimatraum („Alltag") und Fremdraum („alternativer Erfahrungsraum") verschwinden bzw. aufgehoben sind (vgl. Wöhler, 2001a, S. 101). „Im Ergebnis liegt das Reiseziel („Destination") wenn nicht um die Ecke, so doch aber im Nahbereich des Alltagsraums (Wöhler, 2001a, S. 101)" bzw. der Alltagsraum im Nahbereich der Destination.

Opaschowski sieht im Trend zum Erlebniskonsum auch eine Antwort auf Tendenzen zur Gleichförmigkeit im Lebensstil. Das Bedürfnis der Menschen nach Abgrenzung, nach der ganz persönlichen Nische wächst, weil Musik und Mode, Wohn- und Esskultur immer internationaler und damit auch austauschbarer werden. (vgl.

Opaschowski, 1995, S. 130). Gerade hieraus könnten sich Marktchancen für Touristische Regionen ableiten lassen. Touristische Regionen können in den Quellregionen ihren Kunden Produkte und Dienstleistungen mit Erlebniskomponenten anbieten, die sie aus dem meist positiv besetzten Raum der Urlaubswelt bereits kennen. Diese Angebote dürfen keine Kopien darstellen, die Erlebniskomponenten dürfen aber auch nicht zu weit weg von vorhandener Erlebniserfahrung der Kunden liegen, weil sonst Korrespondenz- und Abstraktionsprinzip nicht funktionieren (vgl. Kapitel II 2.2, S. 46-51).

Der integrative Ansatz von Freizeit zu Hause und Freizeit auf Reisen wird auch durch das folgende Zitat verdeutlicht: „Normalerweise ist der Freizeitkörper der schöne geworden, der sich im Sport übt, in Teneriffa bräunt, mit Nivea ölt... (Becher, 1990, S. 180)." In diesen Zusammenhang passt auch die große Nachfrage nach Bräunungsstudios. Sonne ist eng mit der Erfahrungswelt Urlaub verbunden, der Besuch im Sonnenstudio kann zu Verlängerung dieser Erfahrung positiv beitragen.

Zum Schluss sollen noch persönliche Erfahrungen des Autors und seiner Frau mit einem „Kurzurlaub" in der eigenen Stadt zur Klärung der Fragestellung beitragen. Für zwei Nächte haben sie sich in ein Hotel in Berlin Mitte (15 Fahrminuten von der eigenen Wohnung) einquartiert. Aufgrund der eigenen Reiseerfahrung im Städtereisetourismus wurde der Aufenthalt in ähnlicher Form organisiert. Am Anfang stand der Besuch des Berliner Doms, um zunächst einen Überblick über die Stadt zu erhalten. Anschließend folgten Museums- und Galeriebesuche, Bummeln und Shoppen. Abends wurde gut essen gegangen und ins Nachtleben eingetaucht. Erstaunlicherweise kam bei beiden sehr schnell Urlaubsstimmung auf, das Tempo änderte sich und im Vergleich zu sonstigen Besuchen dieser Orte, auch die Wahrnehmung der Umgebung. Rückblickend sind die beiden Reisenden der Meinung, dass die erlebten Urlaubsgefühle während dieses Kurzurlaubes in der eigenen Stadt in dieser intensiven Weise nur aufgrund der vorhandenen Reiseerfahrung und der Inszenierung des Aufenthaltes nach dem bekanntem Muster erlebter Städtereisen aufkommen konnten. Es ist also durchaus ein Einfluss des touristischen Reisens auf dieses Erlebnis festzustellen, denn ohne die Fähigkeit, das Nicht-alltägliche vom Alltäglichen durch Anwendung des systemspezifischen Codes „außeralltäglich" (touristisch) zu sondieren (zur Codierung „alltäglich/außeralltäglich" siehe Wöhler, 2001a, S. 104), wäre diese Unternehmung wahrscheinlich nicht in dieser Weise (man fühlt sich wie im Urlaub) erfolgreich gewesen.

Zusammenfassend soll der Einfluss der touristischen Freizeit auf die alltägliche Freizeit thesenartig so formuliert werden. Der Einfluss der touristischen Freizeit auf die alltägliche Freizeit hat in der westlichen Welt während der Boomphase des Tourismus stark zugenommen. Touristen orientieren sich bei der Gestaltung der alltäglichen Freizeit vermehrt an der touristischen Erfahrungswelt. Das Lebensmodell, welches das System Touristische Region als Gegenwelt zum Alltag darstellt, ist zunehmend obsolet (Industriegesellschaftliches Lebensmodell, vgl. Kapitel I 1, S. 7-8). Erfahrungen im Tourismus haben Bedürfnisse geweckt, die auch im Alltag befriedigt sein wollen. Untersuchungen, die Aufschluss über die Intensität des Outputs des Subsystems Tourismus in das übergeordnete System Freizeit geben, fehlen bisher. Im Rahmen dieser wissenschaftlichen Arbeit wurden zu diesem Themenkomplex Primäruntersuchungen durchgeführt. Im Teil V werden die Untersuchungsergebnisse über den Einfluss der Destinationserfahrung auf das Konsum- und Freizeitverhalten sowie den Lebensstil der Reisenden und speziell über die Nachfrage nach destinationsspezifischen Angeboten in den Quellregionen dargestellt und diskutiert.

3 Horizontales Wettbewerbsumfeld

Das Verhalten der Wettbewerber Touristischer Regionen ist wesentlich für die Strategieentwicklung, „denn im Zentrum der Strategieentwicklung steht das Bestreben, sich im Wettbewerb zu behaupten (Porter, 1999, S. 27)." Touristische Regionen reagieren auf die zunehmende Käufermarktsituation und die verstärkte Konkurrenzsituation mit neuen Unternehmens- und Marketingstrategien (vgl. Kapitel II 1.2, S. 34-36 und II 1.3, S. 36-40). Inhalt dieses Kapitels sind **horizontale Wettbewerbsstrategien**, darunter sind Strategien innerhalb des Wertsystems der Touristischen Regionen bzw. der Branche zu verstehen.

Der **Wettbewerb in einer Branche** wird nach Porter durch fünf grundlegende Kräfte determiniert (vgl. Abb. 15, S. 72) Es gehören die Verhandlungsstärke der Abnehmer und der Lieferanten dazu. Diese beiden Wettbewerbskräfte sind nicht Inhalt dieses Kapitels. Hier werden die übrigen drei Wettbewerbskräfte in Bezug auf Touristische Regionen analysiert. Es handelt sich dabei um Struktur und Strategien von gegenwärtigen, neuen und potentiellen Wettbewerbern, wobei die Grenzen zwischen diesen Gruppen als fließend zu betrachten sind (vgl. Porter, 1999, S. 28ff).

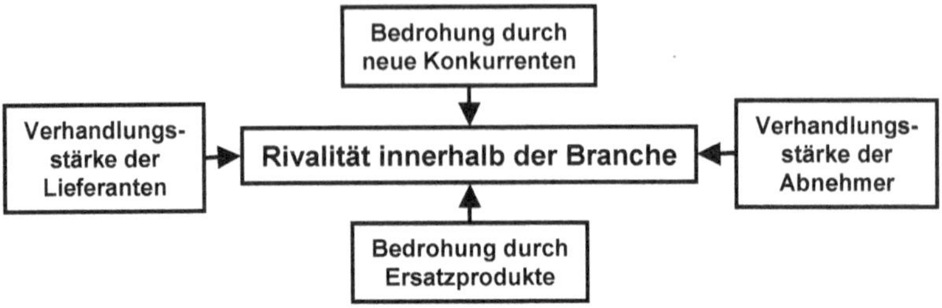

Abbildung 15: Wettbewerbskräfte nach Porter

Quelle: Porter, 1992, S. 26

Zum **gegenwärtigen Wettbewerb** in der Branche wird hier im Porterschen Sinn der Wettbewerb zwischen den etablierten Touristischen Regionen gezählt. Dies sind alle Touristischen Regionen und Destinationen, die sich bereits auf dem Markt befinden. **Neue Wettbewerber** sind dagegen Touristische Regionen und Destinationen, die neu in den Markt eintreten, beispielsweise neue Fernreiseziele. Sie bringen neben zusätzlichen Kapazitäten häufig neue Ressourcen und Fähigkeiten mit und streben nach Marktanteilen. Unter **Substitutionsprodukten** oder **-dienstleistungen** sind Wettbewerber zu verstehen, die mit völlig anderen Konzepten bzw. innovativen Produkten den Touristischen Regionen Marktanteile abnehmen können. Dazu werden hier Produkte und Dienstleistungen gezählt, die das Potential besitzen, als Destinationen wahrgenommen zu werden und so Einfluss auf die Wettbewerbssituation nehmen zu können (vgl. Abb. 16, S. 73).

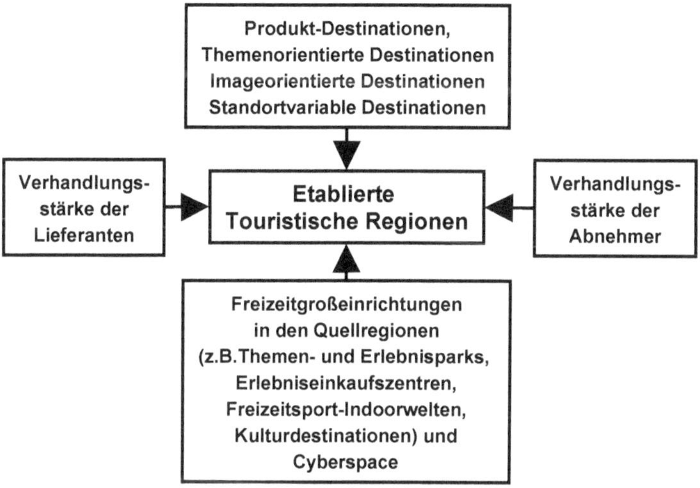

Abbildung 16: Wettbewerbskräfte Touristischer Regionen

Eigene Darstellung in Anlehnung an Porter, 1992, S. 26

3.1 Wettbewerbsverhalten Touristischer Regionen

Das Wettbewerbsverhalten Touristischer Regionen wird hier in Bezug auf den deutschen Markt untersucht. Die Rahmenbedingungen dafür haben sich in den letzten Jahrzehnten stark verändert. Die **Zahl der Reisenden** hat sich in den letzten vier Jahrzehnten kontinuierlich erhöht. Die Urlaubsreiseintensität der Deutschen ist von 24 Prozent im Jahr 1954 auf 76 Prozent im Jahr 2001 gestiegen (vgl. F.U.R., 2002a, S. 2). Gleichzeitig sind viele neue Konkurrenten in den Markt eingetreten. Die **Reiseziele** der deutschen Urlauber haben sich in diesem Zeitraum ebenfalls verändert. Der Anteil der Inlandsreisen hat stetig abgenommen. Gleichzeitig ist die Nachfrage nach "Warmwasserzielen" rund um das Mittelmeer und Touristischen Regionen mit warmem bis tropischem Klima und niedrigen Nebenkosten gestiegen. 1954 beträgt der Anteil der Haupt-Urlaubsreisen der Deutschen im Inland 85 Prozent, 2001 sind es noch 29 Prozent (vgl. F.U.R., 2002a, S. 4). Wesentliche Faktoren für diese Entwicklung sind die sinkenden Flugpreise und die zunehmende Reiseerfahrung der Deutschen. Spanien hat während dieser Zeit seinen Marktanteil bei den Auslandszielen der Deutschen am meisten ausbauen können, während Österreich am meisten abgegeben hat. Der Marktanteil Italiens hat sich in dieser Zeit nur geringfügig verändert (vgl. F.U.R., 2001, o.S.).

Aufgrund der veränderten Wettbewerbskräfte in der Branche werden von einigen Touristischen Regionen **neue Strategien** verfolgt, um im Wettbewerbsumfeld bestehen zu können. Eine zentrale Stoßrichtung der Unternehmensstrategen dabei ist es, eine strategische Position anzustreben, in der die Regionen aufgrund ihrer Fähigkeiten Erfolgsfaktoren gegenüber ihren Wettbewerbern aufbauen können (Positionierung, vgl. Kapitel I 2.2, S. 10-12 und II 1.2, S. 34-36). Dies kann allerdings nur gelingen, wenn die Regionen Kernkompetenzen besitzen, womit gesamtunternehmensbezogene Kompetenzen verstanden werden (vgl. Haedrich/Tomczak, 1996a, S. 93).

Eine Variante ist das Trading-up. Ziel der **Trading-up-Strategie** ist es, einen höherwertigen Markt als bisher zu erschließen. Diese Strategie kann für das gesamte Unternehmen oder für einzelne strategische Geschäftsfelder verfolgt werden. Die Trading-up-Strategie kann grundsätzlich zwei Stoßrichtungen verfolgen. Es können tatsächlich differenzierte oder innovative Leistungen angeboten werden, und es kann eine Aufwertung des Angebotes durch Kommunikation erfolgen. Grundsätzlich gilt als Voraussetzung für die erfolgreiche Implementierung von Trading-up-Strategien, dass die notwendige Kompetenz im Unternehmen vorhanden und dass die Aufwertung glaubwürdig sein muss.

Die Touristische Region **Ostbayern** ist ein Beispiel für die erfolgreiche Implementierung[9] einer Trading-up-Strategie. Mit der Einführung von Jahresthemen soll das touristische Angebot der Destination aufgewertet werden. Diese Strategie zu implementieren ist sehr anspruchsvoll. Kompetenzen für die Inszenierung kultureller Themenjahre müssen gestärkt werden. Das erfordert vor allem die perfekte Zusammenarbeit aller Leistungsträger der Destination. „Es ist wie Musik- es muss hart und professionell einstudiert werden, es erfordert viel Disziplin, natürlich auch entsprechende Mühe, um die Aufführungen finanzieren zu können und die entsprechenden Mittel beizusteuern. Aber was letztendlich zählt, ist der konzertante Klang einer perfekten Inszenierung (Schemm/Unger, 1997, S. 42).“ Die verbesserten Leistungen und innovativen Angebote haben Glaubwürdigkeit bei der Zielgruppe geschaffen. Der Implementierungsprozess wird so beschrieben: „Erst das Bündel von facettenreichen

[9] Von 1985 bis 1996 ist der Übernachtungsindex in den Gewerbebetrieben Ostbayerns (plus 40) im Vergleich zum übrigen Bayern (plus 12) stärker gestiegen (Schemm/Unger, 1997, S. 33)

Maßnahmen zu den einzelnen Themen und zu den einzelnen Jahren haben das kulturtouristische Konzept in Ostbayern zu einem Imageträger und zu einem Wettbewerbsvorteil werden lassen (Schemm/Unger, 1997, S. 34)."

Las Vegas verfolgt ebenfalls seit einigen Jahren eine Trading-up-Strategie. In der Terminologie von Spinnarke ist es eine Doppel-Trading-up Strategie. Spinnarke unterscheidet sechs verschiedene Strategievarianten des Trading-up. Las Vegas verfolgt kombiniert zwei davon, das revolutionäre und Me-too-Trading-up. **Revolutionäres Trading-up** ist durch innovative Leistungen in Technologie und Design gekennzeichnet, während das **Me-too-Trading-up** in Anlehnung an erfolgreiche Marken erfolgt (vgl. Spinnarke, 1994, S. 127f). Las Vegas inszeniert technologieunterstützt neue Erlebniswelten. Es entstehen Hotels und Sehenswürdigkeiten nach erfolgreichen Vorbildern aus der „alten Welt". Die 50 Stockwerke hohe Kopie des Eiffelturms mit Aussichtsplattform ist ein „magischer Anziehungspunkt". „Nachgebaut wurden auch der Arc de Triomphe sowie die Fassaden des Pariser Opernhauses und des Louvres (Touristik Report, 2000, S. 46)." Auch die Architekten und Planer der Hotel- und Erlebniswelt Bellagio in Las Vegas bedienten sich Vorbildern aus dem gleichnamigen Ort am Comer See in Italien. Touristische Regionen könnten von dieser Entwicklung profitieren, wenn sie integrative Partner einer der o.g. Strategien wären oder „Copyright"-Gebühren verlangen könnten[10]. Eigene Expertengespräche mit Managern der Hotel- und Erlebniswelten (eigene Destinationen) in Las Vegas im Herbst 2000 haben allerdings ergeben, dass es nur eine unwesentliche Zusammenarbeit zwischen Vertretern der „Originale" und der „Kopien" in Las Vegas gegeben hat, und außerdem sind öffentliche Gebäude bisher vor dem „Klonen" rechtlich nicht geschützt. Mit den oben dargestellten Strategien sind aber auch gewaltige Risiken für Touristische Regionen verbunden. Die Destinationen in Las Vegas sind markt- und wettbewerbsorientierte Unternehmen mit innovativem Management, und so ist es beispielsweise dem Bellagio in Las Vegas gelungen, sich im Internet die Adresse „Belaggio" zu sichern. Praktisch heißt das, dass Internetuser, die Belaggio als Suchadresse im Internet eingeben, Zugriff auf die „Kopie" und nicht auf das „Original" erhalten.

Als weitere Strategievariante Touristischer Regionen wird im Folgenden auf die horizontale **Kooperationsstrategie** eingegangen. Touristische Regionen streben durch regionenübergreifende Kooperationen auf der instrumentalstrategischen Ebene

---

[10] Vergleiche hierzu Ausführungen über den „Export" Goethes Gartenhauses nach Japan, S. 100)

Wettbewerbsvorteile an. Dabei schließen sich zwei oder mehrere Regionen zu größeren Einheiten zusammen, um in erster Linie Mengenvorteile zu erzielen. Vor allem für kleinere Touristische Regionen sind Kooperationen mittlerweile Voraussetzung, um sich überhaupt am Markt platzieren zu können. Aus diesem Grund förderte beispielsweise das Land Tirol zwischen 1997 und 1999 Kooperationen von Tourismusverbänden und Betrieben mit 20-50 Prozent des Marketingaufwandes, abhängig vom Innovationsgrad. Im Einzelnen werden Fusionierung von Tourismusverbänden, dauerhafte Kooperationen von Tourismusverbänden – Zielgebietsmanagementmodelle, dauerhafte Allianzen und Kooperationsprojekte von Unternehmen - sowie kommunikationstechnologische Netzwerke und Marktanalysen gefördert. Der Zusammenschluss muss für mindestens fünf Jahre als Verein oder GBR oder GmbH erfolgen (vgl. Amt der Tiroler Landesregierung, 1997). Ingesamt hängt der Implementierungserfolg der Kooperationsstrategie vor allem vom Integrationsgrad der Partner ab. Je mehr Management- und Marketingfunktionen zusammengelegt werden, umso nachhaltiger können durch Synergien Wettbewerbsvorteile erzielt werden.

Die dargestellten Beispiele horizontaler Wettbewerbsstrategien zeigen, dass das derzeitige Wettbewerbsverhalten einiger Touristischer Regionen dazu beiträgt, dass diese Regionen **Management- und Marketingkenntnisse** erwerben, die zukünftig auch für das Management grenzenloser Destinationen genutzt werden könnten.

3.2 Neue Destinationstypen als Wettbewerber

Neue Destinationstypen bedrohen die etablierten Touristischen Regionen. Als neue Destinationstypen werden hier Destinationen definiert, deren Grenzen nicht deckungsgleich mit bereits bestehenden Touristischen Regionen sind. Die neuen Destinationstypen streben markt- und wettbewerbsorientierte Positionierungen an. Die Destinationsgrenzen sollen dabei mit den Vorstellungen der angestrebten Zielgruppe übereinstimmen. Diese Destinationstypen werden als neu bezeichnet, da sie als Wettbewerber neu in den Wettbewerb der Touristischen Regionen eintreten. Im Folgenden werden neue Destinationstypen und ihre strategischen Zielsetzungen vorgestellt.

Mehrere Orte können sich beispielsweise produktbezogen zu einem neuen Destinationstyp zusammenschließen. Ein Beispiel dafür sind die Bündner Badeorte, die ein gemeinsames erfolgreiches Produkt-Management betreiben. In der Literatur werden diese produktbezogenen Zusammenschlüsse auch als **Produkt-Destinationen** bezeichnet (vgl. Bieger, 2005, S. 29). Neue Destinationstypen dieser Art können theoretisch auch durch die direkte Zusammenarbeit einzelner touristischer Leistungsträger entstehen. Anzeichen dafür, dass durch ebensolche Unternehmenskooperationen Destinationseinheiten bereits neu gestaltet werden, sind in der Praxis bereits zu erkennen. Bieger bezeichnet diese noch vorsichtig als neue „Angebotscluster“ (vgl. Bieger, 2000, S. 13).

Ein anderer neuer **Destinationstyp** positioniert sich **themenorientiert.** Dabei handelt es sich um übergreifende erlebnisorientierte Angebotsgestaltung im Sinne 'kultureller Inszenierung`. Beispiele sind thematische Straßen und auch die von Tourismusorganisationen gemanagten Themenjahre wie das Bach Jahr "Bach sights & sounds" der Deutschen Zentrale für Tourismus (DZT). Solche Themenjahre werden zwar zeitlich auf ein Kalenderjahr beschränkt gemanagt, könnten aber als Destination auch längerfristig positioniert werden (vgl. Kapitel II 1.3.2, S. 38-40)

Der dritte neue **Destinationstyp** ist **imageorientiert**. So haben sich beispielsweise vierzehn Gemeinden in den Gebieten Sarganserland, Walensee, Bündner Herrschaft und Wartau zur „Ferienregion Heidiland“ zusammengeschlossen. „Einer marktpsychologischen Studie von 1995 zufolge hat die „Heidi“ genannte Adelheid den gleichen Bekanntheitsgrad wie Boris Becker oder Coca Cola. Die Swiss-made Maid sei „Symbolträgerin für eine heile, intakte, gesundmachende sowie erholsame schweizerische Bergwelt (Gnam, 1999, S. R2).“ Heidiland vermarktet den „Esprit einer modernen Figur“, eingebettet in die gegebenen mittelhohen Bergketten, eine ansatzweise gottgesegnete Geographie, so der Geschäftsführer der „Heidiland AG“ (vgl. Gnam, 1999, S. R1).

Der folgende **Destinationstyp** unterscheidet sich von dem produkt-, themen-, und imageorientierten Typ dadurch, dass er tendenziell **standortvariabel** ist. Mehrere Leistungsträger, die bereits erfolgreich im Tourismus oder Freizeitmarkt agieren, entwickeln gemeinsam ein Gesamtkonzept für eine neue Destination. In diesem Fall sind Kompetenz und Image der Leistungsträger für die Attraktivität dieser neuen Destination ausschlaggebend und nicht ein Ort oder eine Region selbst. Ein Beispiel dafür ist das Fleesensee-Projekt in Mecklenburg-Vorpommern mit folgender Philosophie: „Fünf erfahrene Partner aus Reise, Sport und Freizeit haben ihre Kräfte gebündelt und das Land Fleesensee zum Leben erweckt, um Ihren Traum wahr werden zu lassen. Spannend, entspannend, eingebettet in die Mecklenburgische Seenplatte.“ Und das Motto lautet: „Um sich zu entspannen, muss man keine großen Entfernungen zurücklegen, sondern Abstand gewinnen (www.fleesensee.de 06.09.02).“ Die Hotel-,

Club- und Freizeitanlagen sind zwischen das Dorf Göhren-Lebbin und Schloss Blücher gebaut worden. Einige Häuser des Dorfes liegen auch zwischen den Objekten, so entsteht der Eindruck, dass die Neubauten Teil einer Gesamtplanung sind. An zentralen Standorten befinden sich eine neu erbaute Thermenanlage und ein neuer Marktplatz. Aus dem Standort wurde mit der vereinten Marketingkraft der Betreiber die neue Destination, das „Land Fleesensee", geschaffen. Die erste Imagekampagne im Frühjahr 2000 mittels Großplakaten stellte die Destination, das „Land Fleesensee – Ganz nah, weit weg –", in den Mittelpunkt. Das Kommunikationsdach dieser gemeinsamen Imagekampagne sind klassische Werte von ländlicher Idylle. Die Images der einzelnen Betreiberunternehmen wirken ergänzend vor allem im Vertrieb. Insgesamt war das Eröffnungs-Marketing der neuen Destination so erfolgreich, dass von Anfang an die Auslastung überdurchschnittlich hoch war.

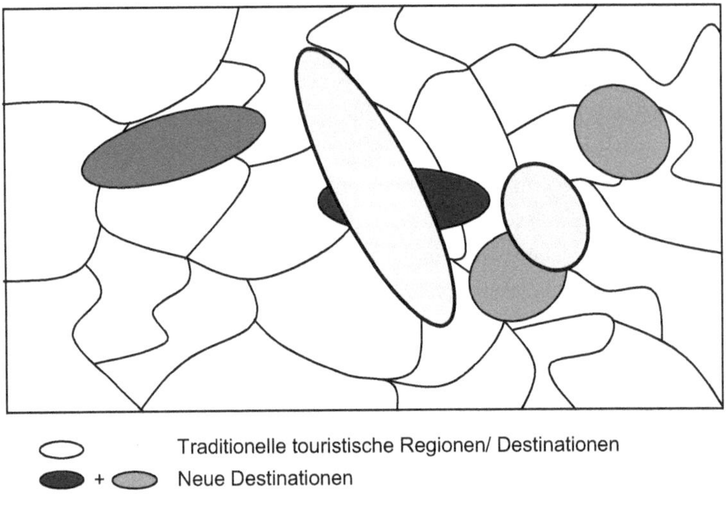

Abbildung 17: Ebenen von Touristische Regionen und Destinationen

Eigene Darstellung

Aus diesen Wettbewerbsbeobachtungen lassen sich einige **Schlussfolgerungen** ableiten. Mit der weiteren Zunahme neuer Destinationstypen wird sich vermutlich die Branche der Touristischen Regionen stark verändern. Es werden neue Wettbewerbsregeln gelten, und die Landkarte Touristischer Regionen wird wahrscheinlich neu gezeichnet werden müssen. Das hierarchisch räumlich organisierte Modell Touristischer Regionen wird wahrscheinlich (ergänzend) funktional z.B. nach Erlebnis- und Sinnzusammenhängen gegliedert. Gegenwärtig liegen Touristische Regionen räumlich meistens nebeneinander, weil sie in der Regel den Verwaltungsgrenzen entsprechen. Zukünftig werden Touristische Regionen und Destinationen auf unterschiedlichen Ebenen neben- und übereinander existieren (vgl. Abb. 17, S. 78) und können zeitlich flexibel gemanagt werden. Ein solcher Strukturwandel kann grenzenlos neue Positionierungsmöglichkeiten für Destinationen (auch grenzenlose Touristische Regionen) eröffnen, mit der Chance, in dynamischen Märkten leistungsstärker und effizienter handeln zu können. Der Strukturwandel der Branche der Touristischen Regionen wird voraussichtlich zusätzliche Schubkraft erfahren, wenn die Politik sich noch stärker aus der Tourismusplanung zurückziehen wird (Destination-Management, vgl. Kapitel II 1.3.1, S. 37-38). Verlierer dieser Entwicklung werden vor allem die nicht positionierten Touristischen Regionen ohne besondere Kernkompetenzen sein.

3.3 Substitutionsprodukte als Wettbewerber

Substitutionsprodukte sind Angebote, die in keinem direkten Wettbewerbsverhältnis zu Touristischen Regionen und Destinationen stehen, aber den Konsumenten dazu verleiten können, diese seltener zu besuchen, weil er durch die Nutzung der Substitutionsprodukte zeitliche oder finanzielle Ressourcen verbraucht. Es geht um die Bedrohung durch Produkte jenseits Touristischer Regionen und neuer Destinationstypen. Im Rahmen der vorliegenden Arbeit werden Unternehmen untersucht, die durch ihr Gesamtangebot potentielle Wettbewerber Touristischer Regionen und Destinationen darstellen. Dazu gehören im Sinne des Porterschen Marktkonzeptes alle Unternehmen, die Kunden eine Freizeitdienstleistung anbieten, da diese im weitesten Sinne um die gleichen Konsumenten wetteifern. Die **Analyse der Substitutionsprodukte** soll dazu dienen, zukünftige Entwicklungen zu problematisieren sowie neue Marktchancen für grenzenlose Touristische Regionen aufzudecken.

Aus analytischen Gründen werden die Substitutionsprodukte für die Untersuchung anhand ihres Leistungsangebotes in **fünf Gruppen** aufgeteilt, und zwar in die Gruppen „Erlebnis und Freizeit“, „Shopping und Freizeit“, „Sport und Freizeit“, „Kultur und Freizeit“ sowie „Virtuelle Realitäten und Freizeit“. Die Freizeit ist dabei das konstante Moment.

Die Gruppe **„Erlebnis und Freizeit"** fasst Freizeit-, Themen- und Erlebnisparks zusammen. „Die Parks liefern aus Sicht der Kunden ein komplettes Urlaubserlebnis – also – „Welten" in die man für kurze Zeit völlig eintauchen kann (Steinecke, 1997, S. 12)." Diese Formen der Inszenierung wurden in den Themenparks der USA und in Kanada besonders weit vorangetrieben (vgl. Fichtner/Michna, S. 1987, S. 29). Bei modernen Inszenierungen wird der Besucher oft auch selbst in einen Handlungsablauf mit einbezogen. So werden z.B. die Kulissen einer Wildweststadt durch einen unerwarteten Banküberfall lebendig oder der Besucher wird unvermittelt Zeuge eines filmreifen Duells oder einer Schlägerei (vgl. Fichtner, 1997, S. 89). Nach Hennig setzen Freizeitparks eine Tradition fort, „die in den Weltausstellungen des 19. Jahrhunderts begann; sie präsentieren die Vorstellungen der „imaginären Geographie" mit kaum zu übertreffender Klarheit (Hennig, 1997a, S. 166)." Als typisierte Fremde und pittoreske Vergangenheit bezeichnet er beispielsweise erlebnisorientierte Freizeitanlagen, einen orientalischen Basar, eine karibische Lagune und einen englischen Pub als idealisierte Fremde, eine Ranch mit Bauernkarre und Scheune, eine Schmiedewerkstatt und Western-Saloons. In der Tat bedienen sich Anbieter der Freizeitparks sehr häufig solcher Vorbilder aus Touristischen Regionen. Die Qualität der Kopien reicht von schlecht kopierten, baulich und folkloristischen Versatzstücken der Originale bis zu perfekten Inszenierungen, bei denen tatsächliche Originale aus den Herkunftsregionen verwendet werden. Bei Disney hat dieses Vorgehen Tradition.

Im Laufe der Jahre werden die Kopien und Inszenierungen **Disneys** im Sinne der Originalität immer perfekter. Die Kopie des Schlosses Schwanstein hat noch recht wenig mit dem eigentlichen Original gemein. Im Disney Florida Park Epcot ist die Darstellung unterschiedlichster Länder der Erde bereits näher an der Realität des Originals. Die Inszenierungen integrieren Kulissen und Originalutensilien aus den präsentierten Ländern wie Pflanzen und Bäume, Inneneinrichtungen und Lebensmittel. Den bisherigen Höhepunkt der perfekten Länderinszenierung bietet „Animal Kingdom" in Florida. Landschaften und Gebäude wurden aus den Originalländern nach Florida importiert und bis in das kleinste Detail wieder erschaffen. „Neue Authentizität als Attraktion produziert „truer than life replicas" (Kagelmann, 1999, S. 175)." Im Rahmen eines Expertengesprächs antwortete der Marketingleiter Disneys auf die Frage, was denn im Animal Kingdom authentisch sei: „Alles ist original aus Afrika."

Die Freizeitparks in den USA und mittlerweile auch in Europa bieten ihren Besuchern Übernachtungsmöglichkeiten. Die Hotels in den Parks werden ebenfalls thematisiert. Bei Disney handelt es sich häufig um Kopien attraktiver Vorbilder aus Touristischen Regionen. Die Yosemite Lodge in Disney World Florida ist eins von vielen Beispielen. Das Original steht im Yosemite Park in Kalifornien.

In den USA sind Freizeitparks auch im Urlaubsreisemarkt als Wettbewerber von Touristischen Regionen zu betrachten, da viele Amerikaner ihren im Vergleich zu Europa kurzen Jahresurlaub in einem Freizeitpark verbringen. In Europa gilt dies allenfalls für den Zweit- oder Dritturlaub, doch in der Regel handelt es sich bei den Parks um Wettbewerber von Touristischen Regionen im Segment der Tagesreisen und Kurzurlaube. So besuchen mittlerweile jährlich mehr Menschen Disneyland Paris als den Louvre. In Deutschland hat sich bereits der Europa – Park Rust mit zwei Themenhotels als Kurzurlaubsdestination etabliert.

Zur zweiten Gruppe **Shopping und Freizeit** gehören Handelsunternehmen, die Handelsleistungen und Erlebnisleistungen kombinieren. Die Strategen des Handels planen Shopping Center in Verbindung mit Freizeit- und Erlebnisbereichen, um den Markt räumlich zu erweitern und neue Zielgruppen anzusprechen und Wettbewerbsvorteile zu schaffen. Die Mall of America und die West Edmonton Mall sind Beispiele aus den USA. In Deutschland ist das CentrO in Oberhausen das erste realisierte Großprojekt dieser Art. Die Projekte werden immer differenzierter und setzen dabei zunehmend auf die Integration von Erlebniswelten der Urlaubsreisen.

In der Innenstadt Hamburgs wird „eine Casa Italiana, ein italienisches Haus geplant, das Lebensart und Kultur des von den Deutschen so geschätzten Landes widerspiegeln soll (Reiners, 1999, S. 43)." Die Projektentwickler wollen völlig neue Maßstäbe im Einzelhandel wie in der Freizeit- und Unterhaltungsindustrie setzen. Im geplanten „Orienta" in Berlin begegnen sich „Orient und Okzident, Traumwelt und Wirklichkeit, Tradition und Moderne. „Erstmals In Mitteleuropa werden sich unter einem Dach die orientalischen Kulturen mit ihren Angeboten an Kunst, Handwerk, Gastronomie, Dienstleistung und traditionellem Handel präsentieren (I.T.C Orienta, 2002, S 1)" Bereits eröffnet wurde das „Le Marrakech" in Hamburg, welches in der Rubrik „trends & tipps" in der Zeitschrift Brigitte so beschrieben wird: „Ein marokkanisches Wohnhaus, eine Kasbah – in Lebensgröße! Rosé verputzt, mit Zinnen. Und drinnen scheint das Licht dutzender märchenhafter Laternen. Kuschelige Zimmer mit üppigen Sitzkissen, bunten Teetischen und duftenden Rosenblättern. Alles untergebracht in einer riesigen ehemaligen Fertigungshalle....ein Erlebniskaufhaus für die Sinne. Und im Sommer verwandelt sich sogar das 5000 qm große Außengelände mit einem nordafrikanischen Restaurant, arabischen Zelten und Grillplätzen in ein orientalisches Paradies (Brigitte, 2002, S. 11).“ Noch sind die Vorbilder ganze Länder oder Touristische Regionen mit einem hohen Imagewert. Im Verlauf des Marktlebenszyklus dieser Art Shopping- und Erlebniscenter ist aber abzusehen, dass die Imageträger immer differenzierter werden. Die Toskana als Imageträger scheint ebenso vorstellbar wie Tirol oder Rothenburg ob der Tauber.

Markenhersteller sind weitere Akteure, die mit neuen Handelskonzepten Wettbewerbsvorteile erzielen wollen. Es entstehen immer mehr Brand Parks bzw. Corporate Lands wie die Nike-World in Chicago oder Legoland im dänischen Billund. Opaschowski bezeichnet diese neuen Einkaufs- und Freizeitstätten als „säkularisierte Wallfahrtsorte...Und die Architekten feiern sich selbst als Weltenschöpfer. Sie schaffen neue Erlebniswelten als Ersatzparadiese für moderne Pilgerreisende: den Opel-Park in Rüsselsheim, die VW-Erlebnisstadt in Wolfsburg oder der Millennium-Dome in London (Opaschowski, 2000, S. 11).“

Erlebnisorientierte Shopping Center und Brand Parks zählen im Segment der Tages- und Kurzreisen bereits zu den Wettbewerbern Touristischer Regionen und Destinationen. Es ist aber durchaus vorstellbar, dass die Angebote unter den gegenwärtigen Wettbewerbskräften weiter ausgebaut werden und evtl. in Kooperation mit anderen Anbietern längere Urlaubsreisen gebucht werden. Denkbar ist beispielsweise eine einwöchige Erlebnisreise zu den verschiedenen destinationsspezifischen Shopping Centern, was einem Eindringen in das Segment der Urlaubsreisen gleichkäme.

Die dritte Gruppe **Sport und Freizeit** vereint Freizeitanlagen mit Sport als Kernprodukt. Sportanlagen dieser Art erfreuen sich am Markt wachsender Beliebtheit. Kommerzielle Unternehmen als Betreiber von beispielsweise Fitness- und Wellnessstudios, Spaßbädern und Kletterhallen bewegen sich in Wachstumsmärkten. Auch Skifahrern in flachen Regionen wird das Skifahren mittlerweile zu Hause angeboten, so zum Beispiel in der Snow-World Zoetemeer in Holland.

In der Snow-World Zoetemeer wird mehr als nur Skifahren angeboten: “Wer sich beim Skifahren noch nicht verausgabt hat, kann anschließend noch eine Kletterwand bezwingen, im Fitness-Center Gewichte stemmen oder in der Sauna schwitzen. Und nach getaner Arbeit muss niemand das echte Alpenhütten-Erlebnis missen. In der „Tiroler Bierstube“ sorgen neben dem Glühwein auch Holzvertäfelung und der knarrende Fußboden für Stimmung. „Hier ist eben alles wie im Winterurlaub“, sagt Aart-Jan van den Berg (Hillebrand, 1998, S. 24).“ In Tokio gibt es den Ssaws-Ski-Dome, eine Skihalle mit einer 490 Meter langen Kunstschnee Skipiste (vgl. Nobel-Sagolla, 2000, S. V2).

Für den Strandurlauber gibt es „Seagaia“. „Der Prototyp eines perfekten Freizeitzentrums, die gigantische Kopie der Natur steht in Japan, auf der Insel Kyushu. ... 85 Meter lang ist der Kunststrand, 200 Meter misst das hydraulische Dach. Den Wellengang steuert ein Computer. Alle 15 Minuten bricht ein Vulkan aus. 10 000 Besucher fasst die klimatisierte Anlage. 60 Mark kostet die Tageskarte (Nobel-Sagolla, 2000, S. V3).“

Erlebnisbäder, Skiarenen, Kletterhallen in den Quellmärkten sind gegenwärtig bereits Konkurrenten im Tages- und Kurzurlaubsreisemarkt und werden wahrscheinlich an Bedeutung dazu gewinnen.

Die vierten Gruppe **Kultur und Freizeit** fasst Freizeitangebote zusammen, die Kultur als Kernleistung beinhalten. Es gibt viele traditionelle Angebote, die es ermöglichen, Kulturinteresse und Freizeitaktivitäten zu kombinieren. Die preußischen Schlösser und Gärten Berlin-Brandenburgs sind dafür ein gutes Beispiel. Die Besucher der Parks spazieren durch gestaltete Landschaften der großen Gartenarchitekten Lenné und Pückler. Als hervorragende Kulisse dienen ihnen die historischen Gebäude von Architekten wie Langhans und Schinkel. Besucher, bei denen das Interesse an Geschichte und Kunst Hauptmotive für den Besuch sind, können die Gebäude, aber auch diverse Kunstsammlungen besichtigen (vgl. Haedrich, 1999, S. 172f).

Neuere Angebotsformen in der Gruppe Kultur und Freizeit sind die Urban-Entertainment Center. Sie bieten erlebnisorientierten Konsumenten im städtischen Umfeld eine nahezu perfekte Kombination aus Freizeiterlebnis und Kultur. Urban Entertainement-Center haben kommerzielle Zielsetzungen. Sie werden professionell markt- und wettbewerbsorientiert geplant und durch eine Management-Organisation gesteuert. Gute Erreichbarkeit, modernes Park-Leitsystem sind Grundvoraussetzung. Das kulturelle Angebot beinhaltet meistens Kinos, Theater und Musicalspielstätten, Museen, Events und gastgewerbliche Einrichtungen. Das Urban Entertainment- Center am Potsdamer Platz in Berlin verfügt zusätzlich über historische Elemente. Reste des ehemaligen Luxushotels Esplanade inkl. des denkmalgeschützten Frühstücksaals und Kaisersaals sind integraler, wenn auch eher musealer Bestandteil des Sony Centers. Neben den kulturellen Angeboten sind Einkaufszentren, Wohnungen und Büroräume Elemente von Urban Entertainement- Centern.

In die fünfte Gruppe gehören Angebote, die **„Virtuelle Realitäten und Freizeit“** kombinieren. Über die Bedrohung Touristischer Regionen und Destinationen durch „virtuelles Reisen“ ist es am schwierigsten Aussagen zu treffen. Freyer ist der Auffassung, dass virtuelle Realitäten, die das Bedürfnis Reisen ersetzen können, eine eher noch untergeordnete Rolle spielen (vgl. Freyer, 2006, S. 525). Born dagegen glaubt, dass viele Zeitgenossen in Zukunft bevorzugt virtuell reisen werden: „Wir gehen in unseren Cyber-Keller, programmieren Urlaub ein und verbringen dort zwei Wochen Ferien, auf einer Insel, am Strand, in den Bergen ... Der Cyberspace werde aber auf absehbare Zeit nur professionell betrieben werden. Born: Der eigene Cyber-Keller wird frühestens um 2050 ein Statussymbol sein, wie es der Partykeller vor über dreißig Jahren war (Nobel-Sagolla, 2000, S. V2)."

Zusammenfassend wird es deutlich, dass in den Quellregionen sehr vielfältige innovative Angebote entstehen, die für Touristische Regionen eine Wettbewerbsbedrohung darstellen können. Freizeitangebote sind von jeher Wettbewerber des Tourismus. Viele neue Konzepte scheinen sich aber dadurch auszuzeichnen, dass sie aufgrund moderner Erlebnisinszenierungen attraktiver sind als herkömmliche Freizeitangebote. Vor allem moderne Freizeitgroßprojekte entwickeln sich daher zu potentiellen Wettbewerbern Touristischer Regionen. Sie werden den Touristischen Regionen insbesondere im Segment des Tagestourismus und der Kurzreisen Marktanteile abnehmen. Neben diesen Gefahren können aber auch Chancen für die Realisierung grenzenloser Destinationen abgeleitet werden. Touristische Regionen könnten beispielsweise versuchen, den Freizeitmarkt in den Quellregionen aktiv mitzugestalten. Dies könnte beispielsweise durch Investitionen in geeignete Projekte mit destinationsspezifischen Inhalten oder mit Business Migration erfolgen. Es könnten auch Synergieeffekte durch die Vernetzung der Touristischen Region mit bestehenden destinationsspezifischen Angeboten in den Quellmärkten realisiert werden. Weiterführende Erkenntnisse zu dieser Problematik sind im Rahmen der Primäruntersuchungen dieser Arbeit gewonnen worden und werden in Teil IV diskutiert.

4 Vertikaler Wettbewerb im Tourismus

In diesem Kapitel werden vertikale Wettbewerbsstrategien in der Tourismusbranche behandelt. Vertikaler Wettbewerb besteht zwischen Unternehmen in den vorgelagerten (up-stream) und nachgelagerten (down-stream) Wertschöpfungsstufen in der Wertschöpfungskette (vgl. Kotler/Bliemel, 2006, S. 665). Hauptzweck der Untersuchung ist es, die **Ist-Situation des vertikalen Wettbewerbs** im Tourismus zu analysieren und Verhaltensänderungen der Unternehmen in der touristischen Wertschöpfungskette zu identifizieren, durch deren Stoßrichtung neue Ressourcen und

Fähigkeiten geschaffen werden, die potentiell zur Verwirklichung grenzenloser Destinationen beitragen können.

Das Konzept des Wertsystems wird mittlerweile in der Tourismusliteratur häufig durch die Begriffe **Dienstleistungs-, Leistungs- oder Servicekette** ersetzt (vgl. Bieger, 2005, S. 18ff; Freyer, 2007, S. 82). Diese Modifikation soll dazu beitragen, der Besonderheit des Tourismus als Dienstleistungsbranche gerecht zu werden. „Eine Dienstleistungskette beschreibt eine Dienstleistung als Prozess mit einer Abfolge von Aktivitäten, die der Kunde oder ein Objekt durchläuft. Über jede Stufe erfährt der Kunde Werte, die sich allerdings oft erst durch die Komplettierung der Dienstleistungskette zu einem **nutzbringenden Produkt** entwickeln. ... Dienstleistungsketten beginnen bei der ersten Aktivität eines nutzbringenden Gesamtproduktes und enden bei der letzten. Daher sind sie oft unternehmensübergreifend (Bieger, 2005, S. 20)." Abbildung 18 (S. 85) stellt das Wertsystem Touristische Region als Dienstleistungskette im Incoming-Tourismus aus der Sicht der Touristischen Region dar.

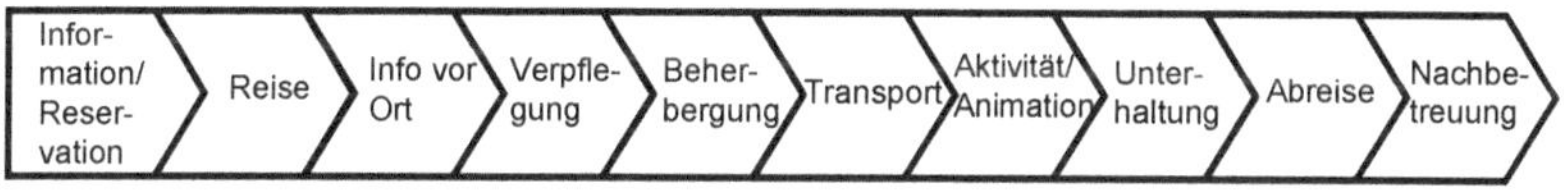

Abbildung 18: Dienstleistungskette im Incoming-Tourismus aus Sicht der Destination

Quelle: Bieger/Schallhart, 1997, S. 47

Die dargestellte Dienstleistungskette berücksichtigt die Ausführungen von Bieger/ Schallhart und Freyer, wodurch die klassische Betrachtungsweise der Aktivitäten Touristischer Regionen um die touristischen Leistungen „Reise", „Abreise", „Information/Reservation" „Nachbetreuung" und „Reiseausrüstung" erweitert wird (vgl. Freyer, 2006, S. 136).

Nach Auffassung des Autors deutet diese in der Wissenschaft vollzogene Erweiterung der Dienstleistungskette die Entstehung grenzenloser Destinationen an. Betrachtet man beispielsweise die Nachbetreuung der Besucher einer Touristischen Region, so ist hervorzuheben, dass diese Leistung von Destination-Management-Organisationen bzw. einzelnen touristischen Leistungsträgern zwar gesteuert werden kann, die Leistung selbst kann aber nur in den Quellregionen in Anspruch genommen werden.

4.1 Wettbewerbsstrategien Touristischer Regionen

Unternehmen können unterschiedliche Wertkettenstrategien verfolgen, um Wettbewerbsvorteile zu erzielen. Eine Strategiealternative beinhaltet die **Akquisition bzw. Integration** von Unternehmen vorgelagerter oder nachgelagerter Wertketten, wodurch Kosten- und auch Leistungsvorteile angestrebt werden. Diese Strategie kann durch die Nutzung von Synergien Wettbewerbsvorteile bewirken. Sie dient aber auch der Qualitätssicherung in der gesamten Wertkette, beispielsweise durch die Implementierung des Total Quality Managements über mehrere Wertschöpfungsstufen bzw. Wertketten (Strategien vertikaler Integration, vgl. Staehle, 1999, S. 649f; Kotler/Bliemel, 2006, S. 663).

Unternehmen können außerdem durch **Kooperationen** die Zusammenarbeit mit vor- und nachgelagerten Unternehmen der Wertkette intensivieren, um Wettbewerbsvorteile anzustreben. Die Verfolgung gemeinsamer strategischer Ziele ist das grundsätzliche Ziel dieser wertkettenübergreifenden Partnerschaften. Der Aufbau von Wertverbundsystemen mit anderen Mitgliedern des Wertsystems nimmt in der Praxis zu. Das Handeln in Wertverbundsystemen soll die Leistungen der beteiligten Unternehmen zum Wertgewinn des Kunden verbessern helfen. Der Intensitätsgrad der Partnerschaftssysteme ist dabei von den Machtverhältnissen zwischen den Partnern und der Vertragsgestaltung bzw. Organisationsform der Zusammenarbeit abhängig und kann stark variieren (vgl. Kotler/Bliemel, 2006, S. 70ff). Bei Strategischen Allianzen und Franchisesystemen ist der Intensitätsgrad der Zusammenarbeit zwischen unabhängigen Unternehmen am höchsten, bei losen Vertragsbeziehungen am niedrigsten.

Methodisch erfolgt die **Analyse des vertikalen Wettbewerbsverhaltens** Touristischer Regionen auf zwei Ebenen, auf der Ebene der Touristischen Region und auf der Ebene der einzelnen Leistungsträger, denn die Praxis zeichnet sich dadurch aus, dass, von wenigen Ausnahmen[11]abgesehen, die Wettbewerbsstrategie einer Touristischen Regionen oft durch viele, nicht aufeinander abgestimmte Einzelstrategien der touristischen Leistungsträger beeinflusst wird. In Bezug auf die Forschungsfrage geht es auf der Ebene der Touristischen Region um Aktivitäten des „Unternehmens" Tou-

[11] Ausnahmen bilden einige nordamerikanische und französische Skiresorts, auch Disneyland und andere Destinationen, bei denen das Wertsystem in der Hand eines oder weniger Unternehmen liegt.

ristische Region in den vor- und nachgelagerten Stufen des Wertsystems Tourismus in der Quellregion. Auf der zweiten Ebene erfolgt die Verhaltensanalyse der einzelnen Leistungsträger der Touristischen Regionen. Es werden ihre vertikalen Wettbewerbsstrategien betrachtet. Dabei werden ebenfalls ausschließlich die Aktivitäten in den Quellregionen untersucht.

4.1.1 Gesamtunternehmensbezogene Aktivitäten

Touristische Regionen sind in vor- und nachgelagerten Stufen des touristischen Wertsystems in den Quellregionen aktiv. Die wesentlichen Aktivitäten Touristischer Regionen in den Quellregionen beinhalten in der Regel **Kommunikationsmaßnahmen**. Potentielle Kunden werden über die Touristische Region informiert und sollen bei ihrer Kaufentscheidung beeinflusst werden. Ein neueres Instrument zur Neukundengewinnung und Kundenbindung ist die Herausgabe von Destination-Magazinen (z.B. Sylt und Mallorca), die in den Quellregionen vermarktet werden. Ergänzend werden Verkaufsförderungsmaßnahmen unternommen. Im Rahmen der Verkaufsförderung werden auch destinationstypische Leistungen präsentiert, um Einfluss auf die Kaufentscheidung der potentiellen Gäste zu nehmen. Hierzu zählen Auftritte von Folkloregruppen, Musikern und die Präsentation anderer kultureller Attraktionen auf Messen und Verkaufsveranstaltungen. Zusätzlich wird heute auch das Internet verstärkt genutzt, beispielsweise werden Web-Filmkameras an attraktiven Orten Touristischer Regionen montiert, damit die Orte via Internet virtuell besucht werden können.

Touristische Regionen und Destinationen unterhalten teilweise eigene Büros in wichtigen Quellmärkten, um vor Ort direkten Kontakt zu Endverbrauchern und Vertriebspartnern herzustellen. Seit einigen Jahren wird aufgrund der stärkeren Wettbewerbsorientierung Touristischer Regionen in diesen Büros damit begonnen, **Vertriebsaufgaben** zu übernehmen. Touristische Regionen werden zu Akteuren in der Wertkette Vertrieb. Buchbare Produkte werden Reiseveranstaltern und Endverbrauchern angeboten. Vor allem moderne Destination-Management-Organisationen, die nicht mehr reine Dienstleister für ihre Mitglieder sind, sondern im Zuge der Privatisierung gewinnorientiert am Markt operieren müssen, beginnen auf diesem Wege den Einstieg vom horizontalen zum vertikalen Wettbewerb. Sie unternehmen primäre Aktivitäten der Wertkette „Marketing und Vertrieb“ sowie „Kundendienst“, die sonst außerhalb der Destinationen in der Regel Reisebüros und Reiseveranstalter übernehmen, selbst und versuchen, so Wettbewerbsvorteile aufzubauen. Dasselbe Ziel wird mit eigenen zentralen Reservierungssystemen verfolgt, die die Touristischen Regionen für die Endverbraucher, aber auch für Reisebüros und andere Mittler über das Internet direkt buchbar machen.

Bisher ist in der Regel das primäres Motiv dieser Vertriebsaktivitäten, für die Touristischen Regionen einen Wettbewerbsvorteil durch die bequemere Buchbarkeit aufzubauen. Sollten daraus außerdem dauerhaft Kostenvorteile entstehen, könnte dies vermutlich eine Zunahme der vertikalen Integration von Touristik-Unternehmen auslösen, Beteiligungen und Akquisitionen Touristischer Regionen beispielsweise an bzw. von Reisebüros und Reiseveranstaltern wären die Folge. Entscheidende Einflussfaktoren im Zusammenhang mit diesen Szenarien sind letztendlich die Machtstrukturen in den Absatzkanälen sowie die Markteintrittsbarrieren der einzelnen Wertschöpfungsstufen.

Die **Analyse zeigt**, dass der Wettbewerb zwischen den Touristischen Regionen zunehmend auch jenseits der regionalen Grenzen stattfindet. Aufgrund strategischer Überlegungen werden die Grenzen zwischen Touristischen Regionen und Quellregionen neu gezogen. Es ist anzunehmen, dass Touristische Regionen zukünftig ihren Einfluss auf die gesamte Dienstleistungskette verstärken müssen, um wettbewerbsfähig bleiben zu können. Nur so wird es ihnen gelingen, die Qualität der Leistungskette durchgängig abzusichern. Die Höhe des Engagements Touristischer Regionen in den Quellmärkten wird davon abhängen, welche Bedeutung dies für den Gesamterfolg der jeweiligen Touristischen Region im Wettbewerbsumfeld haben wird. So sollte sich beispielsweise das Ausmaß der Vor- und Nachbetreuung an den artikulierten und latenten Bedürfnissen der Gäste orientieren, damit eine dauerhafte Zufriedenheit mit der Gesamtleistung der Touristischen Region beim Kunden hergestellt wird.

4.1.2 Aktivitäten einzelner Leistungsträger

Einzelne Leistungsträger sind außerhalb des Wertsystems Touristische Region vor allem in der Wertkette „Vertrieb und Marketing“ aktiv. Luftfahrtgesellschaften Touristischer Regionen eröffnen beispielsweise eigene Reisebüros (z.B. Türkisch Airlines, Lufthansa). Incomingagenturen gründen eigene Reiseveranstalter (z.B. Ultramar Express in Russland). Eine spanische Hotelgesellschaft beteiligte sich an den Verkaufsverhandlungen um das DER. Türkische Leder- und Teppichfabriken bilden strategische Partnerschaften mit Reiseveranstaltern. Diesem Instrumentarium sind auch virtuelle Angebote von Unternehmen Touristischer Regionen zuzuordnen: „http://www.justsurfit.com“ ist beispielsweise ein Angebot im Internet, welches via „Live Cameras“ von Stränden und Bars und mit interaktiven „shows“ und „chat rooms“ zum „Freizeiterlebnis in der Destination“ einlädt. Auf der Homepage der Anbieter wird das Produkt so beschrieben: „Justsurfit.com is on the edge of Interactive Web Technology. We are giving you the best in live interactive shows on the web. Join us during one of our Live Broadcast and judge yourself. Then imagine what our forward thinking can do for your business (www.justsurfit.com, 6.4.1998, S. 1).“

Die Untersuchung zeigt, dass bereits viele Produkte und Dienstleistungen der Leistungsträger am Markt angeboten werden, die zur Gestaltung grenzenloser Destinationen positiv beitragen könnten. Sie müssten dafür unter einer übergeordneten Positionierung zusammengeführt und als grenzenlose Destination markt- und wettbewerbsorientiert geführt werden.

4.2 Wettbewerbsstrategien in der Touristik

Die Analyse des Wettbewerbsverhaltens der Touristik-Unternehmen in den Quellregionen, das sind Reisebüros und Reiseveranstalter, ist auch Bestandteil dieser Arbeit, weil sie erstens dazu beiträgt, das Gesamtbild der Wettbewerbsdynamik im Tourismus zu komplettieren, und außerdem können aus dem Verhalten der Touristik-Unternehmen Chancen und Risiken für die Realisierung grenzenloser Touristischer Regionen abgeleitet werden. **Vertikale Integration** vor- und nachgelagerter Wertschöpfungsstufen ist zentrale Strategie vieler Tourismusunternehmen zum Aufbau von Wettbewerbsvorteilen. Allen voran akquirieren Reiseveranstalter und Luftverkehrsgesellschaften Unternehmen anderer Wertschöpfungsketten. Am Beispiel der TUI Group ist dieser Prozess sehr gut zu beobachten. Anfang der 90er Jahre hatte die damalige TUI keine eigenen Reisebüros. Im Jahr 2000 zählt die TUI Group[12] 3628 Reisebüros zum steuerbaren Eigenvertrieb. Ähnlich ist die Entwicklung bei der vorgelagerten Wertkette Transport. Mit der Integration der Hapag Lloyd Fluggesellschaft besitzt die TUI Group 64 eigene Flugzeuge mit 14.181 Sitzplätzen (vgl. Haedrich/Herle/Lütters/Seidel, 2000, S. 2). Auch Kuoni unterhält Anteile an der Fluggesellschaft Edelweiss Air zur Absicherung der Kapazitäten. „Grundsätzlich will Kuoni jedoch (noch) nicht gruppenweit vertikal integrieren/diversifizieren, sondern

[12] Seit 2002 World of TUI

nur in denjenigen Märkten, in denen sich die Notwendigkeit aus den Markt- und Konkurrenzverhältnissen ergibt (Bieger, 2005, S. 54).“ Heine bestätigt, dass das Bestreben der Reiseveranstalter dahin zielt, Tätigkeiten über das Kerngeschäft hinaus zu entwickeln. Dabei spielen nicht nur zusätzliche Gewinnchancen eine Rolle. Die Sicherung der Qualitätsstandards gibt dafür weiteren Anlass ab (Heine, 1998, S. 619).“ Mittlerweile kontrollieren drei bis vier große Tourismuskonzerne den europäischen Reisemarkt.

Die Reiseunternehmen akquirieren auch in Touristischen Regionen. Europäische Reiseveranstalter haben beispielsweise in den 80er Jahren intensiv damit begonnen, Incomingagenturen zu übernehmen. So gehören zur TUI Group mittlerweile 18 Incomingagenturen. Die Integration von Hotels hat in den 90er Jahren sehr stark zugenommen. Durch den festen Zugriff auf den Beförderungsstandard und die Hotelleistung kann der Reiseveranstalter das Leistungsversprechen leichter erfüllen und so Wettbewerbsvorteile aufbauen (vgl. Heine, 1998, S. 619).

Neben der Akquisition ist der **Aufbau von Partnerschaftssystemen** mit Unternehmen der vor- und nachgelagerten Wertketten eine Strategie zum Aufbau von Wettbewerbsvorteilen. Die Marketer des vertikalen Marketing durch Partnerschaftssysteme sind überwiegend Reiseveranstalter und Fluggesellschaften. Beispiele dafür sind die Franchisesysteme Lufthansa City Center, TUI Reise Center und Holiday Land (Thomas Cook).

Auch die Deutsche Bahn AG versucht, die Zusammenarbeit mit Touristischen Regionen zu intensivieren. Mit integrierten Angeboten (Transport und Eintrittsgelder) für den Besuch von Veranstaltungen in Destinationen wie der „Documenta“ und der „Expo“, zu attraktiven Konditionen, sollen Wettbewerbsvorteile gegenüber dem Auto geschaffen werden. Im Segment der Urlaubsreisen will die Bahn durch neue Strategien ebenfalls Wettbewerbsvorteile aufbauen. „In Zusammenarbeit mit den örtlichen Fremdenverkehrsorganisationen werden weitere Zusatzleistungen (freie Eintritte, Ermäßigungen für touristische Attraktionen, etc.) in das für zielgebietsspezifische Ausflüge und Touren konzipierte Ticket integriert. Ziel ist es, dem Bahnreisenden eine umfassende Mobilitäts- und Freizeitkarte für die besuchte Region zu einem extrem attraktiven Preis zur Verfügung zu stellen (Baumbach, 1998, S. 656).“

Die dargestellten Strategien der Touristik-Unternehmen unterstreichen, dass in der Touristikbranche ein Strukturwandel in vollem Gange ist. **Chancen** könnten sich dadurch für die Realisierung grenzenloser Destinationen insofern ergeben, da Unternehmen in solchen Phasen innovativen Ideen gegenüber tendenziell besonders aufgeschlossen sind. Es wird aber auch deutlich, dass vertikal integrierte Tourismuskonzerne eine starke Machtposition im gesamten Wertsystem Tourismus darstellen. Dadurch können sie **Barrieren** für die Realisierung grenzenloser Destinationen darstellen. Bei Tourismuskonzernen handelt es sich im Unterschied zu den meisten Touristischen Regionen um finanzstarke und strategisch geführte Unternehmen mit hoher Durchsetzungskraft. Darüber hinaus haben sie in den letzten Jahren durch die vertikale Integration von Leistungsträgern in den Touristischen Regionen auch ihren Einfluss auf das Destination-Management stark vergrößert. Aus dieser Position der Stärke heraus können die Tourismuskonzerne bei der Realisierung grenzenloser Destinationen sowohl die Rolle des starken Partners als auch des Gegners übernehmen. Das Verhalten wird dabei im Einzelnen von den übergeordneten Zielen der Konzerne abhängen.

5 Branchenübergreifender Wettbewerb

„Auf der Suche nach Wachstumschancen wandern Unternehmen über Branchen- und Produktgrenzen hinweg in fremde Märkte. Das Phänomen >>Business Migration>> ist allgegenwärtiges Symptom eines fundamentalen Wandels. Neue Wettbewerbsmuster entstehen jenseits des Industriekonzepts (Heuskel, 1999, S. 8)." Aus diesem Grund werden nach der Analyse des horizontalen und vertikalen Wettbewerbs Touristischer Regionen und ihrer Leistungsträger in diesem Kapitel branchenübergreifende Wettbewerbsstrategien dargestellt.

Aktivitäten von Unternehmen der Tourismusbranche, die außerhalb des Wertsystems Tourismus (vgl. Abb. 6, S. 16) angesiedelt sind, werden als branchenfremd definiert.

Dieser breite Wettbewerbshorizont erhöht die Chancen, Gelegenheiten zum Aufbau von Wettbewerbsvorteilen zu erkennen. Die Analyse erfolgt aus der Perspektive Touristischer Regionen und aus der Perspektive touristischer und nichttouristischer Unternehmen in den Quellregionen. Beide Perspektiven sind interessant, um mögliche Aktionsfelder für Touristische Regionen zu identifizieren. Ziel ist es, Chancen und Risiken zu erkennen, die sich für Touristische Regionen aufgrund des branchenübergreifenden Wettbewerbs ergeben. Die hier dargestellten deskriptiven Forschungsergebnisse werden in Teil vier durch Ergebnisse aus den Primäruntersuchungen vertieft.

Unternehmen werden **branchenübergreifend** aktiv, um Wettbewerbsvorteile anzustreben. Dabei können im Wesentlichen zwei strategische Stoßrichtungen verfolgt werden. Es kann den Unternehmen um die **Erweiterung des Leistungsspektrums** gehen, weil in Käufermarktsituationen mit hoher Wettbewerbsintensität zwischen den Anbietern dem Kunden laufend neue Nutzungsaspekte eröffnet werden müssen. Die Basis für Erweiterungskäufe und Verkettungskäufe kann sich ein Unternehmen beispielsweise durch die Zusammenarbeit mit Anbietern verwandter Branchen schaffen (vgl. Schertler, 1994a, S. 40). Die Zielgruppe bleibt bei dieser Strategie im Wesentlichen unverändert. Wird die Aktivität der branchenfremden Wertkette ein fester Bestandteil der Wertkette des Unternehmens, kann das Unternehmen durch vertikale Integration oder die Implementierung von Partnerschaftssystemen weitere Wettbewerbsvorteile aufbauen.

Außerdem kann ein Unternehmen durch Akquisition oder Neugründung in anderen Branchen aktiv werden, um dadurch **Wachstumspotential** zu generieren. Die Diversifikation bildet dafür den theoretischen Rahmen. „Eine **Diversifikationsstrategie** ist durch die Ausrichtung der Unternehmensaktivitäten auf neue Dienstleistungen für neue Märkte charakterisiert (Meffert/Bruhn, 2006, S. 243). Sie gilt als anspruchsvollste Wachstumsstrategie und: „Je nach dem Grad der gewählten Ferne zum bestehenden Produkt/Markt-Feld unterscheidet man zwischen horizontaler, vertikaler und lateraler Diversifikation (Staehle, 1999, S. 655)." Bei der horizontalen Diversifikation stehen die neuen Produkte bzw. Dienstleistungen mit dem bisherigen Angebot noch in Verbindung. Bei der vertikalen Diversifikation handelt es sich um eine Vergrößerung der Wertschöpfungstiefe des Absatzprogramms und bei der lateralen Diversifikation werden völlig neue Märkte erschlossen (vgl. Meffert/Bruhn, 2006, S. 243). Im Rahmen dieser Arbeit werden solche Aktivitäten Touristischer Regionen als branchenübergreifend definiert, die außerhalb des Wertsystems Tourismus unternommen werden.

Diversifikationsstrategien zeichnen sich traditionell dadurch aus, dass die gesamte Wertschöpfungskette der neuen Branche übernommen bzw. aufgebaut wird. Die Unternehmen treten unter diesen Umständen auf allen Stufen der Wertschöpfungskette mit den Unternehmen der neuen Branche in Konkurrenz.

Neben dieser traditionellen Form der Diversifikation wird in den letzten Jahrzehnten eine veränderte Strategie der Diversifikation beobachtet, die Heuskel als „Wertschichtenwettbewerb" bezeichnet (neue Wettbewerbsmuster, vgl. Abb. 19, S. 93). Der **Wertschichtenwettbewerb** ist dadurch charakterisiert, dass im Rahmen der

Diversifikation Wettbewerbsaktivitäten der Unternehmen auf einzelnen „Schichten" der Wertketten branchenfremder Unternehmen stattfinden. Die Architektur der Wertschöpfung folgt dabei neuen Mustern: „Einzelne Stufen und Elemente der einst fest verbundenen Kette lösen sich voneinander und werden damit marktfähig. Die Wertschöpfungskette innerhalb des Unternehmens wird >>dekonstruiert<< und zu einem prinzipiell flexiblen Verbundsystem von Aktivitäten und Ressourcen (Heuskel, 1999, S. 36)."

Die theoretische Diskussion über dieses neue Wettbewerbsmuster hat auch in der Tourismuswissenschaft begonnen. Danach besteht eine Herausforderung für die Tourismus-Industrie im frühzeitigen Erkennen potentieller Migrationen innerhalb des Wertsystems Tourismus und insbesondere zwischen Tourismus und anderen Industrien auf der Basis von Fähigkeiten und Ressourcen der Unternehmen (vgl. Pechlaner/Matzler, 2000, S. 157).

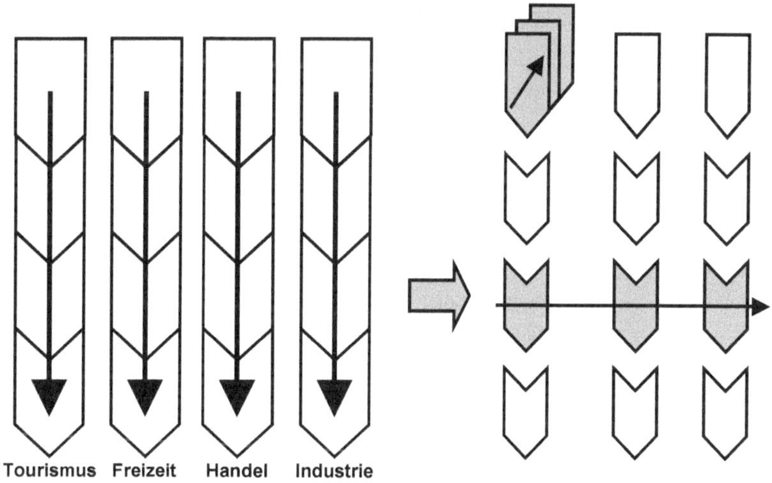

Abbildung 19: Neue Wettbewerbsmuster

Eigene Darstellung in Anlehnung an Heuskel, 1999, S. 37

Im Hinblick auf die grenzenlosen Destinationen stellt sich auf der Basis dieser theoretischen Erkenntnisse u.a. die Frage, ob Touristische Regionen bzw. die Leistungsträger spezielle Fähigkeiten und Ressourcen besitzen, die in einzelnen Gliedern der Wertkette anderer branchenfremder Unternehmen als „wertschaffende Aktivitäten“ eingesetzt werden können. Im Mittelpunkt der Überlegungen steht die Frage, ob destinationsspezifische Leistungen solche besonderen Fähigkeiten und Ressourcen darstellen, die sich zur Migration eignen.

Die Diskussion in diesem Kapitel über branchenübergreifende Wettbewerbsstrategien im Tourismus soll dazu beitragen, die wissenschaftliche Diskussion über dieses Thema voranzutreiben. Zusätzliche neue Erkenntnisse werden im vierten Teil über die Ergebnisse der qualitativen empirischen Erhebungen dargestellt.

5.1 Wettbewerbsstrategien Touristischer Regionen

5.1.1 Gesamtunternehmensbezogene Aktivitäten

Ein Beispiel für eine branchenübergreifende Kooperationsstrategie ist das Konzept der Dachmarke Tirol. Dabei geht es um die Kooperation der Touristischen Region Tirol mit Unternehmern wie Kneissl Tirol und Tirol Milch sowie einzelnen Produkten wie dem Tiroler Tafelwasser oder dem Tiroler Speck. Ziel für die Touristische Region Tirol ist es, durch die Markenkooperation mit ergänzenden Angeboten branchenfremder Unternehmen Wettbewerbsvorteile zu erzielen (vgl. Ferner/Pötsch, S. 161ff.).

Die **Verknüpfung regionaler Branchen**, sog. Cluster, ist eine Steigerung branchenübergreifender Kooperationen. „Bei einem Cluster handelt es sich um eine geographische Konzentration von Unternehmen in verwandten Branchen und verbundenen Einrichtungen (zum Beispiel Universitäten, Normungsinstitute und Wirtschaftsverbände), die in bestimmten Feldern untereinander verbunden sind und gleichzeitig miteinander konkurrieren und kooperieren (Porter, 1999, S. 207f).“ In Kalifornien kooperiert beispielsweise das Weincluster mit dem Tourismuscluster und anderen Clustern. Im Bereich der Weinerzeugung ist das Cluster mit der kalifornischen Restaurantbranche und der Nahrungsmittelerzeugung (komplementäre Produkte) sowie dem Tourismuscluster in Napa und anderen weinerzeugenden Regionen des Staates verknüpft. Solche Netzwerkkooperationen gewinnen auch im Tourismus beträchtlich an Bedeutung.

Markenerweiterung bzw. Markentransfer ist eine Möglichkeit für Touristische Regionen, mit gesamtunternehmensbezogenen Aktivitäten außerhalb des eigenen Wertsystems Wettbewerbsvorteile zu erzielen. Das wohl erste und bekannteste Beispiel dafür ist der Transfer der Marke St. Moritz. St. Moritz vergibt seine Marke ausgewählten Lizenznehmern (z.B. Pommery) zur Bezeichnung qualitativ guter Produkte. Der Kur- und Fremdenverkehrsverein St. Moritz hat den Ortsnamen und die Wort/Bild Marke – TOP OF THE WORLD zwischen 1986 und 1987 gesetzlich schützen und seither in über fünfzig Ländern registrieren lassen. „Die Lizenznehmer entgelten Markennutzung und Imagetransfer mit Lizenzgebühren, Sponsorbeiträgen an St. Moritzer Events sowie St. Moritz-bezogene Werbung in Schaufenstern und Medien (Danuser, 1998, S. 342)."

5.1.2 Aktivitäten einzelner Leistungsträger

Auch Leistungsträger Touristischer Regionen agieren in den Quellregionen in branchenfremden Wertsystemen. In der Regel handelt es sich dabei um Wertsysteme verwandter Branchen wie der Freizeitbranche. Beispielsweise werden **destinationstypische Güter und Dienstleistungen exportiert**, die in den Quellregionen der Touristischen Region zur Freizeitgestaltung in Anspruch genommen werden. Diese Strategie scheinen in der Praxis vorrangig sehr erfolgreiche Unternehmen Touristischer Regionen wie das Münchner Hofbräuhaus und das Sylter Restaurant Gosch zu verfolgen. Logo und die Vermarktung des Münchner Oktoberfests sind beispielsweise patentiert und das Konzept wird in Lizenz weltweit verkauft. Weiteres Beispiel ist das „geklonte" Gartenhaus Goethes in Weimar, welches an Japan verkauft wurde. 20 Prozent der in Japan zu erzielenden Eintrittsgelder sollen vertragsgemäß an die Stadt Weimar ausgezahlt werden. Auch der Vertrieb von Merchandising-Artikeln und Regionalprodukten kann dazu gezählt werden.

In der Tourismusliteratur bisher unberücksichtigt ist das folgende Beispiel. Man nehme an, ein Tauchcenter einer Tauchdestination (z.B. Malediven) beteiligt sich in der Quellregion (z.B. Deutschland) an einer Tauchschule, um potentiellen Tauchkunden die Möglichkeit zu eröffnen, bereits in Deutschland mit der Tauchausbildung zu beginnen. Diese Aktivität zählt nach der vorliegenden Definition der Tourismuswissenschaft nicht zum Wertsystem-Tourismus (vgl. Abb. 6, S. 16). Demzufolge ist das Engagement des Tauchcenter als branchenübergreifend darzustellen. Sollte sich die vorbereitende Tauchausbildung aber als Kerngeschäft der Tauchbasis in Deutschland etablieren und zu einem integralen Bestandteil des Angebotes der Tauchbasis auf den Malediven entwickeln, würde sie theoretisch dadurch ein Teil der Wertkette der Tauchbasis der Malediven und damit automatisch dem Wertsystem Tourismus zugeordnet werden. Die „Paris Lounge", die das Label Wagram geschaffen ist, hat Vorbildfunktion für grenzenloses Handeln mit destinationstypischen Emotionen.

Nach Auffassung des Autors kann durch die oben skizzierten branchenübergreifenden Aktivitäten ein dynamischer Prozess entstehen, der das Potential besitzt, zu dauerhaften Veränderungen des Selbstverständnisses Touristischer Regionen im Sinne von grenzenlosen Destinationen zu führen. Das Tempo dieses Prozesses wird im Wesentlichen vom Wandel der Kundenbedürfnisse und vom Wettbewerbsverhalten der Touristischen Regionen abhängen.

Diese theoretischen Überlegungen basieren auf dem Konzept der Dienstleistungskette, wonach die Wettbewerbsstrategien der Touristischen Regionen sich stark an den Bedürfnissen ihrer Kunden orientieren müssen. Das Konzept der Dienstleistungskette verlangt von den Touristischen Regionen eine ständige Überprüfung der Ausdehnung der Dienstleistungskette. Vermeintlich branchenfremde Leistungen in den Quellregionen müssen regelmäßig dahingehend getestet werden, ob sie aus der Perspektive der Touristen zur Komplettierung der Dienstleistungskette einer Touristischen Region beitragen können. Ein positives Ergebnis würde bedeuten, dass Touristische Regionen durch die Integration bzw. Vernetzung dieser Leistungen zusätzliche Wettbewerbsvorteile realisieren können. Sollte sich herausstellen, dass destinationsspezifische Angebote in den Quellregionen, wie das Münchner Hofbräuhaus oder das Restaurant Gosch, vom Kunden als ein positiver Bestandteil der Dienstleistungskette einer Touristischen Region wahrgenommen werden, wäre das als Indiz zu werten, dass durch die Strategie einer grenzenlosen Destination dauerhaft Wettbewerbsvorteile aufgebaut werden können. Wissenschaftliche Untersuchungen gibt es zu diesem Thema bisher nicht. Die qualitativen Untersuchungen, die im Rahmen dieser Arbeit durchgeführt wurden, leisten aus diesem Grund einen wichtigen wissenschaftlichen Beitrag, um dieses neue Forschungsfeld zu beleuchten (vgl. Kapitel IV, S. 131-185).

5.1.3 Club Med World in Paris und Robinson-Club-in-Town-Oasen

Der Club Mediterranée und die TUI-Tochter Robinson Club sind hervorzuhebende Beispiele für branchenübergreifende Wettbewerbsstrategien von Unternehmen der Tourismusbranche. Club Mediterranée (Club Med) hat im Juni 2000 in der Quellregion Paris das Veranstaltungszentrum **Club Med World** eröffnet. Club Med World bietet Clubatmosphäre und Entertainment tagsüber und abends bis zwei Uhr nachts. „Schon beim Eintritt kann der Kunde den Alltag hinter sich lassen: Die Dekoration aus Bambus, exotischen Hölzern und Stroh-Hütten verströmt ebenso Urlaubsstimmung wie Musik aus fernen Ländern und der Duft von Ylang Ylang, Vanille und Hibiskus (Nordsiek, 2001, S. 50)." Club Med World-Besucher ohne Clubmitgliedschaft können nur ein eingeschränktes Angebot in Anspruch nehmen. Um alle Club-Angebote wahrnehmen zu können, braucht der Besucher eine Club-Mitgliedschaft. „Die bekommt nur, wer innerhalb der vergangenen fünf Jahre mindestens vier Club Med-Reisen unternommen hat (Nordsiek, 2001, S. 50)." Damit wird das Wertsystem Tourismus für ausgewählte Konsumenten um Wertketten der Freizeitbranche in den Quellregionen erweitert. Das Gesamterlebnis Club Med (Club Med auf Reisen und Club Med in der Quellregion) gibt es nur für Menschen, die nach mindestens vier Club Med-Reise-Erfahrungen „reif" sind für das Gesamtangebot der Club Med World. Der Grund dafür liegt u.a vermutlich darin, dass Konsumenten ein Club Med typisches Gefühl in den Quellregionen weitaus besser erleben können, wenn sie als externer Faktor bereits Erfahrung damit mitbringen.

Das Marketing des Club Med **erweitert** demzufolge mit der Gründung von Club Med World **das Wertsystem Tourismus** um Wertketten der Freizeit. Die exklusive Freizeit im Club Med World ist für den Konsumenten nur in einem **Wertsystemverbund aus Tourismus und Freizeit** möglich. Exklusive Club Med World-Erlebnisse sind nur zusammen mit Club Med-Reise-Erlebnissen zu haben.

In die gleiche Stoßrichtung, doch mit anderem Konzept, steuert der Robinson Club. Der Robinson Club hat in Kooperation mit deutschen „Premium-Fitness-Clubs" sog. **Robinson-Club-in-Town-Oasen** gegründet. In den nächsten drei bis fünf Jahren sollen in Deutschland bis zu 50 Clubs mit diesem neuen Konzept geschaffen werden. Die „Oasen" werden neben Sport und Entspannung auch Ernährungsberatung und 1:1 Training anbieten. Robinson-Club-in-Town-Oasen sind ein Beispiel dafür, wie eine Destination spezielle Ressourcen und Fähigkeiten, die sie besitzt, in einzelnen Gliedern der Wertkette anderer branchenfremder Unternehmen als „wertschaffende Aktivitäten" einsetzen kann. Die Basis für das neue Konzept sind die „Premium-Fitness-Clubs" mit einer qualitativ hochwertigen Infrastruktur, sehr gutem Service und Image eines Premium-Produktes. Robinson Club ergänzt diese Leistungen durch seine speziellen Fähigkeiten, insbesondere Clubphilosophie und Marketing, wodurch dauerhafte Wettbewerbsvorteile geschaffen werden sollen.

Beide Clubs, Club Mediterranée und Robinson Club, **überschreiten** mit ihren Konzepten die **Grenzen** zwischen den Erlebnisräumen der Clubs als Destination in Touristischen Regionen und als Destinationen am Feierabend und am Wochenende zu Hause. Sie etablieren grenzenlose Destinationen mit angestrebten Positionierungen in den Quellregionen, die aus der Philosophie der etablierten Clubs in den Touristischen Regionen abgeleitet wurden. Die auf der normativen Ebene festgelegten Philosophien sind somit bei beiden Konzepten (Club Med und Club Robinson) **Leitbild für eine grenzenlose Freizeitwelt** der Clubs. „365 Tage Clubfeeling", der Titel einer Reportage zu diesem Thema, fasst diese Entwicklung pointiert zusammen (Nordsiek, 2001, S. 50). Bei Erfolg dieser Konzepte werden sie vielleicht eines Tages zum Vorbild für Touristische Regionen bei der Umsetzung eines neuen Konzeptes: 365 Tage „Destinationsfeeling made in..." (vgl. hierzu auch Kapitel II 2.5, S. 67-71) über den Einfluss des Reisens auf Freizeitverhalten und Lebensstil). Nahe liegend ist beispielsweise eine Wertsystemverbund zwischen einer Skidestination und einer Ski-Indoorhalle im Quellmarkt. Beispielsweise böte sich die Destination Ischgl an, da das Skifahren in Ischgl nur einen Baustein einer inszenierten, erlebnisorientierten Freizeitwelt darstellt.

5.2 Branchenübergreifende Wettbewerbsstrategien in der Touristik

Auch für Touristik-Unternehmen in den Quellregionen, gemeint sind Reisebüros und Reiseveranstalter, erhalten branchenübergreifende Wettbewerbsstrategien wachsende Relevanz. Die Analyse des branchenübergreifenden Wettbewerbsverhaltens der Touristikunternehmen soll dazu beitragen, die Dynamik des branchenübergreifenden Wettbewerbs im Tourismus allumfassend zu betrachten und Chancen und Risiken abzuleiten, die sich daraus für grenzenlose Touristische Regionen ergeben können. Bei branchenübergreifenden Wettbewerbsstrategien der Touristikunternehmen handelt es sich in erster Linie um **Kooperationen** mit Partnern aus anderen Branchen, um durch gemeinsame Aktivitäten Kosten-, Leistungsvorteile und Imagevorteile zu erzielen. Beispiel dafür sind Kooperationen zwischen Spezialreiseveranstaltern und Händlern von Reisezubehör, welche von den Reisenden in Anspruch genommen werden. Das können Tauchreiseveranstalter sein, die mit Tauchausrüstern zusammenarbeiten oder auch Outdoor-Läden mit Outdoor-Reiseveranstaltern. Es drängt sich hier natürlich die Frage auf, ob diese Partnerschaften tatsächlich branchenübergreifend sind. Vordergründig und traditionell betrachtet mit Sicherheit ja. Reiseveranstalter sind typische Tourismusbetriebe, die ihre Leistungen ausschließlich Touristen anbieten. Dagegen bieten Tauchausrüster und Outdoor-Läden Produkte an, die nicht ausschließlich von Touristen verwendet werden. So gesehen handelt es sich um eigenständige Branchen (vgl. Abb. 6, S.16). Es ist aber zu vermuten, dass aus der Perspektive der Kunden Tauch- und Outdoorläden durchaus Teil der Dienstleistungskette einer Tauch- oder Trekkingreise sind. Hauser-Trekkingreise handelt bereits in diesem Sinn. Bei der Buchung einer Trekkingreise ist ein Schlafsack im Reisepreis inbegriffen.

Ein weiteres Instrument branchenübergreifender Aktivitäten von Tourismusunternehmen ist **Co-Branding**. Die Partner des Co-Branding haben das Interesse, vom Image des jeweiligen Partners zusätzlich zu profitieren. Wettbewerbsvorteile werden mit dieser Strategie geschaffen, wenn durch die Markenkombination auf das Produkt oder die Dienstleistung wertsteigernde Assoziationen übertragen werden (vgl. Kotler/Bliemel, 2006, S. 751f). Ein Beispiel aus der Praxis dafür liefert das Co-Branding von Robinson Club und der Zeitschrift „Fit for Fun".

Zusammenfassend wird deutlich, dass Touristik-Unternehmen zunehmend auch jenseits der traditionellen Industriegrenzen neue Geschäftsfelder suchen. Vor allem Spezialreiseveranstalter und Touristikkonzerne werden zu Akteuren in anderen Branchen. Dadurch werden sie zu potentiellen Partnern für die Realisierung grenzenloser Destinationen und gehören gleichzeitig zu den potentiellen Wettbewerbern in den neuen Märkten. Vermutlich werden in diesen Märkten die großen und finanzstarken Touristik-Unternehmen vor allem aufgrund ihrer Marktmacht und die Spezialisten aufgrund des zielgruppenspezifischen Marketingwissens Wettbewerbsvorteile realisieren können.

6 Informations- und Kommunikationstechnologien

Neue Informations- und Kommunikationstechnologien (IuK), die im letzten Jahrzehnt zu einem folgenreichen Rückgang der Kosten für Beschaffung, Verarbeitung und Übermittlung von Informationen gesorgt haben, beeinflussen auch in starkem Maße die Tourismusbranche. Sie bewirken grundlegende **Veränderungen des Konsumentenverhaltens,** weil die Schnittstellen zwischen den verschiedenen Anbietern innerhalb des Wertsystems Tourismus und auch branchenübergreifend flexibler gestaltet werden können, wodurch sich die **Wahrnehmung der Leistungsketten** durch die Kunden verändern kann. Beispielsweise könnte ein Imagewandel mancher Reiseveranstalterreisen von der Pauschalreise zur Individualreise herbeigeführt werden. Außerdem können direkte Schnittstellen zwischen Anbietern und Nachfragern neu geschaffen bzw. qualifiziert werden (vgl. Pechlaner/Matzler, 2000, S. 143).

Die **Art des Wettbewerbs** wird nach Porter durch die neuen Kommunikationstechnologien auf dreierlei Art beeinflusst. Die Branchenstrukturen verändern sich und damit die Wettbewerbsregeln. Den Unternehmen bieten sich neue Möglichkeiten, Wettbewerbsvorteile aufzubauen, und es entstehen – oft innerhalb der vorhandenen Operationen eines Unternehmens – vollkommen neue Geschäftszweige (vgl. Porter, 1999, S. 84).

Durch die **Integrationserleichterung** verlieren fest integrierte Wertketten innerhalb von Branchen ihren ursprünglichen Vorteil, weil auch Verbundsysteme und/ oder Netzwerke mit organisatorisch selbstständigen Partnern gute Integrationsmöglichkeiten haben. Die Integration der verschiedenen Ketten des Wertsystems ist nicht mehr notwendig, um eine möglichst effiziente Informationsübermittlung über alle Wertschöpfungsstufen zu ermöglichen. Damit verlieren integrierte Unternehmensmodelle an Bedeutung, wodurch sich der Spielraum für branchenübergreifendes Handeln erweitert. „Das integrierte Unternehmensmodell ließ wenig Spielraum bei branchenübergreifenden Lösungen zu, weil durch ein starkes Ansteigen der Transaktionskosten die Stabilität von Märkten und Industrien in Gefahr geraten wäre (Heuskel, 1999, S. 46)." Im Zuge dieser Entwicklung verändern sich auch Markteintrittsbarrieren für Branchenfremde. Die neuen Wettbewerber sind aber nicht mehr zwangsläufig am Einstieg in der gesamten Branche interessiert, sondern integrieren einzelne Stufen der Wertkette. Es entstehen neue Märkte und Zielgruppen (vgl. Heuskel, 1999, S. 16 und Kapitel II 5, S. 91-98). „Der Wettbewerb zwischen abgegrenzten Branchen und deren Unternehmen wird mehr und mehr zu einem Wettbewerb quer über die Branchengrenzen hinweg auf der Basis von verschiedenen Wertschöpfungsstufen, welche auf diesem Wege von der Wertschöpfungskette oder Wertkette zu einem Portfolio der Fähigkeiten und Ressourcen werden (Pechlaner/Matzler, 2000, S. 155)."

Neue Informations- und Kommunikationstechnologien haben wesentlichen Einfluss auf die **Wettbewerbsvorteile**, beispielsweise durch Kostenreduzierung und Differenzierung. „Die Technologie beeinflusst die eigentlichen Wertaktivitäten oder ermöglicht es den Untenehmen, Wettbewerbsvorteile zu erringen, indem sie ihren Wettbewerbshorizont verändern (Porter, 1999, S. 98)." Kosten können entlang der gesamten Wertkette verändert werden. Kosteneinsparungspotentiale für Destinationen bieten sich in vielen Bereichen. Beispielsweise können die Kosten für die Auswertung der Kundendaten mittels eigens entwickelter Computersysteme gesenkt werden. Vor allem bestehen auch Chancen, Vertriebskosten auf Basis von Online-Diensten, im Besonderen des Internets, zu senken. Nachhaltige Auswirkung haben neue Informations- und Kommunikationstechnologien auch auf die Differenzierungsstrategie. Es bieten sich viele Möglichkeiten, mit Hilfe der neuen Techniken dem Kunden Zusatzleistungen zu bieten. So könnten beispielsweise Ski-Destinationen ihren Kunden technologiegestützt nach eingegangener Buchung wichtige Informationen liefern, die sie für die Reisevorbereitungen benötigen. Auf diese Weise tragen neue Informations- und Kommunikationstechnologien dazu bei, Wettbewerbsvorteile durch Differenzierung aufzubauen.

Es besteht auch die Möglichkeit, dass mit Hilfe der neuen Technologien **neue Geschäftsideen bzw. Branchen** entstehen. Dies geschieht auf drei Arten. Neue geschäftliche Aktivitäten werden technologisch machbar, neue Geschäftsbereiche können geschaffen werden, indem durch die neuen Technologien eine Nachfrage nach neuen Produkten erzeugt wird, und es können innerhalb bestehender Geschäftsbereiches eines Unternehmens neue geschäftliche Aktivitäten realisiert werden. Aufgrund neuer technologischer Entwicklungen hat beispielsweise die Firma Skidata access unlimited eine neue Geschäftsidee entwickelt. Sie bietet KeyCard, Swatch Access oder Gore-(S-Key) Handschuhbesitzern die Möglichkeit, über das Internet Skipässe zu kaufen. Bei der ersten Liftfahrt wird der gebuchte Skipass auf die Swatch Access oder KeyCard geladen (ca. 1 Sekunde). Nach dem Laden verhält sich der Skipass so, als ob er an der Kasse gekauft worden wäre (vgl. www.myskipass.com, 16.12.2002). Die Entstehung der Nachfrage nach neuen Produkten kann auch an dem folgenden Beispiel erläutert werden. Die Entwicklung und das Aufstellen der Ablesegeräte für Skipässe in den Skigebieten hat zu einer Nachfrage nach der speziellen Swatch Uhr, der Swatch Access, geführt. Die dritte Art, mit Hilfe neuer Technologien innerhalb bestehender Geschäftbereiche neue Geschäftsideen zu entwickeln, kann am Beispiel Tirols erläutert werden. Die Destination Management Organisation Tirols hat ein modernes Informations- und Reservierungssystem entwickelt, welches in der Zwischenzeit von der DMO Tirol weltweit vermarktet wird.

Insgesamt kann festgehalten werden, dass neue Informations- und Kommunikationstechnologien auf zweierlei Art die Realisierungschancen grenzenloser Destinationen beeinflussen. Die Veränderungen des Nachfrageverhaltens im allgemeinen schafft auch bei den Kunden Touristischer Regionen neue Bedürfnisse, die teilweise nur jenseits der Destinationsgrenzen befriedigt werden können. Die Online-

Skipassbuchung steht hier nur beispielhaft dafür, wie veränderte Bedürfnisse der Destinationskunden grenzenlos befriedigt werden können. Auf der anderen Seite bieten die neuen Informations- und Kommunikationstechnologien in vielen Bereichen Touristischen Regionen überhaupt erst die Möglichkeit, effizient grenzenlos zu handeln und mit dieser Strategie Wettbewerbsvorteile aufzubauen, andererseits müssen sich Touristische Regionen zunehmend auf ein Verhalten der Wettbewerber einstellen, welches bereits technologiegetrieben grenzenlose Strategien beinhaltet.

7 Fazit

Die **strategische Ausgangssituation** Touristischer Regionen hat sich in den letzten Jahrzehnten, stark getrieben durch moderne Informations- und Kommunikationstechnologien, sehr verändert. Im Rahmen der Sekundäranalyse dieser wissenschaftlichen Arbeit konnten wichtige Erkenntnisse gewonnen werden, die für die Vision der grenzenlosen Destinationen sprechen.

Touristische Regionen profilieren sich immer häufiger mit **Produktleistungen** jenseits des ursprünglichen Angebotes. Diese Entwicklung fördert in den Regionen neue Ressourcen und Fähigkeiten, die **standortungebunden** zum Aufbau von Wettbewerbsvorteilen genutzt werden können. Damit ist eine wesentliche Bedingung für die Realisierung grenzenloser Touristischer Regionen erfüllt.

Urlaubreisen und alltägliche Freizeit werden in der wissenschaftlichen Literatur meistens als Gegensatzpaar definiert. Neuere wissenschaftliche Untersuchungen aus der Lebensstilforschung gelangen jedoch zu der Erkenntnis, dass der **Urlaub** (Reisen) ein **symbolisch hochaufgeladenes Feld** mit großer Wirkung auf das Freizeitverhalten und den Lebensstil der Menschen ist. Touristische Regionen mit positivem, vom natürlichen Angebot weitgehend unabhängigen Image müssten demnach Erfolgspotentiale für die Realisierung grenzenloser Destinationen besitzen.

Die Analyse des **Konsumentenverhaltens** hat als Steigerung der Erlebnisorientierung die Nachfrage nach Produkten und Dienstleistungen identifiziert, die beim Kunden eine dauerhafte Veränderung der persönlichen Lebensgestaltung ermöglichen (**Wandelorientierung**). Durch den bloßen Aufenthalt in einer Touristischen Region ist dieses Bedürfnis nach dauerhafter Veränderung kaum zu befriedigen. Für Touristische Regionen mit passendem Angebot bietet sich die Chance, von diesem starken

Trend zu profitieren, wenn sie ihr Leistungsspektrum in die Quellregionen ausdehnen können.

Das **Wettbewerbsverhalten** der Akteure des touristischen Wertsystems Tourismus ist durch die Einführung neuer Regeln gekennzeichnet. Ein **Strukturwandel** ist in vollem Gange. Das strategische Handeln der Unternehmen orientiert sich immer seltener an traditionellen Branchengrenzen. Horizontale, vertikale und branchenübergreifende Wettbewerbsstrategien gewinnen weiter an Bedeutung. Zudem ist zu beobachten, dass der traditionelle Wettbewerb auf einzelnen Wertketten des Wertsystems neuerdings durch Wettbewerbsaktivitäten auf einzelnen Stufen der Wertketten anderer Unternehmen (**Wertschichtenwettbewerb**) eine neue Dimension erhält. Dieses Verhalten ist bei touristischen und nicht-touristischen Unternehmen zu beobachten. Alles in allem bieten sich durch den Strukturwandel des Wettbewerbs **Chancen** für Touristische Regionen, durch grenzenlose Aktivitäten Wettbewerbsvorteile bzw. Wachstum zu realisieren. Durch die Ausdehnung des Einflusses auf die vor- und nachgelagerten Stufen der Dienstleistungskette kann vor allem Qualität gesichert werden, durch die Beteiligung am Wertschichtenwettbewerb in- und außerhalb der Tourismusbranche können zusätzliche Geschäftsfelder aufgebaut werden. Mit Club Med World in Paris und Club Robinson-in-town-Oasen in Deutschland bestehen bereits zwei Unternehmensmodelle in der Praxis, die der **Vision der grenzenlosen Destination** sehr nahe kommen. Diese Unternehmen leiten die Positionierung der Clubs in den Quellregionen aus der Philosophie der etablierten Clubs in den Touristischen Regionen ab.

Durch die Untersuchung werden auch **Risiken** deutlich, die die Realisierung grenzenloser Destinationen behindern bzw. verhindern können. Die strategische Ausgangssituation kleiner, unprofilierter Touristischer Regionen erscheint als chancenlos für die Implementierung einer grenzenlosen Touristischen Region. Auch ein enger Wettbewerbshorizont und fehlende Managementerfahrung der beteiligten Akteure verringern die Chancen, durch grenzenloses Handeln Wettbewerbsvorteile aufzubauen. Prädestinierten Touristischen Regionen muss es gelingen, dass alle Leistungsträger gemeinsam die Vision der grenzenlosen Destination verfolgen. Darüber hinaus stellen insbesondere die großen Tourismus- und Freizeitkonzerne eine **Bedrohung** für die Realisierung grenzenloser Destinationen dar, weil sie aufgrund ihrer Finanzstärke und Marktmacht als Anspruchsgruppe oder Wettbewerber maßgeblich die Implementierung positiv wie negativ beeinflussen können. Es wird sich als schwierig erweisen, gegen die Interessen der Konzerne grenzenlose Destinationen zu etablieren, es sei denn, es handelt sich um Nischen.

III Strategiealternativen für grenzenlose Destinationen

In Anlehnung an den Marketingplanungsprozess (vgl. Kapitel I 2, S. 8-14) werden in diesem Kapitel Strategiealternativen für Touristische Regionen, die durch die Erweiterung des Wertsystems realisiert werden können, auf der grundsatzstrategischen und instrumentalstrategischen Ebene diskutiert. Grundsatzstrategische Entscheidungen grenzen das marketingpolitische Entscheidungsfeld für die Instrumentalstrategien ein. Folglich werden im ersten Schritt grundsatzstrategische Alternativen dargelegt, bevor daraus abgeleitet im zweiten Abschnitt instrumentalstrategische Alternativen diskutiert werden. Der Markenerweiterung ist ein eigener Abschnitt gewidmet, weil es sich dabei vermutlich um eine ganz wesentliche Strategie für die Realisierung grenzenloser Destinationen handelt.

1 Grundsatzstrategische Entscheidungen

„Generell gilt, dass es Aufgabe einer Grundsatzstrategie ist, die zukünftige Stellung einer Marke im Markt und im Wettbewerb festzulegen, um dadurch Wege zu einem effizienten Einsatz des Marketing-Mix zu weisen (Haedrich/Tomczak, 1996b, S. 99).“ Es würde den Rahmen dieser Arbeit sprengen, grundsatzstrategische Alternativen am Beispiel der vielen verschiedenen in der Literatur vorgestellten Konzepte zu diskutieren, zumal die Konzepte in der Regel lediglich Teilbereiche des marketingstrategischen Verhaltens zum Inhalt haben. Überschaubar und sinnvoll dagegen scheint eine Konzentration auf die **vier Hierarchieebenen** Strategie-Position, Strategie-Stil, Strategie-Substanz und Strategie-Absicherung, da diese alle Dimensionen aller einschlägigen Grundsatzstrategien vereinen (vgl. Haedrich/Tomczak, 1996b, S. 130). In Anlehnung an diese vier Hierarchieebenen grundsatzstrategischer Entscheidungen werden die Strategiealternativen diskutiert.

Diese Hierarchisierung orientiert sich am Ablauf des Marketingplanungsprozesses und ist in vier Ebenen untergliedert. Auf der ersten Ebene erfolgt die Fixierung der angestrebten Marktposition, die sog. Strategie-Position. Auf der zweiten Ebene wird die angestrebte Rolle im Markt (Strategie-Stil) festgelegt, auf der dritten Ebene die Art des im Markt angestrebten strategischen Vorteils (Strategie-Substanz) und auf der vierten Ebene die Form der angestrebten Präsenzsicherung (Strategie-Absicherung) (vgl. Haedrich/Tomczak, 1996b, S. 126ff).

1.1 Strategie-Position

Die Positionierung beschreibt die Position der verschiedenen miteinander im Wettbewerb stehenden Produkte bzw. Marken in einem sog. Eigenschaftsraum, und zwar aus der Perspektive der anvisierten Zielgruppe. Im Mittelpunkt der **ersten Strategieebene** steht die grundlegende Frage, ob die bisherige Position im Markt beibehalten, eine erweiterte bzw. verlagerte oder eine neue Position im Markt angestrebt werden soll.

Die **Positionierungsziele** können **beibehalten** werden, wenn der bisherige angesprochene Kundennutzen auch weiterhin für die bisherige Zielgruppe relevant ist und dieser vorhandene Nutzen ausreicht, um die Marke bzw. Destination auch weiterhin möglichst dauerhaft von den Wettbewerbsangeboten positiv abzugrenzen. Eine Erweiterung des Wertsystems ist in diesem Fall für die Destination unter bestimmten Umständen auf der instrumentalstrategischen Ebene relevant.

Umpositioniert werden muss, wenn die Konzentration auf die bisherige Zielgruppe wirtschaftlich nicht mehr tragfähig ist. In diesem Fall soll einerseits der bisherige Zielgruppenkern weitgehend erhalten werden, andererseits eine gewisse Zielgruppen-Verlagerung bzw. –Erweiterung erfolgen. Hierbei ist es notwendig, auf grundsatzstrategischem Niveau anzusetzen. So können beispielsweise Destinationen, die eine Präferenzstrategie verfolgen, diese inhaltlich variieren, um auch die Nutzenerwartungen (Bedürfnisse) von Randzielgruppen zu erfüllen (vgl. Haedrich/Tomczak/Kaetzke, 2003, S. 62f). Eine Umpositionierung durch die Erweiterung des Wertsystems ist aber nur dann sinnvoll, wenn dadurch artikulierte oder auch latente Bedürfnisse der veränderten Zielgruppe erfüllt werden können. Im Rahmen der Primäruntersuchungen dieser wissenschaftlichen Arbeit wurden darüber neue Erkenntnisse gewonnen, die in Kapitel IV dargestellt werden.

Bei einer **Neupositionierung** wird von einer stark veränderten Zielgruppe ausgegangen. Diese Marketingstrategie sollte verfolgt werden, wenn auf der Basis der bisherigen Strategie keine Marktchancen mehr bestehen (vgl. Haedrich/Tomczak/Kaetzke, 2003, S. 64). Destinationen stehen grundsätzlich zwei Varianten für eine grenzenlose Neupositionierung zur Auswahl. Beide Varianten orientieren sich an einem Kundennutzen, der durch spezifische Leistungen innerhalb und außerhalb der ursprünglichen Destination erfüllt werden kann. Der Unterschied dieser Varianten erklärt sich über die Bedeutung, die die ursprüngliche Destination für die Zielgruppe hat. Eine Variante positioniert die Destination neu, unter Berücksichtigung von Erfolgsfaktoren, die sich durch die Erweiterung des Wertsystems ergeben. Die zweite Variante positioniert eine neue Destination über einen Kundennutzen, der grenzenlos sowohl in der ursprünglichen Destination als auch in der Quellregion erfüllt werden kann. Eine derartige Positionierung würde einem Paradigmenwechsel bisheriger Marketingstrategien von (touristischen) Destinationen gleichkommen, denn sie entgrenzt touristische und nicht-touristische Leistungssysteme. Sie entspräche in reinster Form der Vision einer grenzenlosen Destination, wie sie zu Beginn dieser Arbeit formuliert wurde. Diese Marketingstrategie strebt eine Destination an, die sich von ihren ursprünglichen Grenzen löst und als sensualisierte Marke ein grenzenloses Netzwerk destinationstypischer Angebote markt- und wettbewerbsorientiert steuert. **Grenzenlose Neupositionierungen** von touristischen Destinationen unterscheiden sich demnach grundsätzlich dadurch, ob der Kundennutzen mit oder ohne räumlicher Entgrenzung der touristischen und nicht-touristischen Leistungssysteme erfüllt werden kann (vgl. hierzu Ausführungen in Kapitel V, S. 187-203).

1.2 Strategie-Stil

Auf der **zweiten Strategieebene** wird das Verhalten der Unternehmen gegenüber den Wettbewerbern und damit verknüpft über den Grad der Marktabdeckung entschieden (vgl. Abb. 20, S. 108). Das **Wettbewerbsverhalten** ist abhängig von der jeweiligen Marktstellung bzw. vom Marktanteil und der Zielsetzung des Unternehmens in Relation zu den direkten Wettbewerbern in einem relevanten Markt, wobei eine Stellung im Markt als Marktführer, Marktherausforderer, Marktmitläufer und Marktnischenbearbeiter besetzt werden kann. Das Wettbewerbsverhalten wird durch vier Strategiestile bestimmt. Dabei geht es auf der einen Seite darum, wie konkurriert wird (aggressiv oder defensiv) und auf der anderen Seite darum, in welcher Weise auf die Wettbewerbsregeln eingewirkt werden soll (aktiv oder passiv) (vgl. Haedrich/Tomczak, 1996b, S. 113ff; Kotler/Bliemel, 2006, S. 684ff; Kreilkamp, 1987, S. 173ff).

	passives Wettbewerbs-verhalten	aktives Wettbewerbs-verhalten
defensives Wettbewerbs-verhalten	Markt-mitläufer ②	Markt-nischen bearbeiter ④
aggressives Wettbewerbs-verhalten	Markt-führer (+ Marktheraus-forderer ①	Markt-heraus-forderer (+ Marktführer) ③

Abbildung 20: Die vier Strategiestile

Quelle: Haedrich/Tomczak, 1996b, S. 115

Aggressives Wettbewerbsverhalten zeichnet sich dadurch aus, dass die Unternehmen die Aktivitäten, auf die ihr bisheriger Markterfolg zurückzuführen ist, intensivieren. Diese Strategievariante bleibt deshalb Destinationen vorbehalten, die bereits grenzenlos, d.h. auf vor- und nachgelagerten Stufen der eigenen Wertschöpfungskette oder in branchenfremden Wertsystemen handeln, denn sie können sich im erweiterten Wertsystem nur aggressiv verhalten, wenn sie bereits grenzenlos agieren. Wenn die Destination St. Moritz den Ausbau der Markentransferstrategie forcieren würde, wäre dies ein Beispiel für aggressives Wettbewerbverhalten in der Praxis (Markentransfer von St. Moritz, vgl. S. 97) **Defensives Wettbewerbsverhalten** äußert sich dagegen darin, dass ein Unternehmen seine bisherigen Marketingaktivitäten beibehält bzw. nur geringfügig verändert.

Aktives Wettbewerbsverhalten ist innovativ und äußert sich darin, dass Unternehmen sich Wettbewerbsvorteile verschaffen, indem sie die branchenüblichen Wettbewerbsregeln verändern. In einem Markt, indem bisher nicht grenzenlos gehandelt wird, können Destinationen ihr Wettbewerbsverhalten beispielsweise durch die Erweiterung des Wertsystems aktiv gestalten, sofern sie dadurch Wettbewerbsvorteile erzielen können. **Passives Wettbewerbsverhalten** ist dagegen konservativ und zeichnet sich dadurch aus, dass die Unternehmen sich an die branchenüblichen Wettbewerbsregeln halten und diese akzeptieren.

In den Märkten, in denen die beteiligten Destinationen ihr Wertsystem bisher nicht vertikal oder branchenübergreifend erweitert haben, stellen Aktivitäten in dieser Richtung grundsätzlich ein aktives Wettbewerbsverhalten dar. Infolgedessen stehen in diesen Märkten für die Destinationen, die grenzenlos handeln wollen, nur zwei Strategiestile zur Wahl. Sie können das aktive Wettbewerbsverhalten mit aggressivem oder mit defensivem Verhalten kombinieren (vgl. Abb. 20, S. 108). **Aggressives und aktives Wettbewerbsverhalten** (Strategiestil 3) eignet sich unter diesen Bedingungen für Marktherausforderer und Marktführer. Als **Marktherausforderer** sind Destinationen zu bezeichnen, die in einem Markt an zweiter, dritter oder vierter Stelle stehen und den Marktführer angreifen wollen, um auf dessen Kosten ihre Marktanteile zu vergrößern. Destinationen in dieser Position können versuchen, dieses Ziel zu erreichen, indem sie ihre bisherigen Marketingaktivitäten intensivieren (z.B. Ausbau des Vertriebs über Reiseveranstalter) und gleichzeitig außerhalb des eigenen Wertsystems aktiv werden (z.B. Aufbau eigener Vertriebsbüros in den Quellregionen). **Marktführer** haben den größten Marktanteil im relevanten Markt und spielen bei der Neuprodukteinführung, bei Preisänderungen und neuen vertriebspolitischen Entwicklungen meist die führende Rolle. Sie verhalten sich im Wettbewerb aggressiv und aktiv, wenn sie die eigenen Marktanteile weiter ausbauen wollen und in Situationen, in denen sie ihre Marktposition gegenüber Marktherausforderern aktiv verteidigen müssen.

Der zweite Strategiestil für Destinationen, die noch nicht grenzenlos handeln, zeichnet sich durch **defensives und aktives Wettbewerbsverhalten** aus, was der aktiven Suche nach Marktnischen entspricht (Strategiestil 4, vgl. Abb. 20, S. 108). Charakteristisch für **Marktnischenbearbeiter** ist, dass sie den Wettbewerb mit Unternehmen, die den Gesamtmarkt bedienen, vermeiden wollen. Sie konzentrieren sich auf Marktsegmente, die sie durch entsprechende Spezialisierung besser bedienen können als die Anbieter des Gesamtmarktes. Diese Strategie ist beispielsweise für einen kleineren Kurort in Deutschland denkbar, der sich auf ganzheitliche Gesundheitsvorsorge spezialisieren und die anvisierte Zielgruppe auch zu Hause mit entsprechenden Produkten und Dienstleistungen versorgen könnte.

In den Märkten, in denen bereits heute grenzenlos gehandelt wird, erweitern sich die Strategiealternativen für das Wettbewerbsverhalten der beteiligten Destinationen um zwei Strategiestile (vgl. Abb. 20, S. 108). Destinationen mit **aggressivem und passivem Wettbewerbsverhalten** zeichnet aus, dass sie, neben anderen, ihre vertikalen und ggf. branchenübergreifenden Marketingaktivitäten intensivieren, sofern diese Erfolgsfaktoren für die Marktposition darstellen. Sie halten sich aber ansonsten an die branchenüblichen Wettbewerbsregeln. Dieser Strategiestil eignet sich vor allem für marktführende und bedingt auch für marktherausfordernde Destinationen. **Defensives und passives Verhalten** ist charakteristisch für Marktmitläufer. Diesen Strategiestil könnten Destinationen verfolgen, denen besondere Wettbewerbsvorteile fehlen oder denen die Rolle des Marktherausforderers zu riskant ist.

1.3 Strategie-Substanz

Auf der **dritten Strategieebene** (Strategie-Substanz) wird über die Art des im Markt angestrebten strategischen Vorteils entschieden. Dies geschieht in Abhängigkeit von der angestrebten Strategie-Position und dem festgelegten Strategiestil. Die Entscheidungen, die über die Strategie-Substanz getroffen werden müssen, umfassen zwei Dimensionen, und zwar die Differenzierung der Marktbearbeitung und die Art der Marktbeeinflussung (vgl. Haedrich/Tomczak, 1996b, S. 129).

Im Rahmen der Dimension **Differenzierung der Marktbearbeitung** muss die Destination eine Entscheidung darüber fällen, ob sie den Markt unter Einsatz eines differenzierten Marketing-Mix oder undifferenziert bearbeiten möchte. **Ziel der Differenzierung** ist es, durch intensive Bearbeitung einzelner Marktsegmente eine führende Position im Gesamtmarkt zu erreichen (vgl. Haedrich/Tomczak, 1996b, S. 116f; Porter, 1999, S. 40f). In diesem Fall soll das jeweilige Produkt als einzigartig von den Abnehmern wahrgenommen werden (Qualität, Marke, Image, Service). „Hierzu ist es notwendig, die zu deckenden Grund- und Zusatzbedürfnisse der Zielgruppe differenziert zu erfassen, um die Basis zur Erlangung eines *multidimensionalen* Wettbewerbsvorteils zu schaffen (Haedrich/Tomczak, 1996, S. 116f)." Gelingt es einem Unternehmen, eine einmalige Position einzunehmen, wird es für diese Einmaligkeit mit höheren Preisen belohnt. Mit einem überdurchschnittlichen Ergebnis ist aber erst dann zu rechnen, wenn die erzielten Preiserhöhungen über den Zusatzkosten für die Einmaligkeit liegen (vgl. Porter, 1999, S. 41). **Undifferenzierte Marktbearbeitung** ohne Positionierungsziel ist dagegen in der Regel immer mit einer Profilierung über den Preis verbunden (vgl. Haedrich/Tomczak, 1996b, S. 116f; Porter, 1999, S. 40f).

Destinationen haben theoretisch die Möglichkeit, eine Differenzierung über eine Erweiterung des Wertsystems anzustreben. In diesem Fall müsste eine Differenzierung über Merkmale erfolgen –wahrscheinlich zusätzlich zu klassischen Merkmalen-, die ausschließlich mit grenzenlosen Destinationen verbunden sind. Eine derartige Strategie kann aber nur erfolgreich sein, wenn die ausgewählten Merkmale der Grenzenlosigkeit von der Zielgruppe als wichtig erachtet werden und die Destination tatsächlich die einmaligen Ressourcen und Fähigkeiten besitzt, diese Bedürfnisse zu befriedigen.

Neben der Differenzierung der Marktbearbeitung muss ein Unternehmen über die **Art der Marktbeeinflussung** entscheiden. Zur Auswahl stehen dafür zwei grundlegende Basisstrategien, und zwar die Präferenzstrategie (vgl. Becker, 2006, S. 182ff) und Preis-Mengen-Strategie (vgl. Becker, 2006, S. 214ff). Die **Preis-Mengen-Strategie** ist auf Zielgruppen ausgerichtet, die ihre Kaufentscheidung in erster Linie aufgrund der Kostenersparnis treffen, die sie bei der Auswahl zwischen mehreren im Wettbewerb stehenden Produkten oder –Dienstleistungen erzielen können. Für Destinationen, die eine Preis-Mengen-Strategie verfolgen, ist gegenwärtig die Erweiterung des Wertsystems vermutlich auszuschließen, denn „Wettbewerbsvorteile sollen primär durch den >>aggressiven<< Einsatz preispolitischer Mittel erreicht werden; der Einsatz der übrigen Marketinginstrumente erfolgt nur insoweit, wie es für das Zustandekommen einer Marktleistung erforderlich ist (Haedrich/Tomczak, 1996b, S. 108).“

„Ziel einer **Präferenzstrategie** hingegen ist es, durch den Aufbau eines Markenimages (multi-dimensionale Präferenzbildung) den Preiswettbewerb weitgehend durch einen Qualitätswettbewerb zu ersetzen (Haedrich/Tomczak, 1996b, S. 108).“ Präferenzstrategien sind auf sog. Markenkäufer ausgerichtet, bei denen der subjektiv wahrgenommene Leistungsvorteil des Produkts oder der Dienstleistung bei der Kaufentscheidung vor dem Kostenvorteil rangiert. Der Leistungsvorteil könnte durch die Erweiterung des Wertsystems ausgebaut werden unter der Bedingung, dass sich dies positiv auf die vom Kunden wahrgenommene Leistung einer Destination auswirkt. Dafür müssen die vertikalen und branchenübergreifenden Aktivitäten den Bedürfnissen der anvisierten Zielgruppe entsprechen. Die Primäruntersuchungen, die im Rahmen dieser wissenschaftlichen Arbeit durchgeführt wurden, tragen dazu bei, über diesen Zusammenhang neue Erkenntnisse zu gewinnen (vgl. Kapitel IV).

In der Unternehmenspraxis bestehen auch **Misch- bzw. Durchgangsstrategien** zwischen diesen beiden Basisstrategien, bei denen qualitäts- und preiswettbewerbliche Aspekte simultan berücksichtigt werden (vgl. Haedrich/Tomczak, 1996b, S. 109). Die Unternehmen laufen dabei allerdings Gefahr, sich weder über einen Preisvorteil noch über einen besonderen Produktvorteil profilieren zu können. Destinationen in einer derartigen „weder-noch-Position“ könnte es gelingen, durch die Erweiterung ihres Wertsystems ihre Marktposition in Richtung Präferenzstrategie zu verändern (sog. Trading-up). Dies gilt allerdings nur unter der Voraussetzung, dass dadurch für die anvisierte Zielgruppe ein bedeutender Zusatznutzen geschaffen wird (Trading-up Strategie, vgl. S. 73-74).

1.4 Strategie-Absicherung

Auf der **vierten Strategieebene** wird die Form der angestrebten Präsenzsicherung, der sog. Strategie-Absicherung, entschieden. Im Mittelpunkt dieser Strategieentscheidung steht die Frage, wie Unternehmen sich physische und kommunikative Präsenz in den Absatzmärkten verschaffen und sichern. Meffert/Kimmeskamp unterscheiden **vier Basisstrategien der Präsenzsicherung**: Anpassungsstrategie, Konfliktstrategie, Kooperationsstrategie und Umgehungsstrategie (vgl. Meffert/Kimmeskamp, 1983, S. 214ff). Parameter für die Unterscheidung der Strategietypen sind auf der einen Seite die **aktive bzw. passive Gestaltung der Absatzwege** durch die Unternehmen und auf der anderen Seite die **aktive bzw. passive Reaktion auf die Marketingaktivitäten der Vertriebspartner** (vgl. Abb. 21, S. 113). Die Extrempositionen besetzen die Anpassungsstrategie und die Umgehungsstrategie. Bei der **Anpassungsstrategie** wird auf >>branchenübliche<< und >>bewährte<< Vertriebsorganisation gesetzt, bei der **Umgehungsstrategie** werden dagegen neue und eigene Vertriebsorganisationen aufgebaut. Die Mittellagen besetzen die Konfliktstrategie und die Kooperationsstrategie. Ziel der **Konfliktstrategie** ist es, „die Marketingführerschaft im Distributionssystem zu erlangen, um die eigenen Interessen auch gegen den Widerstand des Handels durchzusetzen (Haedrich/Tomczak, 1996b, S. 120).“ Die **Kooperationsstrategie** zeichnet sich dadurch aus, dass die Umsatz, Kosten und Gewinnsituation der beteiligten Unternehmen im Vergleich zu einem nichtkooperativen Vorgehen verbessert werden soll (vgl. Haedrich/Tomczak, 1996b, S. 121). Die kooperativen Vertragsbeziehungen zwischen Destinationen und Reisevermittlern könnten beispielsweise von losen Absprachen bis zu Franchisepartnerschaften reichen.

Marketingverhalten des Herstellers	aktiv in der Gestaltung der Absatzwege	passiv in der Gestaltung der Absatzwege
aktiv in der Reaktion auf Marketingaktivitäten des Handels	**Umgehung**	**Kooperation**
passiv in der Reaktion auf Marketingaktivitäten des Handels	**Konflikt**	**Anpassung**

Abbildung 21: Basisstrategien der Präsenzsicherung

Quelle: Meffert/Kimmesmann, 1983, S. 216

In den Märkten, in denen die beteiligten Destinationen bisher **keine eigenen Vertriebsorganisationen** außerhalb des eigenen Wertsystems aufgebaut haben, bedeutet der Einstieg in grenzenlose Aktivitäten, „aktiv in der Gestaltung der Absatzwege" zu sein. Unter diesen Umständen haben Destinationen die Möglichkeit, durch die Erweiterung des Wertsystems die bisherigen branchenüblichen Vertriebspartner zu umgehen (**Umgehungsstrategie**) oder sie können versuchen, die bestehenden Vertriebswege in den Quellmärkten ohne besondere Rücksicht auf die Vertriebspartner selbst aktiv zu gestalten (**Konfliktstrategie**).

Anpassungsstrategie und **Kooperationsstrategie** stehen in Märkten, in denen noch nicht grenzenlos gehandelt wird, nicht zur Wahl, denn diese Strategievarianten zeichnen sich dadurch aus, dass die Vertriebspolitik branchenüblich gestaltet wird, was in diesem Fall für Destinationen den Verzicht auf grenzenlose Aktivitäten bedeuten würde. In Märkten, in denen bereits grenzenlos gehandelt wird, erweitern sich dagegen die Strategiealternativen der Präsenzsicherung um die Anpassungsstrategie und Kooperationsstrategie.

2 Instrumentalstrategische Entscheidungen

Im folgenden Kapitel werden instrumentalstrategische Alternativen diskutiert, die sich zur Durchsetzung grenzenloser Destinationen eignen (Strategische Unternehmens- und Marketingplanung, vgl. Kapitel I 2.2, S. 10-12)

2.1 Angebotspolitik / Leistungspolitik

Aus den grundsatzstrategischen Alternativen für grenzenlose Destinationen lassen sich verschiedene Ansätze für die Gestaltung der Angebotspolitik / Leistungspolitik ableiten. Die **Erweiterung des Wertsystems mit unveränderter Positionierung** beinhaltet die vertikale ggf. auch branchenfremde Integration bzw. Realisierung von Produkten und Dienstleistungen, die aus der gegenwärtigen Positionierung abgeleitet werden können.

Andere Ansätze beinhalten die **Erweiterung des Wertsystems als Kernleistung** und Erweiterung des Wertsystems **als Zusatzleistung**. Unter **Kernleistung** sind die Leistungsbestandteile zu verstehen, die zur Realisierung des Grundnutzens notwenig sind, welcher beispielsweise über Erlebnisse, Erholung oder auch Aktivitäten abgegrenzt werden kann. Durch die Kernleistung, die von entsprechenden Leistungsträgern angeboten wird, kann bereits eine USP (Unique Selling Proposition) aufgebaut werden, wenn dadurch bereits ein höherer Nutzen im Vergleich zum Wettbewerb gestiftet wird. Ist dem nicht so, kann eine Erweiterung des Grundnutzens durch einen sog. Grundnutzenanbau erfolgen, um dadurch insgesamt eine Wettbewerbsdifferenz zu bewirken. Der Grundnutzen kann aber auch durch Zusatzleistungen aufgewertet werden. In diesem Fall wird der Grundnutzen im Hinblick auf die Problemlösung der anvisierten Zielgruppe durch materielle sowie immaterielle **Zusatzleistungen**[13] ergänzt, wobei das Angebot der Zusatzleistungen durch den Grundnutzen der Kernleistung determiniert wird. Auch bereits bestehende Zusatznutzen, die durch eine Erweiterung des Wertsystems erfüllt werden, können erweitert werden, was in der wissenschaftlichen Literatur als Zusatznutzenanbau bezeichnet wird. Auf der Leistungsebene bedingt dies eine Erweiterung der Zusatzleistungen (vgl. Becker, 2006, S.

---

[13] „Hinsichtlich der zu erfüllenden Funktion von Zusatzleistungen kann folgende Differenzierung vorgenommen werden (Jugel/Zerr, 1989, S. 169; Meyer 1998, S. 728): **Obligatorische ergänzende Leistungen** sind für die Erstellung der Kernleistung zwingend notwendig (Check-in, Boarding im Luftverkehr) und somit auf die Erfüllung des Grundnutzen fokussiert. Eine Wettbewerbsdifferenzierung ist hierdurch kaum möglich. ... **Unmittelbar fakultative ergänzende Dienstleistungen** sind keine notwendigen Bestandteile der Dienstleistung, beziehen sich jedoch auf eine bessere Funktionserfüllung der Kernleistung und steigern somit dessen Attraktivität. ... **Mittelbar fakultative ergänzende Dienstleistungen** stehen in keinem Zusammenhang zur Kernleistung und dienen einer Stärkung der emotionalen Bindung des Kunden an den Anbieter. Aufgrund der psychologischen Dimension ist der geschaffene Zusatznutzen zur Profilierung besonders geeignet (zum Beispiel Lufthansa-Kreditkarten) (Meffert/Bruhn, 2006, S. 403).“

158ff; Bieger, 2005, S.28ff; Kotler/Bliemel, 2006, S. 716f; Meffert/Bruhn, 2006, S. 393ff)

2.1.1 Erweiterung des Wertsystems als Zusatzleistung

Reisende unternehmen bereits vor und auch nach der Reise Aktivitäten, die im Zusammenhang zur Reise stehen. Daraus ergeben sich Chancen für Destinationen, mit Aktivitäten außerhalb des eigenen Wertsystems Zusatzleistungen zu schaffen, die von ihren Gästen als Zusatznutzen wahrgenommen werden. Auf diese Weise könnten Wettbewerbsvorteile aufgebaut werden.

Während der Vorbereitungsphase beschäftigen sich beispielsweise sehr viele Reisende mit der Suche nach allgemeinen und auch speziellen Informationen über Touristische Regionen. Bei der Haupturlaubsreise 2000 haben laut Reiseanalyse 35 Prozent der Urlaubsreisenden sich eine Auskunft in einem Reisebüro geholt und 6 Prozent haben das Internet genutzt (vgl. F.U.R., 2001, o.S.). 1992[14] haben 50 Prozent der Urlaubsreisenden Kataloge oder Prospekte von Reiseveranstaltern, Leistungsträgern bzw. Touristischen Regionen und 26,4 Prozent haben neutrale Informationsquellen genutzt (vgl. StfT, 1993, S. 319). Für diesen Personenkreis könnten grenzenlose Destinationen Nutzenvorteile aufbauen, wenn es ihnen gelingt, die Suchkosten für die Reisenden zu verringern, darunter ist der materielle und zeitliche Aufwand zu verstehen, der einem Kunden durch die Suche nach Informationen bzw. nach dem richtigen Produkt entsteht. Grenzenlose Destinationen sollten versuchen, **Informationssysteme** in den Quellregionen zu implementieren, die den Suchprozessen der potentiellen Kunden entsprechen, um auf diese Weise Wettbewerbsvorteile aufzubauen.

Merchandising, im Sinne des Anbietens destinationstypischer Produkte in den Quellmärkten, kann in der Verlängerungsphase des Urlaubs von den Touristen als Zusatzleistung einer Destination wahrgenommen werden, denn gerade bei Dienstleistungsmarken muss nach Graumann „die Möglichkeit gegeben werden, den Genuss einer Dienstleistung über die Kontaktphase hinaus zu verlängern, indem man sie im weitesten Sinne „vorzeigbar macht“. Solches dient zum einen der eigenen Erbauung durch die Verstärkung der Erinnerung und zum anderen der Erzielung von Prestige-Effekten (Graumann, 1983, S. 162).“ Im Rahmen der Primärforschung sind einige er-

---

[14] Spätere Untersuchungen sind nicht mehr veröffentlicht worden.

gänzende Erkenntnisse zu den Themen Informationsphase und Verlängerungsphase gewonnen worden (vgl. hierzu Kapitel IV 1.5-1.8, S. 138-166).

Die Erweiterung des Wertsystems der Destinationen als Zusatzleistung kann eine Destination alleine oder im Verbund mit anderen Unternehmen realisieren. Bei den **Leistungsverbünden** wird die bereits bestehende Dienstleistung mit den Verbundpartnern in neuartiger Weise miteinander kombiniert, wobei der subjektiven Affinitätswahrnehmung seitens der Konsumenten in Bezug auf die kombinierten Teilleistungen wesentliche Bedeutung für den Markterfolg zukommt (vgl. Meffert/Bruhn 2006, S. 247ff)."

2.1.2 Erweiterung des Wertsystems als Kernleistung

Eine Erweiterung des Wertsystems zur Realisierung des Grundnutzens einer Destination ist dann produktpolitisch zu vollziehen, wenn die angestrebte Positionierung auf einem Kundennutzen aufbaut, der teilweise auch außerhalb der Destination erfüllt werden muss. Unter diesen Umständen müssen Kernleistungen der grenzenlosen Destination teilweise über eine Erweiterung des Wertsystems abgesichert werden. Das Positionierungsziel einer grenzenlosen Destination als Wandlungsmoderator[15] eignet sich sehr gut als Beispiel, um den Zusammenhang zwischen grundsatzstrategischen Entscheidungen und instrumentalstrategischen Entscheidungen darzustellen. Grundnutzen einer grenzenlosen Destination als Wandlungsmoderator wäre es, Veränderungen im Leben von sog. Wandlungsanwärtern (Zielgruppen) herbeizuführen. Wandlungsanwärter sind Konsumenten, die bestimmte Veränderungen im Leben anstreben. Angebots- bzw. leistungspolitisches Ziel einer grenzenlosen Destination als Wandlungsmoderators ist es, destinationstypische Leistungssysteme zu entwickeln, die es dem Konsumenten ermöglichen, in und außerhalb der ursprünglichen Destination Angebote vorzufinden, die ihm das Erreichen der angestrebten Veränderung dauerhaft ermöglichen. Produktpolitisch erfordert diese Strategie die Schaffung bzw. Integration eines breiteren Spektrums destinationstypischer Angebote in den Quellregionen unter die Destinations-Marke.

---

[15] In Kapitel II 2.3, S. 51-56 wird auf den Trend der Wandelorientierung eingegangen und es wird die Rolle der Destination als Wandlungsmoderator diskutiert.

2.1.3 „Export" destinationstypischer Leistungen

Für grenzenlose Destinationen hat die Exportfähigkeit destinationstypischer Leistungen produktpolitische Relevanz. Dieses Thema ist in Bezug auf Destinationen in der Literatur bisher nicht diskutiert worden. Aus diesem Grund werden wissenschaftliche Erkenntnisse über Dienstleistungen im Allgemeinen herangezogen. Abgeleitet aus der **Typologisierung internationaler Dienstleistungen auf der Basis konstitutiver Dienstleistungsmerkmale** werden im Folgenden die Exportfähigkeit und Organisationsformen des Exports destinationstypischer Leistungen dargestellt. Diese Typologisierung basiert auf den konstitutiven Merkmalen von Dienstleistungen, der Intangibilität und der Interaktionsintensität (vgl. Meffert/Bruhn 2006, S. 783ff; vgl. Vandermerve/Chadwick, 1991, S. 50ff).

Der **Direktexport** von Produkten und Dienstleistungen ist danach möglich, wenn Intangibiliätsgrad und Interaktionsintensität ***gering*** sind. Übertragen auf materielle Leistungen der Destinationen heißt das, dass Hersteller von destinationstypischen Produkten wie CDs, Lebensmitteln, Bekleidung und Literatur Direktexporte durchführen können.

Franchisesysteme, Co- Produktionen (z.B. Joint- Venture) und **Lizenzierungen** eignen sich für Leistungsträger mit einem ***mittleren*** Intangibiliätsgrad und einer ***mittleren*** Interaktionsintensität als Vertriebsformen. Zu diesem Typ zählen beispielsweise Hotels, Gastronomie und Unterhaltungsanbieter der Destinationen.

Dienstleistungen mit ***hohem*** Intangibilitätsgrad und mit ***hoher*** Interaktionsintensität gelten bisher als nicht exportfähig, denn sie können bislang nur durch **Unternehmenskäufe** oder **eigene Niederlassungen** expandieren. Moderne Standardisierungstechniken und moderne informations- und kommunikationstechnologische Entwicklungen ermöglichen aber zunehmend den Wandel ortsgebundener Branchen zu exportfähigen Branchen (vgl. Vandermerve/Chadwick, 1991, S. 54). So könnten Destinationen beispielsweise live bei destinationstypischen Veranstaltungen in den Quellregionen zugeschaltet werden und gleichzeitig könnten die Teilnehmer dieser Veranstaltungen online miteinander kommunizieren und sich ggf. auch virtuell berühren.

Insgesamt wird deutlich, dass grenzenloses Handeln der Destinationen neue Anforderungen an die Leistungsträger der Destinationen stellt. Ausschlaggebend für die Erweiterung des Wertsystems durch den Export destinationstypischer Produkte dürfte dabei die Entwicklung eines integrierten Produktentwicklungskonzeptes durch die beteiligten Leistungsträger der Destinationen sein. So könnten beispielsweise innovative destinationstypische Produkte in den Quellmärkten von den Leistungsträgern einer grenzenlosen Destination gemeinsam produziert werden, indem Leistungssysteme durch einen Mix aus Direktexporten, Co-Produktionen, Franchisesystemen, Lizenzierung entwickelt werden. Potentielle Kunden für diese Leistungssysteme können Personen mit Destinationserfahrung sein. So können für die Destination funktionale Zusatzmärkte erschlossen werden (vgl. Becker, 2006, S. 153). Destinationen können sich dadurch auch neue Teilmärkte schaffen, indem Freizeit-immobile Zielgruppen bzw. Nichtreisende mit hoher Affinität gegenüber destinationstypischen Angeboten erschlossen werden. Diese Strategievariante ist dann besonders interessant, wenn Destinationen Leistungen exportieren können, die sie bereits herstellen, weil auf diese Weise relative Einsparungen durch Skalen oder Größendegressionseffekte verwirklicht werden können (vgl. Becker, 2006, S. 155).

2.2 Vertriebspolitik

Vertriebspolitische Ziele der Destinationen fokussieren aufgrund des bestehenden Selbstverständnisses des Leistungsangebotes der Destinationen auf Vorausbuchungen von Leistungen in der Destination mittels Eigen- und Fremdvertrieb. Im Rahmen der branchenüblichen Vertriebswege haben Destinationen geringen Einfluss auf die Aktivitäten der Vertriebspartner. Destinations-Marken werden im Vertrieb in der Regel durch die Vertriebspartner, allen voran durch die Reiseveranstalter, geführt.

Grenzenlose Destinationen, die ihre Präsenz in den Quellmärkten auf der Basis der **Umgehungsstrategie** (vgl. Abb. 21, S. 113) sichern wollen, könnten beispielsweise zur Präsenzsicherung eigene Vertriebsbüros eröffnen oder ihre Produkte über Unternehmen vertreiben, die aus der Perspektive ihrer Zielgruppe in irgendeiner Weise mit der Destination verknüpft sind (z.B. Tauch-Destination über Tauchschulen).

Im Rahmen der **Kooperationsstrategie** (vgl. Abb. 21, S. 113) könnte sich grenzenloses Handeln darin äußern, dass die Destinationen gemäß der von ihnen angestrebten Positionierung Reisebüros in den Quellmärkten durch eigene Marketingaktivitäten wie Gestaltung der Einkaufsstätte, Verkaufsförderung und Art des Verkaufs mitgestalten. Denkbar wäre auch, dass die Destinationen zusammen mit ihren Vertriebspartnern mittels sog. kontextbezogener Verbundpräsentation destinationsbezogene „Sortimentsthemen“ bilden, was sich meist positiv auf den Erlebniswert einer Einkaufsstätte auswirkt (vgl. Kroeber-Riel/Weinberg, 2003, S. 431). Dazu könnte das

Sortiment im Reisebüro, neben der Vermittlung der Reisen in die Destination, durch den Verkauf von Veranstaltungen und Dienstleistungen der Destination in den Quellmärkten und vor allem durch destinationstypische Produkte erweitert und alles zusammen einheitlich präsentiert werden. Im Endeffekt würden so alle Partner profitieren.

2.3 Kommunikationspolitik

Destinationen können durch die Erweiterung des Wertsystems kommunikationspolitische Ziele verfolgen, denn dies wirkt **indirekt** auf die Ziele der Kommunikationspolitik. Die Aufgabe der Kommunikationspolitik besteht darin, die notwendige Profilleistung (Bekanntheitsgrad[16]-/Imageleistung[17]) für Marken bzw. Unternehmen zu schaffen. „Für die Profilleistung ist es notwendig, gezielt in Kommunikation zu treten mit wichtigen Ziel- bzw. Anspruchsgruppen des Unternehmens, wie Endabnehmer, Absatzmittler und Öffentlichkeit (Becker, 2006, S. 565)."

Destinationen können durch Veranstaltungen und Angebote in den Quellmärkten ihren **Bekanntheitsgrad** erhöhen, da sich so die Anzahl der Kontaktpunkte zwischen Destination und potentiellen Kunden erhöht. Diese Chance besteht aber nur, wenn diese Aktivitäten von der anvisierten Zielgruppe mit der Destination verknüpft werden. Wirkliche Synergieeffekte entstehen aber nur, wenn diese Aktivitäten den Kommunikationsetat nicht oder weniger belasten als klassische Kommunikationsmittel bei gleichem Zielerreichungsgrad.

Bekanntheitsgrad kann, muss aber noch kein Erfolgsfaktor für eine Marke oder ein Unternehmen sein. Wesentlicher für den Erfolg eines Unternehmens ist es, ein **Markenimage** gemäß den Positionierungszielen aufzubauen. Veranstaltungen und Angebote in den Quellmärkten können dazu beitragen, **Veränderungen des Images** zu bewirken, wenn die neu geschaffenen oder integrierten Leistungssysteme und Absatzorganisationen der grenzenlosen Destination gemäß den Imagezielen profiliert

16 „Der ungestützte Bekanntheitsgrad wird auch als spontane oder aktive Markenbekanntheit bezeichnet. Ihre Feststellung beruht auf Erhebungen, bei denen die Versuchsperson bei produktbezogenen Stimuli von sich aus an den Markennamen denkt und ihn nennt. Eine gestützte Markenbekanntheit liegt vor, wenn die Versuchsperson den Markennamen etwa anhand vorgelegter Listen einschlägiger Markennamen als bekannt angibt (Becker, 2006, S. 25)."

17 „Das Image ist das mentale Bild einer Person von einem Bezugsobjekt; dazu gehört alles, was die Person über das Objekt weiß, dazu glaubt, sich darunter vorstellt und damit verbindet (Kotler/Bliemel, 2006, S. 888)."

sind bzw. werden. Chancen und Risiken, die mit einer Markenerweiterung verbunden sind, werden an anderer Stelle dieser Arbeit gesondert diskutiert (Kapitel III 3, S. 120-129). Die Vertikalisierung einer Destination kann beispielsweise zur positiven Veränderung des Markenimages beitragen, wenn dadurch die Dienstleistung der Destination qualifiziert wird. Grenzenlose Destinationen können dadurch möglicherweise sogar das **Erweiterungspotential der Marke vergrößern**, wenn es ihnen gelingt, durch die Erweiterung des Wertsystems die mit der Destination (Marke) verbundenen Eigenschaftsausprägungen gemäß den Positionierungszielen zu erweitern. Chancen dafür bestehen vor allem, wenn das vorhandene Image der Marke stark nutzengeprägt ist, d.h. dass nicht ein Produkt (z.B. Berge oder Meer), sondern eine Problemlösung bzw. ein Nutzen (z.B. Erholung & Genuss, Wohlfühlen) durch die Marke repräsentiert wird (vgl. Esch/Fuchs/Bräutigam u.a., 2005, S. 923). Für solche Marken, die vor allem nutzengeprägte bzw. emotionale Images und Gedächtnisstrukturen und weniger rein produktgeprägte, funktionale Gedächtnisstrukturen aufweisen, konnte nachgewiesen werden, dass sie ein höheres Erweiterungspotential besitzen (vgl. Hätty, 1994, S. 567f).

Aufgrund der Besonderheiten der Produktion von Dienstleistungen geht es neben der Imagebildung bei der Kommunikationspolitik vor allem darum, „das **Dienstleistungspotential**, -ergebnis oder den Dienstleistungsprozess durch Visualisierung oder eine anders geartete Verdeutlichung für den Dienstleistungskonsumenten verständlich und **„sichtbar“ zu machen** (Meffert/Bruhn, 2006, S. 471).“ Mit **klassischen Verkaufsförderungsaktivitäten** in den Quellmärkten (z.B. Rod-Shows) versuchen Destinationen bereits heute, dem Konsumenten eine „Vorprüfung“ des Produkts zu ermöglichen. Erfolgversprechender zur Erreichung dieser Ziele ist allerdings eine Erweiterung des Wertsystems mit Hilfe sog. nicht-klassischer Kommunikationsinstrumente einzuschätzen, denn sie ermöglichen eine intensivere Einbeziehung des externen Faktors. Zu den **nicht-klassischen Kommunikationsinstrumenten** zählen destinationstypische Marketingveranstaltungen (z.B. Erlebnismarketing, Eventmarketing und Sponsoring).

3 Erweiterung von Destinationen durch Markenerweiterung

In der Literatur werden die Begriffe Markendehnung, Markenerweiterung und Markentransfer nicht einheitlich verwendet. Markendehnung und Markenerweiterung werden von einigen Autoren synonym verwendet, von anderen dagegen differenziert betrachtet. Im Rahmen dieser Arbeit werden die Begriffe wie folgt verwendet: **Markendehnung** ist ausschließlich die Produktlinienerweiterung[18] unter einem bestehenden Markennamen. Als **Markenerweiterung** wird dagegen die Verwendung einer Marke in einer neuen Produktkategorie bezeichnet. Dabei wird die direkte von der indirekten Markenerweiterung unterschieden. Die **direkte Markenerweiterung** beinhaltet ausschließlich die Übertragung der bestehenden Marke auf eine neue Produktkategorie. **Indirekte Markenerweiterungen** (vertikal, horizontal und branchenübergreifend) zeichnen sich dagegen dadurch aus, dass sie immer von einer Hauptmarke ausgehen, die um eine neue Markenbezeichnung oder um eine zweite bekannte Marke ergänzt wird (vgl. Esch/Fuchs/Bräutigam u.a., 2005, S. 907f). Bei der **vertikalen Markenerweiterung** wird eine Marke nach unten oder oben erweitert, indem sie mit einem Zusatz versehen wird. Damit wird das Ziel verfolgt, einzelne Imagebestandteile der Hauptmarke stärker zu betonen. Bei der indirekten **horizontalen** oder **branchenübergreifenden Markenerweiterung** werden zwei bestehende Marken miteinander kombiniert, was in der Literatur auch als Co-Branding bezeichnet wird (vgl. Esch/Fuchs/Bräutigam u.a., 2005, S. 911).

Die Definition von Markenerweiterung entspricht im Prinzip auch der Definition des **Markentransfers**, denn der idealtypische Verlauf einer Markenerweiterung umfasst die Übertragung positiver Imagekomponenten von einer etablierten Marke auf ein Erweiterungsprodukt in einer neuen Produktkategorie. (vgl. Esch/Fuchs/Bräutigam u.a., 2005, S. 907f; Becker, 2006, S. 203; Hätty, 1989, S. 49; Meffert, 1994, S. 189ff).

Im Einzelnen können unterschiedliche **Ziele** durch Markenerweiterung angestrebt werden. Durch die Verwendung des Namens und den damit verbundenen Bekanntheitsgrad einer bereits erfolgreich am Markt etablierten Marke soll der **Markteinstieg** des neuen Produkts erleichtert werden, außerdem sollen die mit der Marke verbundenen **(Wert-) Vorstellungen** auf das neue Produkt **übertragen** werden. Ziel kann auch die **Aktualisierung** und **Modernisierung der Kernmarke** sein, indem durch die Wahl der Transferpartner eine Veränderung und auch Schärfung der mit der Marke assoziierten Erlebniswelt erreicht wird. Mittel- bis langfristig kann es auch

18 „Eine Produktlinie ist eine Gruppe von Produkten, die in enger Beziehung zueinander stehen, da sie eine ähnliche Funktion erfüllen, an dieselben Zielgruppen verkauft werden, über dieselben Arten von Distributionspunkten verteilt werden oder in eine bestimmte Preisklasse fallen (Kotler/Bliemel, 2006, S. 727)."

gelingen, Konsumenten des neuen Produkts aufgrund positiver Erfahrungen an bereits länger vermarktete Produkte der Marke heranzuführen. Darüber hinaus können **Erlebniszusammenhänge** zwischen Produkten geschaffen werden, die bisher vom Konsumenten nicht als zusammengehörig erlebt wurden.

3.1 Erweiterungspotential von Marken

Die meisten Autoren in der wissenschaftlichen Literatur gehen davon aus, dass das Erweiterungspotential von Marken vom **Markenwert** abhängt: „Je höher die Bekanntheit und je prägnanter das Image der etablierten Marke ist, desto höher ist ihr Markenwert und desto besser sind die Chancen des Erweiterungsprodukts, sich in dem für das Unternehmen neuen Markt durchzusetzen und zu positionieren (Esch/Fuchs/Bräutigam u.a., 2005, S. 917)."

Begründen lassen sich diese Aussagen an Hand der Ausprägung der Marken- bzw. Produktschemata. **Marken- bzw. Produktschemata** sind Wissensstrukturen des Konsumenten über bestimmte Marken bzw. Produkte. Sie bestimmen die aktuelle Beurteilung der Konsumenten von Marken bzw. Produkten. Diese Schemata können sich auf Personen, Sachverhalte und auf Ereignisse beziehen. Außerdem gibt es Erlebnisschemata, die generell als erweiterungsfähiger als funktionale Schemata gelten. Diese Erkenntnis ist besonders hervorzuheben, da sie für die Realisierung grenzenloser Destinationen wesentliche Bedeutung haben könnte, denn auch das **Mittelmeerschema** wird beispielsweise zu den Erlebnisschemata gezählt (vgl. Kroeber-Riel/Weinberg, 2003, S. 138, S. 233f).

Je stärker eine Destination über ein **eigenständiges und differenziertes Markenschema** beim Konsumenten verfügt, desto größer ist das Erweiterungspotential der Marke. Eigenständiges Markenschema bedeutet, dass die Schemaattribute über das Produktschema hinausgehen. Typisches Beispiel hierfür ist St. Moritz. St. Moritz wird auch mit High Society, herausragender Qualität, gehobener Gastronomie, luxuriösen Veranstaltungen etc. verbunden. Bei **schwach ausgeprägtem Markenschema bzw. produktgeprägtem Markenschema** ist dagegen kaum Erweiterungspotential vorhanden, sofern die Marke alleine durch die physische Eigenschaft des Produkts charakterisiert ist. Beispiel dafür wäre eine Touristische Region in den Alpen, die außer mit Bergen und Schnee mit nur wenigen weiteren Attributen verbunden würde. Für diese „Marke" gäbe es ein geringes Erweiterungspotential.

Die Ausprägung der einzelnen Schemata hängt im Wesentlichen vom **Involvement** der Kunden ab. Darunter ist das Engagement gemeint, welches die Konsumenten in Bezug auf die Marken- bzw. die Produkt- Entscheidung zeigen. Das Engagement wird dabei durch das wahrgenommene funktionale, finanzielle und soziale Risiko der Kaufentscheidung determiniert. Das Involvement kann hoch oder niedrig und emotional oder kognitiv sein und hat direkten Einfluss auf die Schemabildung.

Hohes Involvement ist bei einem hohen Grad der Produktdifferenzierung mit besonders stark strukturierten Marken- und Produktschemata verbunden. Das Erweiterungspotential einer Marke wird dadurch positiv beeinflusst. Ursache dafür kann eine komplexe Kaufentscheidung oder eine starke Markenbindung sein. In diesem Fall verfügt der Konsument über sehr viele produkt- bzw. markenbezogene Informationen. Bei Kunden mit **geringem Involvement** ist die Verarbeitungstiefe dagegen schwach, wodurch das Erweiterungspotential negativ beeinträchtigt wird (vgl. Esch/Fuchs/Bräutigam u.a., 2005, S. 936; Haedrich, 1996b, S. 42; Kroeber-Riel/Weinberg, 1996, S. 360).

Weitere Faktoren, die das Erweiterungspotential von Marken positiv beeinflussen, sind u.a. die Breite des Produktprogramms unter der Marke, die erweitert werden soll sowie vorangegangene erfolgreiche Markenerweiterungen. Eine Studie über den Einfluss der **Produktanzahl und** der **Qualitätsvarianz** auf die Vorteilhaftigkeit von Markenassoziationen kommt zum dem Ergebnis, dass „zwischen der Zahl der Markenportfolioprodukte und dem Vertrauen der Kunden in die Einschätzung der Erweiterungsproduktqualität ein positiver Zusammenhang besteht“ ... und, „dass im Fall niedriger Qualitätsschwankungen innerhalb des Portfolio eine positive Beziehung zwischen der Zahl der Portfolioprodukte und dem Vertrauen der Konsumenten in die Beurteilung der Qualität der Markenerweiterung bestand (Dacin/Smith, 2000, S. 795).“

Erkenntnisse für die Erweiterungsfähigkeit von Destinations-Marken lassen sich auch aus Kühns Untersuchung zum **„Made-in-Images“** von Ländern ableiten. Das Ergebnis zum Einfluss von Länder-Images auf die Käufer gibt einige wichtige Hinweise über das Markenerweiterungspotential von Destinationen. Die Untersuchung belegt, dass Made-in-Images die Kaufpräferenzen nicht direkt beeinflussen. Es konnte aber nachgewiesen werden, dass Marken, die mit Hinweisen auf das Herkunftsland kommuniziert werden und Länder-Image-Dimensionen im Marketing-Mix aufgreifen, vom Länder-Image profitieren. Voraussetzung dafür ist allerdings, dass das Herkunftsland eine eigenständige Profilierung besitzt (vgl. Kühn, 1992, S. 303ff).

Es ist demnach zu vermuten, dass bei der Vermarktung von Destinations-Unternehmen in den Quellregionen der Hinweis auf die „Original-Destination" vorteilhaft sein müsste, sofern es sich dabei um eine starke Marke handelt.

3.2 Fit-Merkmale

Bei den Destinationen, die Markenerweiterungen anstreben, muss es sich um starke Marken handeln, dass heißt, sie müssen über einen möglichst hohen Bekanntheitsgrad verfügen und ein prägnantes Image besitzen. Durch die Markenerweiterung sollten einige der positiven Assoziationen aktiviert werden. „Wenn die Markenerweiterung eine aus Konsumentensicht große Ähnlichkeit mit der Stammmarke aufweist, kann im allgemeinen davon ausgegangen werden, dass beim Konsumenten Assoziationen ausgelöst werden, die in Bezug auf ihre Stärke, Vorteilhaftigkeit und Einzigartigkeit denen zur Stammmarke gleichen (Keller, 1999, S. 707)." Mit anderen Worten, es muss eine imagemäßige Affinität zwischen Ausgangsmarke bzw. Ausgangsprodukt und den vorgesehenen Transferprodukten bestehen (vgl. u.a. auch Mayer/Mayer, 1987; Hätty, 1989 und 1994). Unter Einbeziehung der Auffassung von Tauber (1993) und MacInnis/Nakamoto (1991) fassen Esch, Fuchs und Bräutigam wie folgt zusammen: „Je größer die von den Konsumenten subjektiv wahrgenommene Kongruenz zwischen den Imagekomponenten der etablierten Marke und denen des Erweiterungsproduktes bzw. den Konsumentenbedürfnissen auf dem neuen Markt, desto größer sind die Aussichten auf Zufriedenheit und damit Akzeptanz des Erweiterungsprodukts bei den Konsumenten" (Esch/Fuchs/Bräutigam u.a., 2005, S. 681). Ziel der Primäruntersuchungen, die im Rahmen dieser wissenschaftlichen Arbeit durchgeführt wurden, war es u.a., weitere Erkenntnisse darüber zu gewinnen, welche Produkte und Dienstleistungen in den Quellregionen der Destinationen mit vermeintlich starken Marken verknüpft werden können.

Markenerweiterungen sind gefährdet, wenn im Prozess der Markenerweiterung negative Assoziationen, die mit der Stammmarke verbunden werden, auf die Markenerweiterung übertragen werden. Es dürfen durch die Markenerweiterung auch keine neuen Assoziationen entstehen, die sich im Zeitverlauf negativ auf die Stammmarke oder Markenerweiterung auswirken (vgl. Keller, 1999, S. 707f). Darin könnte ein Risiko für grenzenlose Destinationen bestehen, wenn beispielsweise positive Assoziationen zur Marke, die mit Urlaub verknüpft werden, aufgrund der Markenerweiterung durch negative Assoziationen des „Alltäglichen" belastet würden. Vermutlich hängt auch der Erfolg der Markenerweiterungen von Destinationen davon ab, inwieweit die hier genannten Grundvoraussetzungen bzw. die Fit-Merkmale zwischen der Destinations-Marke und den Markenerweiterungen positiv erfüllt werden.

3.3 Modelle zur Messung von Markenerweiterungen

Zur **Messung** potentieller Auswirkungen von Markenerweiterungen besteht in der Wissenschaft bisher kein einheitliches Modell. **Schweiger** hat dazu ein **Modell** entwickelt, das sich primär auf konnotative (emotionale) Aspekte stützt und die Nähe in Wahrnehmungsräumen als zentrales Kriterium ausmacht. Dabei wird im Vorfeld der Markenerweiterung vorhandenes Wissen über die Stammmarke und die Erweiterungskategorie vom Kunden beurteilt. Eine Erweiterung ist möglich, wenn zwischen beiden eine hohe technologische und emotionale Ähnlichkeit vorliegt (vgl. Schweiger, 1982, S. 322).

Das **Imagetransfermodell von Meffert und Heinemann** bezieht zusätzlich auch denotative Bestandteile des Images und hypothetisch eingeschätzte Ausprägungen der Markenerweiterung mit ein. Das Modell beruht auf der Vorstellung, dass die Distanz zwischen einer bestehenden Marke und einer hypothetischen Markenerweiterung in einem Imageraum das Imagetransferpotential bestimmt. Demnach ist das Imagetransferpotential umso größer, je kleiner die berechnete Distanz ausfällt. Denotative und konnotative Merkmale können bei diesem Modell getrennt ermittelt werden (vgl. Meffert/Heinemann, 1990, S. 5ff).

Der **gedächtnispsychologische Erklärungsansatz zur Markenerweiterung** von Esch, Fuchs und Bräutigam konzentriert sich auf die Einflussfaktoren Gedächtnisstrukturen, Verarbeitungsprozesse und Antriebskräfte (Involvement), die die Verarbeitungstiefe determinieren (vgl. Esch/Fuchs/Bräutigam u.a., 2005, S. 935ff). Der Vorteil dieses Ansatzes ist, dass das Erweiterungspotential prozessorientiert analysiert wird. Danach muss das Markenschema der Stammmarke um Eigenschaften des neuen Produkts (Schemastrukturen des Erweiterungsprodukts) erweitert werden. Es erfolgt eine **Verknüpfung der** beim Konsumenten vorhandenen **Informationen über Marke und Erweiterungsprodukt,** wobei die vorhandenen **Gedächtnisstrukturen** dabei quasi als „Wahrnehmungsfilter“ für die neu aufzunehmenden Informationen dienen. In diesem Prozess nimmt der Konsument eine Klassifizierung/ Kategorisierung der Informationen vor, indem er die Informationen vergleicht und sie bei Kongruenz zuordnet bzw. verknüpft. (vgl. hierzu Abb. 17, Esch/Fuchs/Bräutigam u.a., 2005, S. 936). Dem Schemakonzept entsprechend kann dieser Prozess auch als **mehrstufiger „Mustervergleich"** beschrieben werden. „Das Individuum sucht bei der Wahrnehmung eines Reizes ein Schema, das für das Verständnis und die Beurteilung des Reizes geeignet ist, es nutzt dann dieses Schema für die mit der Wahrnehmung verbundene Informationsverarbeitung (Graesser/Nakamur, 1982)." Die Wahrnehmung von Produkten und Marken hängt also wesentlich von den Produkt- und Wahrnehmungsschemata ab, über die der Konsument aufgrund seiner Erfahrung verfügt. „Informationen, die ein Schema ansprechen, werden schneller verarbeitet, sie erleichtern die Produktbeurteilung und werden besser erinnert, das heißt, in das Gedächtnis eingeordnet (Kroeber-Riel/Weinberg, 2003, S. 295)". Dieser Prozess kann auch durch Marketingaktivitäten beeinflusst werden. Es kann aber auch sein, dass dem Prozess der Markenerweiterung zunächst eine Positionierungsänderung oder eine Neupositionierung der Stammmarke vorausgehen muss, die dann eine Markenerweiterung erst ermöglicht. Nivea wird dafür in der wissenschaftlichen Literatur als Beispiel angeführt, weil die Markenerweiterung Niveas in andere Produktkategorien erst möglich war, nachdem die Marke Nivea von einem stärker produktgeprägten Image (vor allem Creme) zu einer Marke mit einem stärker nutzengeprägten Image (vor allem Pflege) umpositioniert worden war (vgl. Esch/Fuchs/Bräutigam u.a., 2005, S. 923f).

Die Verarbeitungstiefe wird in dem Prozess des Vergleichens durch das **Involvement** des Konsumenten determiniert. Bei hohem Involvement werden viele Schemaattribute der Marke und des Erweiterungsproduktes verglichen, wodurch sich mehr Anknüpfungspunkte für Markenerweiterungen ergeben. In diesem Fall geht der gedächtnispsychologische Erklärungsansatz zur Markenerweiterung davon aus, dass die Anbindung der Markenerweiterung an die Stammmarke umso leichter erfolgt, je mehr gemeinsame Kategorien und Attribute beim zentralen Vergleichsprozess gefunden werden. Bei Informationslücken werden diese mit Attributen der etablierten Marke gefüllt. Bei niedrigem Involvement wird dagegen davon ausgegangen, dass die Stärke der Kongruenz der dominanten Eigenschaften zwischen Stammmarke und Markenerweiterung das Erweiterungspotential bestimmt, da der Konsument in diesem Fall nur dominante Eigenschaften wahrnimmt. (vgl. Esch/Fuchs/Bräutigam u.a., 2005, S. 937f).

Das Modell des gedächtnispsychologischen Erklärungsansatzes zur Markenerweiterung setzt nach Meinung der Autoren **offene Erhebungen** zu potentiellen Erweiterungsprodukten voraus. Als wichtig erachten sie, dass bei der Instruktion zur

Generierung von Assoziationen zu potentiellen Markenerweiterungen dual vorgegangen wird. Einerseits muss die Marke als Reiz vorgegeben werden und andererseits die Produktkategorie (vgl. Esch/Fuchs/Bräutigam u.a., 2005, S. 938).

3.4 Positionierung der Markenerweiterungen

Die einzelnen Markenerweiterungen müssen ebenfalls positioniert werden, wobei die **Positionierungen der Markenerweiterungen** mit denen der Stammmarke (Destination) identisch sein oder eine Mischung der Positionierung der Stammmarke mit erweiterungsproduktspezifischen Merkmalen sein können (sog. kombinierte Positionierung).

Die gleiche Positionierung gilt als ideal, wenn es sich um sog. **„nahe" Markenerweiterungen** handelt; darunter sind Produkte und Dienstleistungen zu verstehen, die subjektiv für die anvisierte Zielgruppe eng mit der Stammmarke verbunden werden. Ein Beispiel aus der Literatur soll dies verdeutlichen: Kaffeefilter werden beispielsweise aufgrund des komplementären Nutzens eng mit Kaffee verbunden. Aus diesem Grund können unter der Positionierung einer Kaffeemarke auch Kaffeefilter angeboten werden (vgl. Esch/Fuchs/Bräutigam u.a., 2005, S. 937f). Ein Beispiel aus der Touristik stellt die Marke „World of TUI" dar, die seit 2001 um Leistungsträger entlang der gesamten Dienstleistungskette erweitert wird (vgl. Lambertz/Schütz, 2001, S. 40-46).

In den Fällen **gleicher Positionierung** der Markenerweiterung sollten die verwendeten Elemente möglichst identisch sein. Mayer und Mayer haben an Hand praktischer Beispiele aus der Werbung Realisierungsoptionen für den Imagetransfer bei Markenerweiterungen dargestellt. Imagetransfer erfolgt in einem Fall beispielsweise durch die Herausstellung der Zugehörigkeit der Partnerprodukte zu einem Lebensstil. Als Beispiele dafür werden Esprit und Swatch genannt (vgl. Mayer/Mayer, 1987, S. 136f). Dieses Fallbeispiel könnte auch eine denkbare Variante für Destinationen darstellen. Die Positionierung einer Destination über einen Lebensstil (z.B. Mediterraner Lebensstil) könnte vermutlich ebenfalls auf Markenerweiterungen in den Quellmärkten, wie mediterrane Restaurants, Modegeschäfte oder Innenausstatter, übertragen werden (vgl. hierzu auch Kapitel V).

Bei **weiten Markenerweiterungen** (kein mittelbarer Fit) empfiehlt sich eine **kombinierte Positionierung**. Weite Markenerweiterungen zeichnen sich dadurch aus, dass sie nicht mittelbar mit der Stammmarke verbunden sind. Reiseausrüstung dürfte beispielsweise mit vielen Destinations-Marken nicht sofort verbunden werden, könnte aber unter bestimmten Umständen dennoch als Markenerweiterung einer Destination unter einer kombinierten Positionierung geeignet sein. Die kombinierten Positionierungen stellen höhere Anforderungen an das gesamte Marketinginstrumentarium. In solchen Fällen empfiehlt es sich, auf die Stärken der Stammmarke zu setzen und gleichzeitig die Zugehörigkeit der Markenerweiterung zu der Stammmarke für den Konsumenten plausibel zu machen. Bei kombinierten Positionierungen erfolgt eine Mischung der Gestaltungsmerkmale der Stammmarke mit Gestaltungsmerkmalen der Markenerweiterung (vgl. Esch/Fuchs/Bräutigam u.a., 2005, S. 939). Dies kann beispielsweise durch die Herausstellung gemeinsamer Eigenschaften realisiert werden. Dabei kann es sich sowohl um denotative als auch um konnotative Eigenschaften handeln. Dieser Ansatz empfiehlt sich insbesondere dann, wenn der Verbraucher bereits mit der Marke (beziehungsweise dem Ursprungsprodukt) besondere und zugleich besonders geschätzte, imageprägende Eigenschaften verbindet. Demnach müsste der Ansatz der kombinierten Positionierung sich für Destinationen besonders gut eignen. Voraussetzung für die Wahl der Partner dieses Imagetransfer-Ansatzes ist selbstverständlich, dass die Partnerprodukte in der Lage sind, die herausgestellten gemeinsamen Produktleistungen auch zu erfüllen (vgl. Mayer/Mayer, 1987, S. 136f).

3.5 Chancen und Risiken der Markenerweiterung

Markenerweiterungen können **für die Stammmarke vorteilhaft** sein, weil im Vergleich zu regulären Produkteinführungen der Einstieg in neue Produktkategorien mit geringerem finanziellen Aufwand realisiert werden kann, denn meistens reduzieren sich, aufgrund des Bekanntheits- und Vertrauensvorsprungs der etablierten Marke bei den Konsumenten und deren positiven Assoziationen zur Marke, die Ausgaben für Kommunikation und Vertrieb erheblich. Die Konsumenten sind aufgrund der Markenbekanntheit eher bereit, einen Versuchskauf zu tätigen, da die Stammmarke subjektiv für die Kunden und Vertriebspartner meistens vertrauensbildend auf die Markenerweiterung wirkt. Zum anderen können Kunden ihre Kaufentscheidung kognitiv vereinfachen, indem sie positive Erfahrungen von der Stammmarke auf die Markenerweiterung übertragen. Dadurch verringert sich auch der Akquisitionsaufwand beim Handel. Durch Markenerweiterungen können auch neue Kunden erschlossen werden und die Positionierung kann verändert werden (vgl. u. a.

Esch/Fuchs/Bräutigam u.a., 2005, S. 914f; Hätty, 1994, S. 567f; Keller/Aaker, 1992, S. 35; Mayerhofer, 1995, S. 107f; Meffert, 1994, S. 189; Tauber, 1981, S. 38).

Den erheblichen Vorteilen der Markenerweiterung stehen nicht zu unterschätzende **Risiken für die Stammmarke** gegenüber. Zu viele oder zu schnell aufeinander folgende Imagetransfers sowie die Ansprache zu unterschiedlicher Zielgruppen können zu einer Überforderung der Tragfähigkeit der Marke führen. Dadurch erhöht sich das Risiko eines negativen Imagerücktransfers, was zu einem unscharfen Image bis hin zur Unglaubwürdigkeit der Markenkompetenz der Stammmarke führen kann (vgl. Mayer/Mayer, 1987, S. 75), vor allem dann, wenn die etablierte Marke über keinen hohen konsumentenbezogenen Markenwert verfügt. Dies kann eine Imageverwässerung bewirken und bis zu dem Verlust der Identität der etablierten Marke führen (vgl. Aaker, 1990, S. 52ff; Esch/Fuchs/Bräutigam u.a., 2005, S. 916; Loken/Roedder, 1993, S. 72; Sharp, 1993, S. 12f).

In der Praxis soll es auch vorkommen, dass die Konsumenten der Stammmarke mit Kaufverweigerung beziehungsweise Markenwechsel reagieren, wenn durch Markenerweiterungen Zielgruppen angesprochen werden, denen gegenüber Antipathien (negative Einstellungen oder Abneigungen) vorherrschen. Die gleichen Probleme können auftreten, wenn zwar nicht die Zielgruppen, aber die effektiv – durch die unterschiedlichen Produkte – angesprochenen Verbrauchersegmente in einem Antipathieverhältnis zueinander stehen (vgl. Mayer/Mayer, 1987, S. 75).

Ein Fall von Produktkannibalismus läge vor, wenn der Anteil der Abverkäufe der Markenerweiterungen zu einem Rückgang der Reisen in der Stammdestination führen würde, was allerdings kaum zu erwarten ist.

Risiken für die Markenerweiterungen bestehen vor allem bei zu schwacher Affinität zwischen den neu aufgebauten Gedächtnisstrukturen der Erweiterungsprodukte und den vorhandenen Gedächtnisstrukturen der etablierten Marke sowie einer (denotativen oder konnotativen) Unverträglichkeit der Partnerprodukte. Darüber hinaus können auf das Erweiterungsprodukt Assoziationen übertragen werden, die in der ursprünglichen Produktklasse positiv sind, sich aber im Erweiterungszusammenhang negativ auswirken (vgl. Aaker/Keller, 1990). Außerdem können Konsumenten im Zuge von Schlussfolgerungsprozessen negative Assoziationen zu Erweiterungen ableiten, die zum Teil sogar aus grundsätzlich positiven Assoziationen resultieren können (vgl. Bridges, 1990).

IV Eigene Erhebung

1 Einzelinterviews über den Einfluss der Destinationserfahrung auf das Konsum- und Freizeitverhalten sowie den Lebensstil der Reisenden

1.1 Zielsetzung der Untersuchung

Ziel der **leitfadengestützten Einzelinterviews** ist, einige Fragestellungen zur Vision der grenzenlosen Touristischen Region, die nach vorliegenden Erkenntnissen wissenschaftlich bisher nicht thematisiert wurden, näher zu beleuchten. Es sollen differenzierte Erkenntnisse darüber gewonnen werden, wie Erlebnisse und Erfahrungen in Destinationen das Konsum- und Freizeitverhalten sowie den Lebensstil der Reisenden beeinflussen.[19] In diesem Zusammenhang wird auch die gegenwärtige und potentielle Rolle Touristischer Regionen in diesem Prozess untersucht.[20] Auf diese Weise wird eine **Vorauswahl von Geschäftsfeldern** getroffen werden, die potentiell Chancen für Aktivitäten der Destinationen in den Quellregionen bieten können. Im Kern geht es um die Frage, welche destinationsspezifischen Produkte wie Mode,

---

[19] Als Grundlage für diesen Themenkomplex dienten die folgenden Fragen:
- Welche Aktivitäten mit Destinationsbezug werden von Touristen im Alltag unternommen.
- Welche Produkte und Dienstleistungen mit Destinationsbezug werden von Touristen im Alltag genutzt?
- Wie intensiv werden diese Produkte und Dienstleistungen genutzt?
- Wann werden diese Produkte und Dienstleistungen genutzt?
- Welche dieser Produkte und Dienstleistungen sind mit direkten Geldausgaben der Konsumenten verbunden?

[20] Als Grundlage für diesen Themenkomplex dienten die folgenden Fragen:
- Welche Produkte und Dienstleistungen werden von Touristischen Regionen in den Quellregionen angeboten?
- Welche der Produkte und Dienstleistungen könnten von Touristischen Regionen z.B. als eigenständige Produkte oder als leistungssteigernde Bestandteile bestehender oder neuer Angebote am Markt angeboten werden?
- Welche Angebote in den Quellmärkten werden von Touristen als attraktive Leistungserweiterung der Touristischen Region wahrgenommen?
- Welche Angebote in den Quellmärkten könnten von Touristen als attraktive Leistungserweiterung der Touristischen Region wahrgenommen werden?

Gastronomie, Literatur und Film oder kulturelle Veranstaltungen im Alltag von Konsumenten mit Destinationserfahrung verstärkt nachgefragt werden.

Zur Differenzierung der potentiellen Nachfrage nach grenzenlosen Touristischen Regionen war es ein weiteres Ziel der Untersuchung, zu prüfen, ob eine **hypothetische Typenbildung** der Probanden aufgrund ähnlichen Verhaltens vor, während und nach den Reisen in die Top-Destination möglich ist. Es wurde dabei nach Gruppierungen gesucht, die die Reisenden derart ordnen, dass Personen, die sich in bestimmten Merkmalen am ähnlichsten sind, in einer Gruppe zusammengefasst werden können.[21] Diese hypothetischen Typen sollen in sich möglichst homogen sein, untereinander sollen sie dagegen möglichst heterogen sein. Die Homogenität der Typen bezieht sich auf gemeinsame Merkmale des Reise-, Konsum-, und Freizeitverhaltens der Befragten. Ziel war es zu untersuchen, ob die hypothetischen Typen geeignet sind, modellhaft Handlungsvorschläge für die Marketingplanung grenzenloser Touristischer Regionen abzuleiten.

1.2 Methodisches Vorgehen

Im Rahmen der Untersuchung wurden zwanzig **Einzelinterviews** unter Nutzung eines Leitfadens durchgeführt. In der Literatur wird diese Art des Interviews bei längerer Gesprächsdauer mit hoher Intensität, wie im vorliegenden Fall, auch als Intensivinterview bezeichnet. Allgemein wird auch der Begriff **Leitfadengespräch** verwendet (vgl. Schnell/Esser/Hill, 1999, S. 352). Hier wird der Begriff **leitfadengestützte Einzelinterviews** verwendet. Wichtig ist in jedem Fall, dass in den Gesprächen bzw. Interviews eine Reihe von Schlüsselfragen oder Eventualfragen gestellt werden (vgl. Atteslander, 2006, S. 132).

Die Form des leitfadengestützten Einzelinterviews wurde gewählt, weil sie für Studien mit kleinen Stichproben als besonders geeignet gilt. Es handelt sich um eine qualitative Befragungsmethode ohne Anspruch auf Repräsentativität, zumal bei quali-

---

21 Als Grundlage für diesen Themenkomplex dienten die folgenden Fragen:

- Welcher Tourist unternimmt Aktivitäten mit Destinationsbezug im Alltag?
- Welcher Tourist nutzt Produkte und Dienstleistungen mit Destinationsbezug im Alltag?
- Wie intensiv nutzt welcher Tourist Produkte und Dienstleistungen im Alltag?
- Wann nutzt welcher Tourist Produkte und Dienstleistungen mit Destinationsbezug im Alltag?
- Welcher Tourist gibt Geld für Produkte und Dienstleistungen mit Destinationsbezug im Alltag aus?

tativer Forschung ohnehin ein Problem der Generalisierung besteht. Qualitative Forschung bezieht sich häufig auf einen spezifischen Kontext. „Durch diesen Kontextbezug gewinnt qualitative Forschung (häufig) eine spezifische Aussagekraft. Bei der Generalisierung wird dagegen dieser Kontextbezug gerade aufgegeben, um zu untersuchen, inwieweit die gefundenen Zusammenhänge auch unabhängig und außerhalb von spezifischen Kontexten gelten (Flick, 1999, S. 254)." In der wissenschaftlichen Literatur wird jedoch darauf verwiesen, dass "mit der Übertragbarkeit (transferability) von Erkenntnissen aus einem Kontext in einen anderen und der Passung (fittingness) als Grad der Vergleichbarkeit verschiedener Kontexte Kriterien und Wege für die Verallgemeinerung von Erkenntnissen gefunden werden können (Flick, 1999, S. 254)."

Der Vorteil dieser Interviewform liegt auch darin, dass eine optimale Anpassung des Interviewers an die Gesprächsführung möglich ist und auch spontane Eindrücke und Hintergrundinformationen erfasst werden können. So können auch komplexere Sachverhalte untersucht werden (vgl. Koch, 2004, S. 66f). Diese Methode ist im Bereich der Motiv- und Einstellungsforschung erprobt. Sie wird insbesondere in Bezug auf Image, Produktanmutungen, Markenpräferenzen, Kauf- und Verwendungsverhalten etc. angewendet. Sie kann aber auch ganz allgemein der Hypothesenentwicklung dienen und damit zu einer Systematisierung vorwissenschaftlichen Verständnisses beitragen (vgl. Scheuch, 1973, S. 123; Atteslander, 2006, S. 132). Die folgenden Untersuchungsergebnisse haben folglich **explorativen Charakter**, d.h. sie können erste Grundstrukturen des Untersuchungsbereichs offen legen bzw. erlauben Hypothesen über Sachzusammenhänge (vgl. Pepels, 1997, S. 83). Diese Vorgehensweise ist induktiv, denn „mit Induktion sind Handlungen gemeint, die zur Entwicklung einer Hypothese führen-, d.h. der Forscher hat eine Vermutung oder eine Idee, die er dann in eine Hypothese umwandelt und schaut, ob diese, zumindest vorläufig, als Teilbedingung für einen Typus von Ereignis, Handlung, Beziehung, Strategie usw. brauchbar ist (Strauss, 1998, S. 37)." Die induktive Vorgehensweise bezieht dabei – entgegen einem verbreiteten Missverständnis – theoretisches Vorwissen durchaus mit ein. Klassische deduktive Methodologien, die Fragestellungen aus theoretischen Modellen ableiten und an der Empirie überprüfen, laufen dagegen Gefahr, die Differenziertheit des sozialen Wandels und die daraus resultierende Diversifikation von Lebenswelten nicht erfassen zu können (vgl. Flick, 1999, S. 10) und eignen sich daher für dieses Forschungsziel nicht.

Die vorliegende Untersuchung wurde in Anlehnung an die **Grounded Theory** durchgeführt (vgl. Glaser/Strauss, 1967; Strauss, 1998). Dabei wird dem Feld Priorität gegenüber theoretischen Annahmen eingeräumt, d.h. es sollen keine theoretischen Annahmen an den untersuchten Gegenstand herangetragen werden, sondern in der Auseinandersetzung mit dem Feld sollen theoretische Annahmen identifiziert und als Ergebnis formuliert werden. Im Rahmen dieser Untersuchung wurde dem Prinzip der Offenheit gefolgt. „Das **Prinzip der Offenheit** besagt, dass die theoretische Strukturierung des Forschungsgegenstandes zurückgestellt wird, bis sich die Strukturierung des Forschungsgegenstandes durch die Forschungssubjekte herausgebildet hat (Hoffmann-Riem, 1980, S. 343)." Diese Vorgehensweise entspricht der Idee der Grounded Theory, die als ein Stil zu verstehen ist, „nach dem man Daten qualitativ analysiert und der auf eine Reihe von charakteristischen Merkmalen hinweist: Hierzu gehören u.a. Theoretical Sampling[22] und gewisse methodologische Leitlinien, wie etwa das kontinuierliche Vergleichen und die Anwendung eines Kodierparadigmas, um die Entwicklung und Verdichtung von Konzepten sicherzustellen (Strauss, 1998, S. 30)."

Im Einzelnen wurde wie folgt vorgegangen: Zunächst wurden die Aussagen der Interviewpartner zu den **Schlüsselfragen** in ihre Sinneinheiten zergliedert und diese nach Begriffen (**Kodes**) zusammengefasst. Anschließend wurden die besonders relevanten Phänomene, die in den Daten entdeckt wurden, gruppiert und damit kategorisiert. Mit fortschreitendem **Kodierungsprozess** wurden immer abstraktere Kategorien gebildet. Neue Kategorien erhalten neue Kodes und werden zu neuen Kategorien gruppiert. Dabei wurde - wie in der Theorie gefordert - darauf geachtet, dass die vergebenen Kodes den Inhalt der Kategorie einigermaßen treffend wiedergeben und vor allem eine Erinnerungsquelle für den Bezug der Kategorie bieten (vgl. Flick, 1999, S. 198). Im nächsten Schritt wurden die Kategorien ausgesucht, die für das Thema am vielversprechendsten erschienen (Sampling) und die Beziehungen zu anderen Kategorien herausgearbeitet (**Axiales Kodieren**). Im Laufe dieses Prozesses wurden die jeweils gefundenen Kategorien am Text wieder überprüft. Dieser Prozess des Axialen Kodierens kann wie folgt zusammengefasst werden: „Axiales Kodieren ist der Prozess, durch den Unterkategorien zu Kategorien in Beziehung gesetzt werden. Es handelt sich um einen komplexen Prozess aus induktivem und deduktivem

---

[22] Die Auswahlentscheidungen beim Sampling bewegen sich immer zwischen den Zielen, ein Feld möglichst breit oder möglichst tiefgründig zu erfassen (vgl. Flick, 1999, S.89)

Denken, der mehrere Schritte umfasst. Diese werden - wie beim offenen Kodieren - durch Vergleiche und Fragen erreicht. Jedoch sind diese Prozeduren beim axialen Kodieren stärker fokussiert und darauf gerichtet, Kategorien im Sinne des Kodierparadigmas zu entdecken und miteinander in Beziehung zu setzen (Strauss/Corbin, 1990, S. 114).“

Nach dem axialen Kodieren erfolgte das selektive Kodieren, worunter das axiale Kodieren auf höherem Niveau zu verstehen ist. In dieser Phase werden Kategorien, die für das Forschungsprojekt von zentraler Bedeutung sind, als **Schlüsselkategorien** definiert. Die Schlüsselkategorien werden anschließend systematisch zu den nachgeordneten Kategorien und Subkategorien in Bezug gesetzt (vgl. Strauss, 1998, S. 106ff; Flick, 1999, S. 202ff). Auf diese Weise können Hypothesen für das Modell „Grenzenlose Destination“ abgeleitet werden.

Im weiteren Verlauf der Untersuchung wurden die Beziehungen zwischen den herausgearbeiteten Kategorien verglichen, um potentielle Idealtypen zu identifizieren. Die 20 vorliegenden Fälle reichten aus, um klar abgrenzbare Gruppen zu bilden, anderenfalls wäre die Fallzahl erhöht worden.

1.3 Auswahl der Probanden

Aufgrund des explorativen Charakters der Untersuchung sollten die Probanden zur Gruppe der **Meinungsführer**[23] im Tourismus und in der Freizeit zählen, denn die besten Informanten für qualitative Studien sind Personen, die über das notwendige Wissen und die notwendige Erfahrung mit dem jeweiligen Thema verfügen, die für die Beantwortung der Fragen im Interview notwendig sind. Darüber hinaus sollen sie in der Lage sein, ihre Erfahrungen reflektieren und artikulieren zu können (vgl. Flick, 1999, S. 88). Eine Untersuchung zum Thema Meinungsführer im Rahmen der Reiseanalyse 1982 hat deutlich gezeigt, dass Meinungsführer sich in der Regel durch eine höhere Bildung und eine überdurchschnittliche Reiseintensität auszeichnen (vgl. Becker, 1998a, S. 198f).

Auf der Grundlage dieser wissenschaftlichen Erkenntnisse wurde als **Auswahlkriterium** für die Gesprächspartner der leitfadengestützten Einzelinterviews ei-

[23] „Im Rahmen der persönlichen Kommunikation in sozialen Gruppen haben bestimmte Personen stärkeren Einfluss auf (konsumrelevante) Einstellungen, Meinungen und Verhaltensweisen anderer Gruppenmitglieder. Sie werden nach Katz und Lazarsfeld (1955) als Meinungsführer (opinion leader) bezeichnet (Diller, 2001, S. 763).“

ne überdurchschnittlich hohe Freizeitaktivität und Reiseerfahrung sowie höheres Bildungsniveau festgelegt. Die ausgewählten Interviewpartner haben in den Jahren 1999 und 2000 durchschnittlich mindestens zweimal in der Woche Freizeitaktivitäten außerhalb der Wohnung ausgeübt und haben seit 1990 durchschnittlich zwei Urlaubsreisen pro Jahr unternommen.[24] Darüber hinaus wurde bei der Auswahl der Interviewpartner darauf geachtet, dass hinsichtlich der soziodemografischen Daten ein möglichst breites Spektrum abgedeckt wurde. Aus diesem Grund waren alle Altersgruppen von Anfang 20 bis 75 Jahre vertreten. Der Frauenanteil lag etwas höher als der der Männer, und es wurden sowohl Ledige als auch Verheiratete mit und ohne Kinder befragt.

1.4 Aufbau des Interviewleitfaden

Die **erste Phase** des Interviews diente zunächst der **Aktivierung des Erinnerungsvermögens** der Probanden. Inhaltlich ging es vor allem um das Urlaubsverhalten. Ziel war es, einen **Überblick über die Reiseerfahrung** des/ der Befragten zu erhalten. Es interessierten vor allem Urlaubsziele (Kenntnis) und -stile (Motive und Aktivitäten) der Probanden in den unterschiedlichen Lebensphasen. Die erste Phase wurde mit der **Auswahl einer Destination** abgeschlossen, die für den Probanden eine besondere Rolle in der Reisebiographie eingenommen hat und nach Meinung des Interviewpartners die eigene alltägliche Freizeitgestaltung stärker als andere Destinationen beeinflusst hat. Die emotionale Verbundenheit mit der Destination und nicht die Besuchshäufigkeit war ausschlaggebend für die Auswahl dieser Destination, weil die qualitative Beziehung zwischen Proband und Destination im Mittelpunkt des weiteren Gesprächs stehen sollte. Der Proband entschied selber darüber, welche Destination ihn besonders beeinflusst hat. Die Destinationsabgrenzung (Stadt, Region, Land, Kontinent oder Kulturraum) erfolgte dabei ebenfalls durch den Probanden.

Diese vom Probanden ausgewählte Destination wird aufgrund der verwendeten Auswahlkriterien im weiteren Verlauf dieser Arbeit **Top-Destination** genannt, und alle anschließenden Gesprächsinhalte des Interviews betrafen ausschließlich die Top-Destination. Dieser Selektionsmechanismus wurde aufgrund der explorativen Zielsetzung der Untersuchung eingeführt, dadurch sollte die Chance vergrößert werden, dass

---

[24] Im Vergleich dazu unternahm jeder urlaubsreisende Bundesbürger durchschnittlich nur 1,3 Urlaubsreisen pro Jahr (vgl. F.U.R., 2002a, S. 2).

im weiteren Verlauf des Interviews möglichst viele und unterschiedliche Geschichten erzählt werden, die in irgendeiner Form Dimensionen der grenzenlosen Destination beschreiben. Die Fokussierung des Gesprächs auf die Top-Destination wird dafür als besonders geeignet angesehen, weil die emotionale Bindung und die Identifikation der Reisenden mit dieser besonderen Touristischen Region stärker als mit anderen ausgeprägt sein müsste.

In der **zweiten Phase** erfolgte eine Fokussierung auf die Top-Destination. Zunächst wurde nach spontanen **Assoziationen** die Top-Destination betreffend gefragt. Die ungestützt genannten Assoziationen können zur Gruppenbildung und später zur Vorauswahl von Markenerweiterungen (vgl. Kapitel III 3.2 und 3.3, S. 124-127) genutzt werden. Anschließend wurden **Reisemotivation, Urlaubsaktivitäten** und **Konsumverhalten** thematisiert. Veränderungen im Zeitablauf wurden abgefragt. Die Ergebnisse dienen als Grundlage für die Analyse des destinationsübergreifenden Konsum- und Freizeitverhaltens der Probanden.

Die **dritte Phase** thematisierte in Anlehnung an die Dienstleistungskette bzw. den Buying Cycle[25] die Vor- und Nachbereitungsphase der Reisen in die Top-Destination, denn im Zusammenhang mit der Intensivierung der Kundenbindung werden die Marketingmaßnahmen nicht mehr primär auf die Vorkaufsphase, sondern insbesondere auch auf die Nachkaufprozesse konzentriert (vgl. Kuß/Tomczak, 2004, S. 158). Bezüglich der Vorbereitungsphase wurde der Einfluss vorhandener Destinationserfahrung besonders berücksichtigt. Zur Operationalisierung der Analyse der Nachbereitungsphase wurde die Erinnerung der Probanden an die letzte Reise in die Top-Destination genutzt. Zunächst wurde nach der Dauer der Erinnerungsphase gefragt. Anschließend wurde gefragt, ob die Probanden nach der Reise etwas getan haben, um die Erinnerungen an die Reise zu verlängern oder aufzufrischen. Abschließend wurde konkret gefragt, was seitens der Top-Destination geschehen könnte, um die Erinnerungsphase zu verlängern. Aus den Antworten lassen sich Annahmen über die Empfänglichkeit der Probanden für destinationsspezifische Angebote zu Hause ableiten.

Die **vierte Phase** des Interviews wurde mit der Frage eingeleitet, ob die Probanden der Meinung sind, dass ihre Reisen in die Top-Destination manche ihrer **Verhaltensweisen**, ihren **Lebensstil** und ihre **Aktivitäten zu Hause** verändert haben.

---

[25] Der Buying Cycle des Kunden beinhaltet eine Kontakt-, Evaluations-, Kauf-, Nutzungs- und Wiederkaufsphase (vgl. Kuß/Tomczak, 2004, S. 158f).

Damit wurde das Ziel verfolgt, Lebensbereiche im Alltag zu erforschen, in welchen Touristen besonders empfänglich für Einflüsse aus der Destination sind.

Die **fünfte Phase** dient dem Aufspüren von **destinationsspezifischen Geschäftsfeldern in den Quellregionen** bzw. der Auswahl von Unternehmen, die für (grenzenlose) Markenerweiterung der Destinationen in Frage kommen. Die Frage nach Angeboten in den Quellregionen, die die Probanden an die Top-Destination erinnern, gibt Hinweise darauf, welche Produkte aus Sicht der Konsumenten für eine Wertsystem- bzw. Markenerweiterung geeignet sind, denn eine oder mehrere kongruente Assoziationen können häufig bereits als Grundlage des Fit[26] zwischen Unternehmen dienen (vgl. Keller, 2005, S. 954 und Kapitel III 3.2, S. 127-128). Potentielle Angebote werden durch die Fragen: „Gibt es weitere Angebote, Veranstaltungen etc., die Sie aus der Destination kennen und die Sie wahrscheinlich auch zu Hause besuchen würden, wenn diese angeboten würden?“ und „Können Sie sich völlig neue Angebote oder Serviceleistungen vorstellen, die die Destination Ihnen zu Hause anbieten könnte?“ exploriert. Die letzte Frage wurde gestellt, obwohl Konsumenten generell eher dazu befähigt sind, auf ein Erweiterungskonzepte zu reagieren als ein solche vorzuschlagen. Es aber dennoch nützlich sein, Konsumenten zu fragen (vgl. Keller, 2005, S. 954f).

1.5 Beziehung zwischen Touristen und ihrer Top-Destination

Im Folgenden geht es allgemein darum, wie die Befragten ihre Beziehung zur Destination einschätzen. Die Einschätzungen beziehen sich auf die Top-Destination, weil die Befragten sich zu dieser am stärksten hingezogen fühlen, weshalb eine besondere emotionale Bindung angenommen werden kann (vgl. hierzu auch Kroeber-Riel/Weinberg, 2003, S. 128f).

Im Rahmen der Befragung wurden die Probanden nach der **Dauer der Erinnerungsphase** an die Top-Destination gefragt. Diese Vorgehensweise wurde gewählt, um herauszubekommen, wie lange die Destination aktuell bleibt. Grund dafür ist die Annahme, dass die Touristen während der Erinnerungsphase für Marketingmaßnahmen der Top-Destination sowie für destinationsspezifische Angebote in den Quellmärkten besonders empfänglich sein dürften. Ergänzend wurde nach dauerhaft wir-

---

26 Hohe Kongruenz zwischen Markenimage und -vorstellungen der Destination und der Wertsystem- bzw. Markenerweiterung (vgl. Esch/Fuchs/ Bräutigam u.a., 2005, S. 915).

kenden Einflüssen gefragt, um ein potentiell vorhandenes **Beziehungsgeflecht** bzw. um einzelne Bindungslinien zwischen Top-Destination und Gesprächspartnern herausarbeiten zu können.

1.5.1 Dauer der Erinnerungsphase

Die **Erinnerungsphase** an die Reisen dauerte bei den befragten Touristen unterschiedlich lang. Es konnten drei Kategorien herausgearbeitet werden, die jeweils etwa ein Drittel der Befragten integrieren. Die erste Kategorie fasst Probanden mit einer Erinnerungsphase von bis zu vier Wochen (Kategorie 1) zusammen. Zur zweiten Kategorie gehören die Befragten, deren Erinnerungsphase mindestens vier Wochen und maximal bis zum nächsten Urlaub andauert (Kategorie 2). Bei den Befragten der dritten Kategorie hält die Erinnerungsphase dauerhaft an bzw. wird die Beziehung zur Top-Destination als ein Bestandteil des Lebens angesehen (Kategorie 3). Zusammenfassend dargestellt bedeutet das, dass die Erinnerungsphase bei allen Befragten mindestens vier Wochen und für zwei Drittel mindestens bis zum nächsten Urlaub dauerte. Ein Drittel der Befragten empfindet die Erinnerungsphase als einen Dauerzustand (vgl. Abb. 22, S. 140).

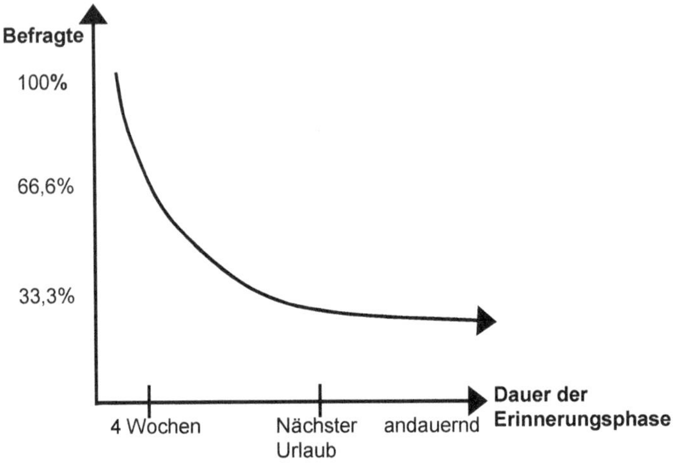

Abbildung 22: Beziehungen zwischen Dauer der Erinnerungsphase und anderen Phänomenen

Eigene Darstellung; Basis: 20 leitfadengestützte Einzelinterviews

Im Hinblick auf die Vision der grenzenlosen Destination ist dies ein **bedeutsames Ergebnis**, da es Anhaltspunkte dafür bietet, dass eine recht große Anzahl an Touristen auch zu Hause mit ihrer sog. Top-Destination über einen längeren Zeitraum gedanklich verbunden bleibt, wodurch sie für destinationsspezifische Aktivitäten besonders empfänglich sein dürften.

Im nächsten Schritt der Forschungsarbeit wurden die aus den Interviewtexten gebildeten offenen Kategorien auf ihre Beziehung zu drei Oberkategorien (im Folgenden Kategorien genannt), die nach der Dauer der Erinnerungsphase gebildet wurden, analysiert (vgl. hierzu Abb. 23, S. 141). Herauskristallisiert haben sich vier Unterkategorien[27], die aufgrund der Häufigkeit ähnlicher Vorfälle mit einer oder mehre-

---

[27] Der Kode der erste Unterkategorie lautet: „Erste Reise war ein besonderes Ereignis".
Der Kode der zweiten Unterkategorie lautet: „Viele gleiche Aktivitäten in der Destination und zu Hause".
Der Kode der dritten Kategorie lautet: „Großer Einfluss der Destination auf Lebensstil der Touristen.
Der Kode der vierten Kategorie lautet: „Intensive Reisevorbereitung".

ren der drei Oberkategorien (im Folgenden Kategorien genannt) korrelieren. **Die Anzahl der Beziehungsstränge nimmt mit der Dauer der Erinnerungsphase zu.** Kategorie 1 hat nur zu einer Unterkategorie eine stärker ausgeprägte Beziehung. Kategorie 2 zeichnet sich durch zwei Beziehungsstränge und Kategorie 3 durch Beziehungsstränge zu allen vier Unterkategorien aus.

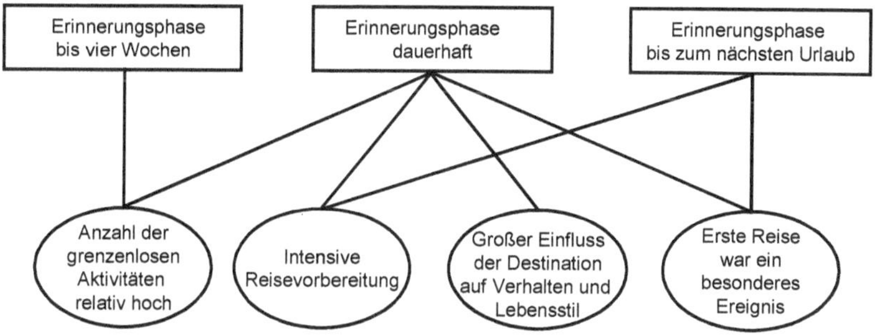

Abbildung 23: Erinnerungsphase

Eigene Darstellung; Basis: 20 leitfadengestützte Einzelinterviews

Probanden mit kurzer Erinnerungsphase unternehmen häufig gleiche Aktivitäten zu Hause und in der Destination. Ansonsten gibt es keine Anzeichen dafür, dass eine engere Beziehung zur Destination besteht. Anders bei Kategorie 2 und 3. Die Probanden beider Kategorien bereiten sich intensiver als andere auf ihre Reisen vor und sind außerdem der Auffassung, dass ihr Lebensstil durch die Reisen in die Top-Destination beeinflusst ist. Kategorie 3 zeichnet sich ergänzend dadurch aus, dass für diesen Personenkreis die erste Reise in die Top-Destination ein besonderes Ereignis war (z.B. erste Reise ohne Eltern, erste Fernreise), und es werden wie in Kategorie 1 häufig gleiche Aktivitäten zu Hause und in der Destination unternommen.

Aus den Ergebnissen lassen sich im Hinblick auf das Forschungsziel zwei relevante **Hypothesen** ableiten:

Ein Bestimmungsmerkmal für den Zielgruppenkern einer grenzenlosen Destination ist eine dauerhafte Erinnerungsphase der Gäste an diese Destination.

Die Dauer der Erinnerungsphase verlängert sich in Relation zum Involvement der Kunden.

1.5.2 Verlängerungswunsch der Erinnerungsphase

Das folgende Analyseergebnis erweitert die potentiellen Bestimmungsmerkmale für die Kernzielgruppe einer grenzenlosen Touristischen Region. Fünf der befragten Touristen wollen die Erinnerungsphase verlängern. Acht Personen haben daran kein Interesse geäußert, und bei 7 Personen dauert die Erinnerungsphase ohnehin an. Die Gruppe der Personen, die den **Wunsch nach Verlängerung** geäußert haben, soll hier genauer betrachtet werden, denn sie möchten das Destinations- bzw. Markenerlebnis verlängern und gehören deshalb vermutlich zum Zielgruppenkern der Top-Destination. Aus diesem Grund sind Meinungen und Verhalten dieser Menschen für die Entwicklung der Marketingstrategie einer grenzenlosen Destination besonders relevant.

Die Befragten mit dem Wunsch nach Verlängerung der Erinnerungsphase zeichnet aus, dass sie durchweg die Meinung äußerten, in ihren Verhaltensweisen bzw. ihrem Lebensstil zu Hause durch Erfahrungen in der Destination beeinflusst worden zu sein. Sie unterscheiden sich außerdem von den anderen Probanden dadurch, dass für sie **alle** der Lebensstil ein besonderes Merkmal der Top-Destination ist. Außerdem kochen sie im Verhältnis häufiger destinationstypisch und interessieren sich mehr für destinationsspezifische Literatur und Fernsehsendungen als die übrigen Befragten. Während der Erinnerungsphase schauen sie häufiger Fotos an und hören destinationstypische Musik.

Zusammenfassend können aus den Analyseergebnissen folgende **Hypothese** abgeleitet werden:

Touristen, die den Wunsch nach Verlängerung der Erinnerungsphase an die Destination wünschen, assoziieren einen positiven Lebensstil mit der Destination.

Touristen, die den Wunsch nach Verlängerung der Erinnerungsphase zählen zum Zielgruppenkern grenzenloser Destinationen.

In diesem Zusammenhang konnte noch festgestellt werden, dass vermutlich keine Abhängigkeit zwischen der Dauer der Erinnerungsphase und dem Wunsch nach Verlängerung besteht. Personen mit Verlängerungswunsch der Erinnerungsphase haben nicht zwangsläufig eine lange Erinnerungsphase.

1.5.3 Aktivitäten zur Verlängerung der Erinnerungsphase

Die **Aktivitäten zur Verlängerung der Erinnerungsphase** zeigen, mit welchen Mitteln und Methoden die Probanden versuchen, die Beziehung zur Top-Destination zu pflegen. Die Analyse dieses Verhaltens ist insofern interessant, weil daraus potentiell Strategien und Maßnahmen für die Gestaltung der Beziehung zwischen grenzenlosen Destinationen und ihren Kunden abgeleitet werden können.

Fotos anschauen, über die Reise erzählen und Andenken aufstellen, sind erwartungsgemäß die am häufigsten genannten Aktivitäten der Befragten, um die Erinnerung an die Reise zu verlängern oder aufzufrischen. Darüber hinaus wird die Inanspruchnahme destinationsspezifischer Leistungen mehrfach genannt. Dazu gehören destinationstypische Musik hören, destinationstypische TV-Sendungen anschauen, destinationstypische Bücher lesen, destinationstypisch essen gehen, destinationstypisch kochen sowie destinationstypische Kosmetik verwenden. Lediglich zweimal, dennoch beachtenswert, ist die Nennung des Hörens von Musikstücken, die nicht im klassischen Sinn destinationstypisch sind. Es handelt sich um Musikstücke, die Touristen an den Urlaub erinnern, weil sie am Strand, in der Diskothek oder Bar vor Ort ständig gespielt wurden.

Zusammengefasst kann folgendes Ergebnis festgehalten werden. Die Mehrzahl der Aktivitäten, die die Befragten zur Verlängerung der Erinnerungsphase unternommen haben, ist mit visuellen Erlebnissen verbunden (n=37, u.a. Fotos anschauen), gefolgt von auditiven Erlebnissen (n=12, u.a. Musik hören) und audiovisuellen Erlebnissen (n=5, TV-Beiträge) sowie olfaktorisch-gustatorischen Erlebnissen (Kochen und essen gehen). Alles in allem ist daraus folgende **Hypothese** abzuleiten:

Eine größere Anzahl von Touristen ist während der Erinnerungsphase an die Top-Destination auch zu Hause mit allen Sinnen für destinationsspezifische Angebote empfänglich.

1.5.4 Dauerhafte Beziehung

Im folgenden Kapitel geht es um Einflüsse der Reisen, die dauerhaft wirksam sind. Als dauerhaft sind Einflüsse zu verstehen, die über die Erinnerungsphase der letzten Reise hinaus wirken.

Mehr als zwei Drittel der Befragten sind der Meinung, dass das Reisen in die Top-Destination manche ihrer Verhaltensweisen, ihren Lebensstil und ihre Aktivitäten zu Hause verändert hat. Am stärksten beeinflusst werden Essensgewohnheiten. 8 von 20 Befragten haben ihre Kochgewohnheiten verändert und 6 von 20 besuchen auch zu Hause destinationstypische Restaurants. Ebenso viele Befragte nehmen den Einfluss des Reisens auf ihre Lebenseinstellung wahr. Sie sind der Meinung, durch die Reisen das Leben zu Hause bewusster, mutiger und aktiver gestalten zu können. Ihre alltäglichen Lebensgewohnheiten und Lebensinhalte haben sie aufgrund der Vorbilder und Erfahrungen in der Top-Destination verändert.

Mit jeweils fünf Nennungen folgen veränderte Einkaufsgewohnheiten, ein gestiegenes Interesse an politischen und gesellschaftlichen Ereignissen in der Top-Destination und eine offenere Weltsicht, die die Befragten nach eigener Einschätzung durch das Reisen erlangt haben. Drei der befragten Touristen haben eine Beeinflussung des persönlichen Musikgeschmacks, ihrer Mode und ihres Interesses an Religion festgestellt. Jeweils zwei Mal werden folgende Veränderungen genannt: eine größere Vertrautheit gegenüber Menschen der Destination, die Ausübung neuer Sportarten wie Inline-Skating, Drachenboot fahren und Boule spielen. Mit jeweils einer Nennung folgen Veränderungen der Atmosphäre in der Wohnung, Zunahme der Bedeutung von Naturerlebnis, das Lernen einer Fremdsprache, die Erhöhung der Spendenbereitschaft für Entwicklungsländer, Bewusstseinsbildung gegenüber Umweltproblemen, Träume z.B. von einem Alterssitz in der Top-Destination, gesteigertes Interesse an Museumsbesuchen sowie an Theater und Filmen aus den Ländern, die Bräune zu erhalten, Art der Hautpflege und Wechsel der Lebensstilgruppe.

Zu den dauerhaften Verhaltensänderungen zählen auch Veränderungen von grundsätzlicherer Art, wie das persönliche Wahrnehmen einer veränderten Lebenseinstellung und veränderter Lebensinhalte der Befragten. Die Reise in die Top-Destination bewirkte in diesen Fällen beim Touristen die Herbeiführung einer persönlichen Wandlung. Vermutlich konnten diese Wandlungen nur deshalb vollzogen werden, weil die Befragten bereits mit einer Bereitschaft für Veränderungen in die Top-Destination aufgebrochen sind. Dieses Verhalten entspringt wahrscheinlich dem

Trend der Wandelorientierung in der Freizeit (Wandelorientierung, vgl. II 2.3, S. 51-56).

Insgesamt kann auf Basis der gewonnenen Erkenntnisse folgende Hypothese abgeleitet werden: **Das allgemeine Freizeit- und Konsumverhalten wird bei einer Mehrheit der Touristen durch die Destinationen, zu der sie sich am meisten hingezogen fühlen, beeinflusst.**

1.6 Destinationsbeeinflusstes Konsumverhalten

Im Zusammenhang mit der Realisierung grenzenloser Destinationen soll nun der Aspekt des materiellen Aufwandes, der für die Touristen mit den reisebezogenen Aktivitäten verbunden ist, näher betrachtet werden. In den Abbildungen 24 und 26 sind die Aktivitäten, die offensichtlich mit finanziellen Aufwendungen in der Quellregion verbunden sind, fett gedruckt. Es werden Aktivitäten der befragten Touristen dargestellt, die vor und nach der Reise zu Hause unternommen werden und in irgendeiner Weise mit der Reise in Beziehung stehen. Zunächst wird der Frage nachgegangen, wie die Befragten sich auf die Reisen vorbereitet haben. Dies geschieht vor allem im Hinblick auf die Fragestellung, welche Stufen der touristischen und nicht-touristischen Wertketten dabei in Anspruch genommen werden. Anschließend folgt die Analyse des Konsumverhaltens der Reisenden während der Erinnerungsphase an die letzte Reise in die Top-Destination, bevor abschließend dauerhafte Verhaltensänderungen beim Kauf von Produkten und Dienstleistungen thematisiert werden.

Auf die Inanspruchnahme typischer Angebote des touristischen Wertsystems wie Buchungs- und Beratungsleistungen von Reisebüros, Reiseveranstaltern und touristischer Leistungsträger wird dabei nicht eingegangen, da dies hinlänglich bekannt ist. 2001 haben laut Reiseanalyse 29,9 Prozent der Urlaubsreisenden Deutschlands eine Pauschalreise gebucht und 15,2 Prozent haben das Reisebüro für sonstige Buchungsleistungen genutzt (F.U.R., 2002a, S. 5).

1.6.1 Reisevorbereitung

Bei den folgenden Aktivitäten während der **Reise-Vorbereitungsphase** handelt es sich um spontane Nennungen der befragten Touristen auf die Frage, wie sie sich auf die Reisen in die Top-Destination vorbereitet haben (vgl. Abb. 24, S. 146). Gezielt nachgefragt wurde lediglich hinsichtlich konkreter Leistungen der Destinati-

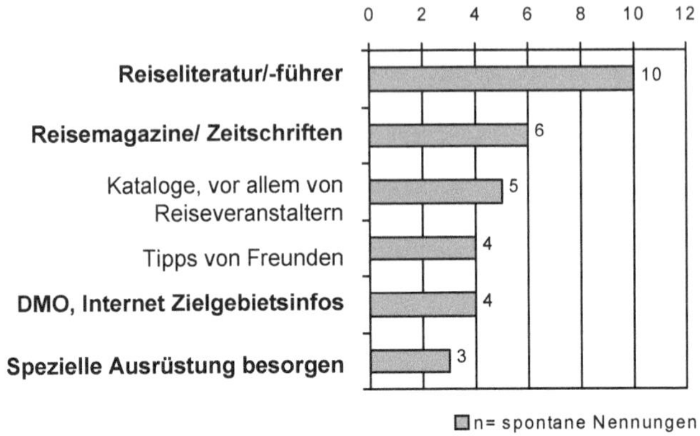

onen, die dabei in Anspruch genommen wurden, während Buchungsleistungen nicht erfasst wurden.

Abbildung 24: Aktivitäten und Informationsquellen während der Vorbereitungsphase

Eigene Darstellung; Basis: 20 leitfadengestützte Einzelinterviews

Während der Vorbereitungsphase auf die Reisen in die Top-Destination suchten die Befragten in erster Linie Informationen über die Destination. Reiseführer, Reisemagazine und -zeitschriften, Kataloge von Spezialreiseveranstaltern und Tipps von Freunden wurden als die wesentlichen Informationsquellen genannt. Viermal wurde auch die Destination als Informationsquelle genannt. Neben der Inanspruchnahme von Informationsquellen wurde während der Vorbereitungsphase spezielle Ausrüstung gekauft, Gesundheitsvorsorge betrieben und einmal auch ein Frisörtermin in der Destination vereinbart. Mittelbare Kosten für die Touristen (vgl. fett gedruckte Aktivitäten in Abb. 24, S. 146) verursachten dabei die Beschaffung von Reiseliteratur und -zeitschriften sowie von spezieller Ausrüstung.

Aus den Antworten auf die Frage nach Veränderungen bei der Vorbereitung lässt sich die Tendenz ablesen, dass die Vorbereitung auf die Reisen in die Top- Destination im Laufe der Zeit intensiver und gezielter geworden ist. Dabei spielt vor allem das Internetangebot der Destination eine zunehmende Rolle. Einmal wurden auch lokale Zeitungen und Internet-Newsgroups als genutzte Medien genannt. Insgesamt lässt sich folgende **Hypothese** ableiten:

Mit zunehmender Reiseerfahrung in die Top Destination wächst die Ausgabebereitschaft der Reisenden während der Vorbereitungsphase (vgl. Abb. 25, S. 147).

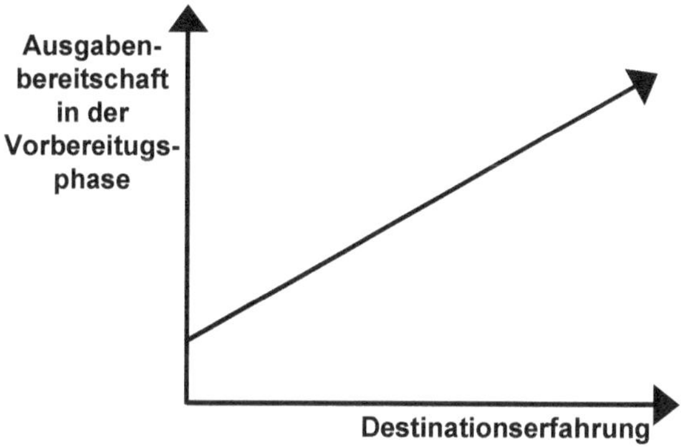

Abbildung 25: Destinationserfahrung und Vorbereitung auf die Reise

Eigene Darstellung; Basis: 20 leitfadengestützte Einzelinterviews

1.6.2 Erinnerungsphase

Mehr als die Hälfte aller Aktivitäten der Probanden während der Erinnerungsphase an die Reise in die Top-Destination waren unmittelbar mit Kosten verbunden (vgl. fett gedruckte Aktivitäten in Abb. 26, S. 148).

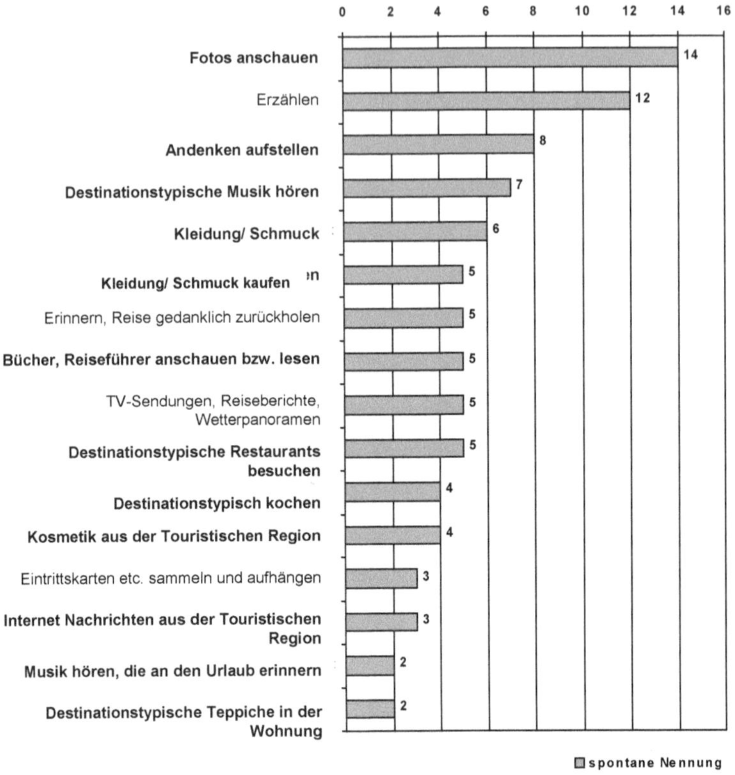

Abbildung 26: Aktivitäten während der Erinnerungsphase

Eigene Darstellung; Basis: 20 leitfadengestützte Einzelinterviews

Aus der Untersuchung geht allerdings nicht hervor, ob die Ausgaben in der Destination oder in der Quellregion getätigt werden. So können beispielsweise Fotos bereits in der Destination entwickelt werden. Auch die destinationstypischen Produkte wie CDs, Musikkassetten, Kleidung und Schmuck können sowohl in der Destination als auch zu Hause gekauft werden. **Insgesamt** zeigt sich aber, dass das Verhalten der Reisenden während der Nachbereitungsphase potentiell Chancen für Touristische Regionen bietet, neue Geschäftsfelder in den Quellregionen zu erschließen.

1.6.3 Dauerhafte Verhaltensänderungen

Etwa die Hälfte der Verhaltensweisen, Lebensstile und Aktivitäten der Probanden, die durch die Reisen in die Top-Destination beeinflusst sind, sind unmittelbar mit Kosten verbunden. Die Probanden kaufen destinationstypische Lebensmittel, Musik, Bekleidung und Accessoires. Darüber hinaus nutzen sie destinationstypische Dienstleistungen wie Restaurants aber auch esoterische und andere Freizeitangebote (vgl. dunkel unterlegte Verhaltensweisen, Lebensstilitems und Aktivitäten in Abb. 27, S. 150). Die genannten Produkte und Dienstleistungen sind vielen Quellregionen bereits heute erhältlich, dennoch liefern die Untersuchungsergebnisse Anhaltspunkte für die Planung grenzenloser Destinationen. Anhand der einzelnen Kategorien in Abbildung 27 können potentielle Geschäftsfelder für grenzenlose Destinationen in den Quellregionen abgeleitet werden, die diese durch den Aufbau eigener Unternehmen bzw. durch Akquisition oder auch durch Kooperationen erschließen könnten.

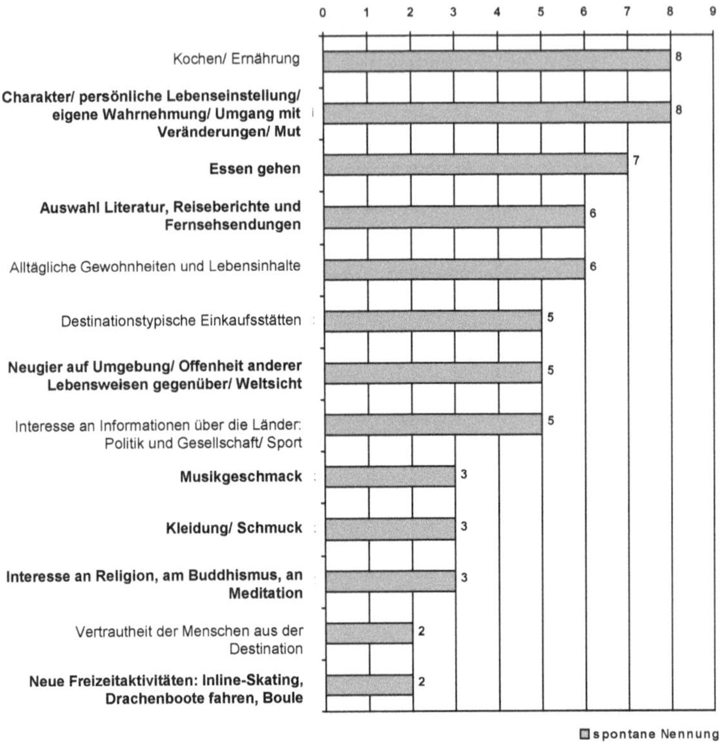

Abbildung 27: Verhaltensweisen, Lebensstilitems, Aktivitäten, die durch Reisen in die Destination beeinflusst werden

Eigene Darstellung; Basis: 20 leitfadengestützte Einzelinterviews

1.7 Hypothetische Typen / Destinationsspezifische Kategorisierung

Typen zeichnen sich durch die maximale Ähnlichkeit von Merkmalen in einer Gruppe aus (vgl. Flick, 1999, S. 255f). Im weiteren Verlauf des Forschungsprojektes wurden die qualitativen Interviews dahingehend analysiert, ob eine **hypothetische Typenbildung** möglich ist. Hypothetisch deshalb, weil die Anzahl der vorliegenden leitfadengestützten Einzelinterviews zu einer verallgemeinernden Typenbildung nicht ausreicht. Ziel war es zu untersuchen, ob es Oberkategorien gibt, die sich durch eine hohe Übereinstimmung bei ihren Unterkategorien auszeichnen. Dazu wurde die Beziehung zwischen verschiedenen Oberkategorien[28] und kategorisierten Merkmalen und Verhaltensweisen (Unterkategorien) der Probanden analysiert.

Während des Forschungsprozesses wurde im Hinblick auf die Vision der grenzenlosen Destination geprüft, ob die Kategorisierung nach Dauer der Erinnerungsphase der Befragten oder ob die Kategorisierung nach dem Verlängerungswunsch der Erinnerungsphase sich zu einer hypothetischen Typenbildung eignen könnte. Beide Ansätze führten zu keinem befriedigenden Ergebnis. Es bestehen keine auffallenden Ähnlichkeiten zwischen den jeweiligen Unterkategorien. Aus diesem Grund werden hier dazu keine detaillierten Ergebnisse dargestellt.[29]

Anders verhält es sich bei der Oberkategorisierung nach der Reisemotivation und dem Image der Destination aus der Sicht der Befragten. Die Analyse der Beziehung zwischen dieser Oberkategorie und den Unterkategorien sowie zwischen den Unterkategorien deuten daraufhin, dass wahrscheinlich auf der Basis destinationsspezifischer Vorstellungen der Touristen Typen gebildet werden können. Die Unterkategorien weisen viele Ähnlichkeiten zwischen den Probanden auf. Das vorliegende Material der qualitativen Interviews ermöglicht die Bildung von insgesamt **drei hypothetischen Typen**.

Grundlage für die Bildung der Oberkategorie dieser hypothetischen Typen sind die Antworten der Befragten auf die Fragen: „Sagen Sie mir bitte, was ist für Sie das Besondere an der Destination?" und „Was sind die wesentlichen Motive (z.B. Erho-

---

[28] Die Oberkategorien wurden im Hinblick auf die Realisierung der grenzenlosen Touristischen Region gebildet (Methodisches Vorgehen, vgl. S. 132-135)

[29] Relevante Beziehungen zwischen Oberkategorie und den Unterkategorien werden im Kapitel III 1.5, S. 138-145 diskutiert.

lung, Kultur, Freunde und Bekannte, auch kommunikative Aspekte etc.) für die Reisen in die Destination?" (siehe Abb. 28, S. 152).

Destinations-Typ	Erholung & Genuss	Fremde Kultur	Natur
Imagedimension	Lebensgefühl in westlichen Ländern mit wärmerem Klima	Fremde Kultur	Natur
Motiv	Erholung & Genuss	Neugier und Interesse	Natur erleben
Destinationen	Griechenland	Südost-Asien	Ecuador
	Mittelmeer	Nepal	Island
	Italien	Ägypten	Sahara/ Wüste
	Italien	Sri Lanka	Neuseeland
	Barcelona	Thailand	Neuseeland
	USA		Korsika
	USA		Österreich
	Florida / Karibik		
Anzahl der Fälle	**N=8**	**N=5**	**n=7**

Abbildung 28: Hypothetische Destinations-Typen

Eigene Darstellung; Basis: 20 leitfadengestützte Einzelinterviews

Der erste hypothetische Typ, der **Typ Natur**, ist dadurch gekennzeichnet, dass die Interviewpartner spontan die **natürlichen Gegebenheiten** als das Besondere der Top-Destination genannt haben. Die Antworten auf die Frage nach dem Besonderen sind Farbe, die vielfältige Landschaft, die vielfältige und üppige Vegetation und sowie die Vielfalt der Klimazonen. Zweites Abgrenzungsmerkmal gegenüber den anderen Typen sind die wesentlichen Motive der Befragten für den Besuch der Top-Destination. Im Vordergrund steht ebenfalls das **Erleben und die Ruhe der Natur**. Sieben der zwanzig Gesprächspartner haben Top-Destination gewählt, die dem Destinations-Typ Natur zugeordnet werden können.

Der zweite hypothetische Typ, der **Typ Erholung & Genuss**, hat als verbindendes Element das **Lebensgefühl** in den klimatisch wärmeren Länder der westlichen Welt. Lebensgefühl, Lebensweise und das Commitment zur Leidenschaft sind die von den Befragten spontan genannten Besonderheiten der Top-Destinationen. Die wesentlichen Motive lassen sich mit **Erholung & Genuss** zusammenfassen, worunter auch Lebensgefühl und Lebensweise subsumiert werden können. Acht der zwanzig Gesprächspartner haben eine Top-Destination ausgewählt, die zu diesem Typ gehört.

Der dritte hypothetische Typ, der **Typ Fremde Kultur**, unterscheidet sich vom Typ Natur und Typ Erholung & Genuss erstens dadurch, dass für die Befragten die **nicht-abendländisch geprägte Kultur** das Besondere der Top-Destination ist. In den vorliegenden Fällen handelt es sich konkret um die arabische bzw. asiatische Lebensweise. Zweitens sind die Motive der Befragten sehr viel stärker durch das **Interesse und die Neugier an der fremden Kultur** geprägt. Fünf der zwanzig Gesprächspartner haben Touristische Regionen des Typs Fremde Kultur als Top-Destination gewählt.

In den folgenden Kapiteln werden die Unterkategorien der hypothetischen Typen vergleichend analysiert. Ziel ist es, Unterschiede der Typen herauszuarbeiten, um dadurch Erkenntnisse für das Management und Marketing grenzenloser Touristischer Regionen zu gewinnen.

1.7.1 Zeitpunkt der ersten Reise in die Top-Destination

Die vergleichende Analyse des **Zeitpunkts der ersten Reise** der Touristen in die Top-Destination zeigt, dass die Interviewpartner des Typs Erholung & Genuss bei der ersten Reise in die Top-Destination durchschnittlich jünger waren als die der übrigen Typen (vgl. Abb. 29, S. 154). Die Mehrheit des Typs Erholung & Genuss besuchte die Top-Destination das erste Mal während der Ausbildung (n= 6 von 8). Die Mehrheit des Typs Fremde Kultur ist erst während der Berufspraxis das erste Mal in die Top-Destination (n= 4 von 5) gereist. Die Top-Destination war für diesen Typ immer eine der ersten Fernreisedestinationen, die bereist wurde. Anders dagegen die Situation des Typs Natur; das Verhalten dieses Typs ist in Bezug auf die Lebensphasen weniger konzentriert. Tendenziell wird die Destination aber auch von diesem Typ eher in späteren Lebensphasen entdeckt. Zwei der sieben Befragten reisten während der Ausbildung und vier während der Berufspraxis das erste Mal in die Top-Destination.

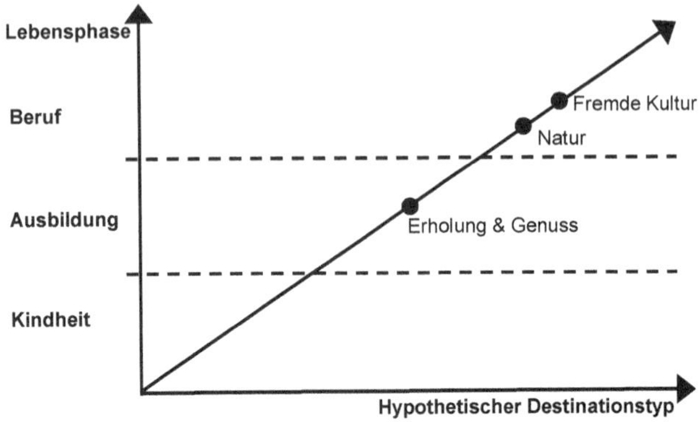

Abbildung 29: Zeitpunkt der ersten Reisen in die Top-Destination

Eigene Darstellung; Basis: 20 leitfadengestützte Einzelinterviews

1.7.2 Vorbereitung auf die Reisen

In der Abbildung 30 (S. 155) wird die Vorbreitungsintensität der hypothetischen Destinationstypen dargestellt.

Der **Typ Natur** bereitet sich am intensivsten auf die Reisen in die Destination vor. Ungestützt sind durchschnittlich drei Aktivitäten zur Vorbereitung auf die Reise genannt worden. Zur Vorbereitung des Typs Natur gehört neben der Informationssuche die Beschaffung der Ausrüstung. Der **Typ Fremde Kultur** hat durchschnittlich zwei Aktivitäten genannt, die er zur Vorbereitung auf die Reise unternommen hat. Die Befragten dieses Typs waren vor allem an Informationen über die Destination interessiert. Sie besorgten sich vorrangig Reiseliteratur, holten sich Tipps bei Freunden und studierten Reisemagazine sowie Kataloge von Reiseveranstaltern. Der Typ **Erholung & Genuss** bereitet sich dagegen nur wenig vor. Durchschnittlich unternahmen die Befragten dieses Typs eine Aktivität zur Reisevorbereitung. Lediglich Reiseliteratur und –führer wurden etwas häufiger genannt, im Vergleich zu den anderen Typen jedoch immer noch selten.

Das Internet hat bei der Informationsbeschaffung für alle Typen eine zunehmende Bedeutung. Internetsites der Destinationen werden von den Befragten verstärkt genutzt, und mit zunehmender Reiseerfahrung nimmt das Interesse an Spezialthemen zu.

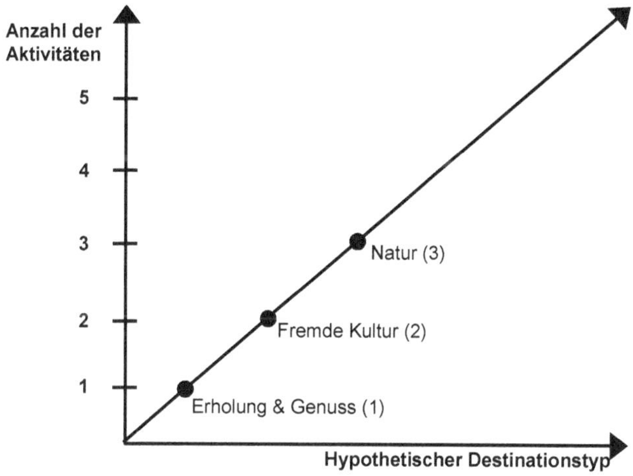

Abbildung 30: Vorbereitungsintensität

Eigene Darstellung; Basis: 20 leitfadengestützte Einzelinterviews

Aus der Analyse der hypothetischen Typen lassen sich folgende **Erkenntnisse** für das Marketing der Destinationen ableiten. Den Typen Fremde Kultur und Natur sollte zum Aufbau von Wettbewerbsvorteilen neben allgemeinen Informationen ein Netzwerk an Informationsquellen zu Spezialthemen zugänglich gemacht werden. Beim Typ Natur ist es darüber hinaus Erfolg versprechend, wenn für ihn ein eigenes oder vernetztes Angebot zur Beschaffung von Spezialausrüstung geschaffen wird.

1.7.3 Aktivitäten während der Reisen

Ein Unterschied zwischen den hypothetischen Typen wird bei den Aktivitäten, die während des Aufenthaltes in der Top-Destination unternommen wurden, deutlich (vgl. Abb. 31, S. 156). Die Typen lassen sich aufgrund des **quantitativen Aktivitätsniveaus** (Vielfalt) und der qualitativen Ergebnisse (**Art der Aktivität**) klar voneinander abgrenzen.

Die Befragten des Typs Natur zeichnen sich mit durchschnittlich 3,7 verschiedenen Aktivitäten durch die geringste Aktivitätsvielfalt aus. Der Typ Erholung & Genuss liegt mit durchschnittlich fünf Nennungen an der Spitze. Dazwischen platziert sich der Typ Fremde Kultur mit 4,2 verschiedenen Aktivitäten.

Qualitativ betrachtet, sind folgende Unterschiede erkennbar: Die Mehrheit des **Typs Erholung & Genuss** geht in der Destination landestypisch essen und einkaufen bzw. zum Shopping. Auch Sportarten wie Tauchen und Strandjoggen spielen eine größere Rolle. Ebenso häufig möchten die Befragten dieses Typs einfach die Eindrücke in der Destination auf sich wirken lassen. Es handelt sich also durchweg um Aktivitäten, die der Erholung und dem Genuss dienen.

Der **Typ Fremde Kultur** ist neben dem landestypischen Essen noch relativ stark interessiert am Alltagsleben in der Destination und möchte außerdem Einheimische kennen lernen.

Der **Typ Natur** hat bei den Aktivitäten das klarste Profil. An allen Aktivitäten, die ihn bei dem Naturerlebnis unterstützen, ist er sehr stark interessiert. Sowohl das passive Erlebnis als auch das aktive Wandern und Trekking sowie andere Sportarten, wie Kajak fahren und Fischen, sind für ihn außerordentlich wichtig. Relativ häufig fotografiert er auch die Natur, um die Erlebnisse für zu Hause festzuhalten.

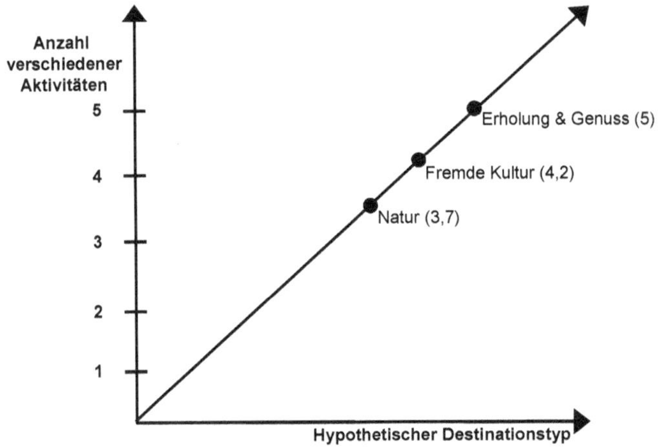

Abbildung 31: Aktivitäten in der Top-Destination

Eigene Darstellung; Basis: 20 leitfadengestützte Einzelinterviews

1.7.4 Destinationsübergreifende Aktivitäten

Die Differenzierung der hypothetischen Typen anhand der Vielfalt der Aktivitäten, die während des Aufenthalts in der Top-Destination unternommen werden, spiegelt sich auch bei dem Verhalten der Befragten zu Hause wieder (vgl. Abb. 32, S. 157). Insgesamt geschieht dies allerdings auf einem niedrigeren Aktivitätsniveau. Die Befragten des Typs Erholung & Genuss unternehmen von durchschnittlich fünf unterschiedlichen Aktivitäten, die sie in der Destination ausüben 2,75 Aktivitäten auch zu Hause. Beim Typ Kultur sind es 2 von 4,2 und beim Typ Natur 1,8 von 3,7 gleichen Aktivitäten. Als Ergebnis lässt sich **hypothetisch** feststellen, dass typenunabhängig **etwa die Hälfte der Urlaubsaktivitäten, die in der Top-Destination unternommen werden „grenzenlos", d.h. auch zu Hause ausgeübt werden.**

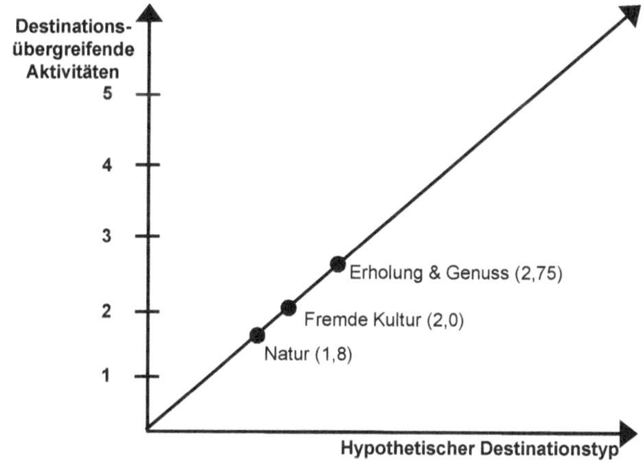

Abbildung 32: Destinationsübergreifende Aktivitäten

Eigene Darstellung; Basis: 20 leitfadengestützte Einzelinterviews

Auch qualitativ zeichnet sich eine gewisse Tendenz ab. Die Aktivitäten, die von den einzelnen Typen im Urlaub relativ häufig unternommen werden, werden von den Befragten auch zu Hause verhältnismäßig häufig ausgeübt. Die Befragten des Typs Erholung & Genuss nannten landestypisch Essen gehen als die häufigste Aktivität in der Destination und zu Hause. Beim Typ Fremde Kultur gilt dies ebenfalls für das landestypische Essen gehen und zusätzlich für den Besuch von Märkten. Der Typ Natur bevorzugt dagegen auch zu Hause das Wandern und Trekking. Demnach kann auf der Basis der Gesprächsanalyse die **Hypothese** gebildet werden**, dass Hauptaktivitäten der Befragten destinationsübergreifend sowohl in der Top-Destination als auch zu Hause ausgeübt werden** (vgl. Abb. 33, S. 158).

Abbildung 33: Destinationsübergreifende (grenzenlose) Aktivitäten

Eigene Darstellung; Basis: 20 leitfadengestützte Einzelinterviews

Die „grenzenlosen" Aktivitäten sind nicht bei allen Urlaubsreisenden mit unmittelbaren **Geldausgaben** verbunden, was sich weniger positiv auf die Realisierungschancen grenzenloser Destinationen auswirken dürfte. Im Fall der hier dargestellten hypothetischen Typen gehören die Typen Erholung & Genuss und Fremde Kultur vermutlich zu denen mit höheren Geldausgaben. Allerdings könnten beim Typ Natur beispielsweise durch technische und sportliche Vorbereitungskurse für das Wandern und Trekking vermutlich auch Einnahmen erzielt werden.

1.7.5 Aktivitäten zur Verlängerung der Erinnerungsphase

Die Befragten, die eine **Verlängerung der Erinnerungsphase wünschen**, haben unabhängig vom hypothetischen Typ durchschnittlich 4,3 – 4,5 Aktivitäten genannt, die sie zu diesem Zweck unternommen haben (vgl. Abb. 34, S. 159).

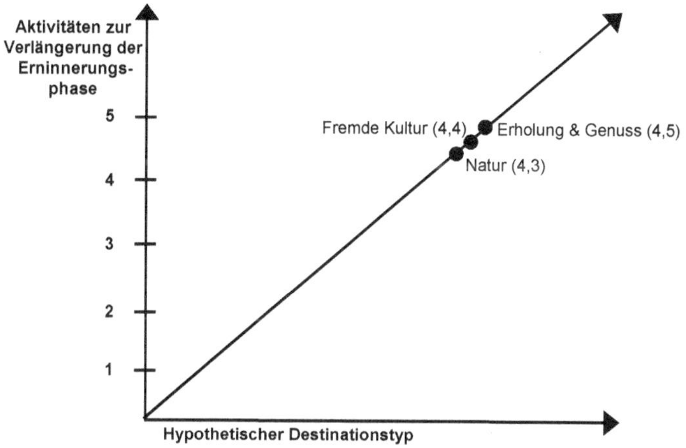

Abbildung 34: Aktivitäten zur Verlängerung der Erinnerungsphase

Eigene Darstellung; Basis: 20 leitfadengestützte Einzelinterviews

Die **qualitative Analyse** der Aktivitäten während der Erinnerungsphase ergibt ein differenzierteres Bild. Es zeichnet sich eine Beziehung zwischen den einzelnen Typen und der Vielfalt der Aktivitäten ab. Voraus ging eine Kategorisierung der im Gespräch genannten Aktivitäten. Insgesamt wurden 16 Kategorien gebildet (vgl. Abb. 26, S. 148). Im Rahmen der Analyse der Beziehung zwischen diesen Kategorien und den hypothetischen Idealtypen konnten sieben Kategorien identifiziert werden, die für die Beschreibung der unterschiedlichen Typen als relevant eingestuft werden können. Die Aktivitäten der Befragten des Typs Erholung & Genuss verteilen sich auf insgesamt fünf der sieben verschiedenen Kategorien (vgl. Abb. 35, S. 160). Beim Typ Fremde Kultur sind es drei (vgl. Abb. 36, S. 160) und beim Typ Natur zwei verschiedene Kategorien (vgl. Abb. 37, S. 161).

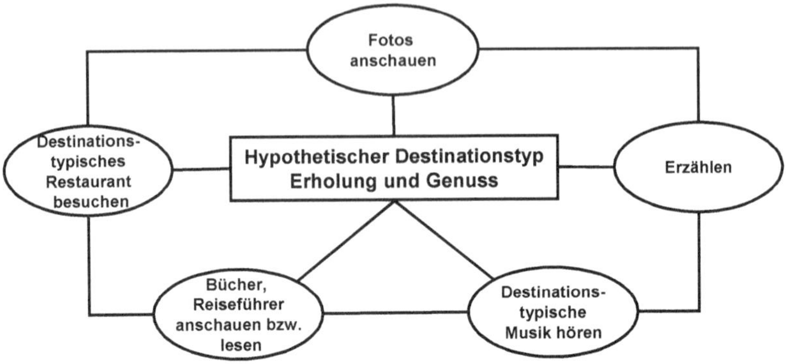

Abbildung 35: Aktivitäten zur Verlängerung der Erinnerungsphase des hypothetischen Destinationstyps Erholung & Genuss

Eigene Darstellung; Basis: 20 leitfadengestützte Einzelinterviews

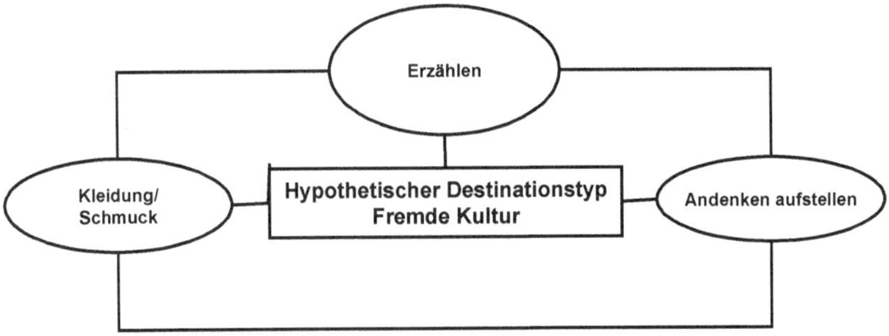

Abbildung 36: Aktivitäten zur Verlängerung der Erinnerungsphase des hypothetischen Destinationstyps Fremde Kultur

Eigene Darstellung; Basis: 20 leitfadengestützte Einzelinterviews

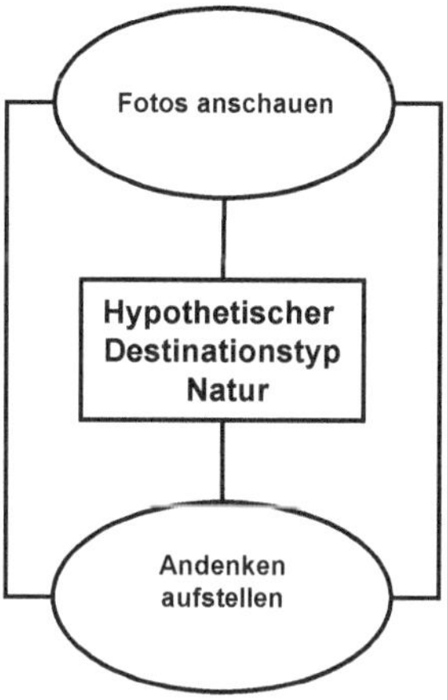

Abbildung 37: Aktivitäten zur Verlängerung der Erinnerungsphase des hypothetischen Destinationstyps Natur

Eigene Darstellung; Basis: 20 leitfadengestützte Einzelinterviews

Fokussiert man die **Geldausgaben**, die mit den Aktivitäten verbunden sind, zeigt sich, dass der Typ Erholung & Genuss vermutlich den ausgabefreudigsten Konsumenten integriert. Es handelt sich dabei tendenziell eher um erlebnisorientierte Aktivitäten, die auch im Alltag die Chance bieten, das Bedürfnis nach Erholung & Genuss zu befriedigen. Der Typ Kultur zeichnet sich durch die Ausgabebereitschaft für destinationsspezifische Kleidung und Schmuck aus, während der Typ Natur in erster Linie Geld für die Entwicklung von Fotos investiert.

1.7.6 Einfluss der Reisen auf die alltägliche Freizeit und den Lebensstil

Die Mehrheit der Befragten aller drei hypothetischen Typen ist der Meinung, dass ihre Reisen in die Top-Destination manche ihrer Verhaltensweisen, ihren Lebensstil und ihre Aktivitäten zu Hause verändert haben (vgl. Abb. 38, S. 162). Differenziert man die Typen nach der Anzahl der **durchschnittlichen Nennungen** im Gespräch, ergibt sich folgendes Bild. Die Befragten des Typs Erholung & Genuss (n=4,2) und des Typs Kultur (n=4,0) nehmen deutlich vielfältiger Einflüsse wahr als die des Typs Natur (n=2,7).

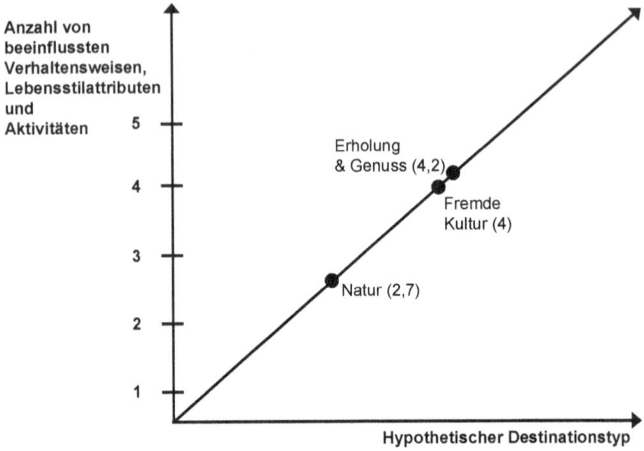

Abbildung 38: Einflüsse der Reisen auf Verhaltensweisen, Lebensstil und Aktivitäten

Eigene Darstellung; Basis: 20 leitfadengestützte Einzelinterviews

In weiten Bereichen schätzen die Befragten des Typs Erholung & Genuss und des Typs Fremde Kultur den Einfluss der Reisen auf sie persönlich ähnlich ein. Dies gilt für den Einfluss auf die kulinarischen Vorlieben und die Auswahl von Literatur, Reiseberichten und Fernsehsendungen, welche vermehrt inhaltlich mit der Destination etwas zu tun haben.

Unterschiede werden dagegen beim Einfluss auf die Persönlichkeitsstruktur der Befragten deutlich. Der **Typ Erholung & Genuss** empfindet Veränderungen allgemeinerer Art, und zwar des Charakters und der persönlichen Lebenseinstellung. „Barcelona als Quelle des Selbstwertgefühls" oder „ich habe gelernt, wie man Genuss gestaltet" sind Kommentare der Befragten, die die Art des Einflusses verdeutlichen (vgl. Abb. 39, S. 163).

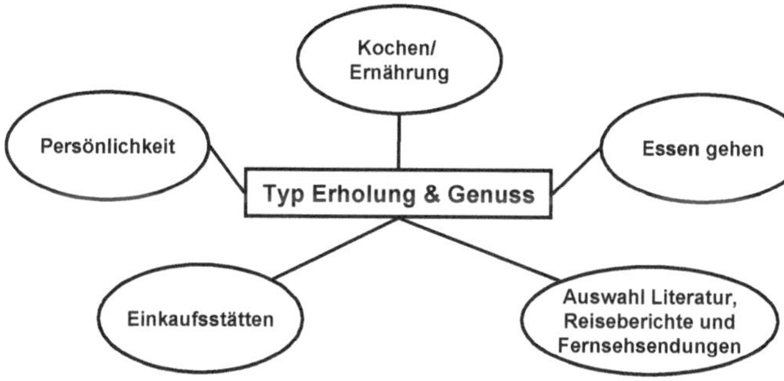

Abbildung 39: Einfluss der Reisen auf Verhaltensweisen, Lebensstil und Aktivitäten (hyp. Destinationstyp Erholung & Genuss)

Eigene Darstellung; Basis: 20 leitfadengestützte Einzelinterviews

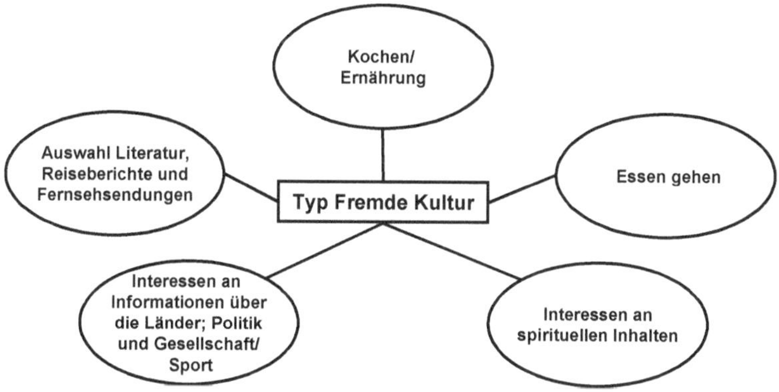

Abbildung 40: Einfluss der Reisen auf Verhaltensweisen, Lebensstil und Aktivitäten (hyp. Destinationstyp Fremde Kultur)

Eigene Darstellung; Basis: 20 leitfadengestützte Einzelinterviews

Beim **Typ Fremde Kultur** steigt vor allem das Interesse an den politischen, gesellschaftlichen und religiösen Rahmenbedingungen der Top-Destinationen (vgl. Abb. 40, S. 163).

Der **Typ Natur** unterscheidet sich am stärksten von den übrigen. Befragte dieses Typs empfinden vorrangig Veränderungen des Charakters und der persönlichen

Lebenseinstellung. Dies äußert sich nicht in destinationsspezifischen Aktivitäten, sondern es handelt sich um innere Werte der Befragten. Folgen der Reisen in die Natur – Destinationen sind ein bewussterer Umgang mit der Natur und auch mit persönlichen Entscheidungen im Leben (vgl. Abb. 41, S. 164).

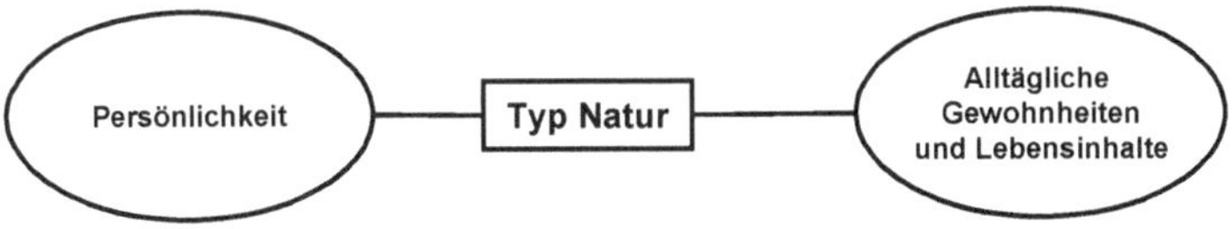

Abbildung 41: Einfluss der Reisen auf Verhaltensweisen, Lebensstil und Aktivitäten (hyp. Destinationstyp Natur)

Eigene Darstellung; Basis: 20 leitfadengestützte Einzelinterviews

1.7.7 Chancen und Risiken für grenzenlose Destinationen

Für Touristische Regionen, die vom hypothetischen Idealtyp **Erholung & Genuss** bereist werden, bieten sich vermutlich gute Chancen für eine erfolgreiche Erweiterung des Wertsystems. Der Typ Erholung & Genuss strebt danach, auch unter Alltagsbedingungen sein Leben nach dem Urlaubsprinzip Erholung & Genuss mit destinationsspezifischen Inhalten zu gestalten. Er ist empfänglich für Angebote, die das Urlaubsgefühl verlängern oder wachrufen. Erholung bedeutet für ihn, auch zu Hause das Lebensgefühl der bereisten Länder spüren zu können. Genießen möchte er mit allen Sinnen. Destinationstypische Erlebnisangebote, die das Lebensgefühl der bereisten Länder transportieren, sind bei diesem Typ vermutlich auch zu Hause sehr erfolgreich vermarktbar. Einkaufsstätten, gastronomische Betriebe und kulturelle Veranstaltungen sind Orte, die sich dafür besonders eignen dürften. Auch in der Wohnung möchte der Typ Erholung & Genuss destinationstypische Atmosphäre inszenieren. Dafür braucht er ein Angebot an Produkten aus den bereisten Ländern. Lebensmittel, Mode und Musik stehen beispielhaft für die nachgefragten Produkte.

Der hypothetische **Typ Fremde Kultur** scheint vor allem während der Vorbereitung und Nachbereitung der Reisen sehr empfänglich für Angebote seitens der Destination zu sein. Vor der Reise sucht er Unterstützung bei der Suche nach Informationsquellen, und nach der Reise hat er ein Bedürfnis, sich zu vermitteln. Chatrooms und Kundenclubs sind mögliche Angebote, um dieses Bedürfnis zu befriedigen. Darüber hinaus sind wahrscheinlich destinationsspezifische Veranstaltungsorte (z.B. Buddhistisches Zentrum in Berlin Frohnau) geeignet, um das Kommunikationsbedürfnis mit Gleichgesinnten zu stillen. Die destinationstypische Atmosphäre, die der Typ Fremde Kultur sucht, ist schwierig in das Alltagsleben zu integrieren, weil der Unterschied zwischen den Kulturen groß ist. Destinationstypisch essen gehen und gelegentlich selber kochen gehören für ihn zu den Aktivitäten, um destinationstypische Atmosphäre auch zu Hause erleben zu können. Außerdem versucht der Typ Fremde Kultur, sich über aktuelle politische und gesellschaftliche Ereignisse in den bereisten Ländern zu informieren, um so das Gefühl zu haben, weiterhin am „authentischen" Leben in der Destination teilzuhaben. Newsletter und virtuelle Angebote seitens der Touristischen Regionen könnten für den Typ Fremde Kultur das Angebot der Destination erfolgreich ergänzen. Dieser Typ besucht auch zu Hause gerne destinationstypische Restaurants.

Touristische Regionen mit Besuchern, die überwiegend zum **hypothetischen Typ Natur** gehören, eignen sich wahrscheinlich am wenigsten für eine Erweiterung des Wertsystems, denn das Spektrum für mögliche Angebote ist sehr schmal, und dieser Destinations- Typ wirkt eher introvertiert. Er empfindet einen starken Einfluss der Naturerlebnisse auf seine inneren Werte. Diese Erlebnisse können vermutlich in den Quellregionen nicht angeboten werden. Die natürlichen Gegebenheiten sind an andere Orte kaum zu transportieren. Der Typ Natur ist aber für fachspezifische Veranstaltungen, beispielsweise zu Themen der Natur oder Geomorphologie, empfänglich. Ebenso wichtig ist ihm das Thema Ausrüstungsbeschaffung für seine Reisen. Vorträge zum Thema Ausrüstung, Secondhand-Märkte und Fachgeschäfte zur Beschaffung der Ausrüstung dürften Angebote darstellen, die der Nachfrage dieses Typs entsprechen.

1.8 Fazit

Die Auswertung der leitfadengestützten Einzelinterviews zeigt, dass die Mehrheit der befragten Touristen nach Rückkehr aus der Top-Destination[30] mit dieser über einen längeren Zeitraum (max. bis zur nächsten Reise) oder dauerhaft emotional verbunden bleibt. Die Gesprächspartner haben mehrheitlich geäußert, dass sie während dieser Zeit an destinationsspezifischen Angeboten und Dienstleistungen interessiert sind und solche auch nutzen, wobei mehr als die Hälfte dieser Aktivitäten mit unmittelbaren Geldausgaben für die Befragten verbunden gewesen ist. Demnach ist es recht wahrscheinlich, dass in den Quellregionen eine Nachfrage vorhanden ist, auf die grenzenlose Destinationen ihre Strategien ausrichten können.

Die Methode des selektiven Kodierens der Gesprächsinhalte hat darüber hinaus die Entwicklung konkreter Hypothesen über das Nachfrageverhalten ermöglicht. Zwei dieser Hypothesen sollen exemplarisch hier noch einmal zusammengefasst präsentiert werden, weil ihnen für die Realisierung grenzenloser Touristischer Regionen grundsatzstrategische Bedeutung zukommt: Zum Zielgruppenkern grenzenloser Touristischer Region zählen Gäste, die sich eine Verlängerung der Erinnerungsphase an die Destination wünschen und Gäste, deren Erinnerungsphase dauerhaft anhält.

Außerdem war es möglich, drei hypothetische (Nachfrage) Typen, und zwar Typ Erholung & Genuss, Typ Fremde Kultur und Typ Natur, abzugrenzen. Abgrenzungskriterien für die drei Typen waren das Image der persönlichen Top-Destination und die Reisemotivation der Befragten. Aufgrund der vergleichenden Analyse dieser drei hypothetischen Typen ist es wahrscheinlich, dass auch in Wirklichkeit destinationsspezifische Gruppierungen abgegrenzt werden können. Ein Vergleich der quantitativen und qualitativen Aktivitäten der Befragten vor, während und nach der Reise beschreibt ein sehr differenziertes Bild dieser drei Typen mit deutlich abgrenzbaren Profilen. Aus diesem Grund werden auf der Basis dieser Ergebnisse in Teil V dieser Arbeit modellhafte Darstellungen grenzenloser Destinationen entwickelt (vgl. Kapitel V 3, S. 197-201).

---

[30] **Eine Destination**, die für den Probanden eine besondere Rolle in der Reisebiographie eingenommen hat und nach Meinung des Interviewpartners die eigene alltägliche Freizeitgestaltung stärker als andere Destinationen beeinflusst hat.

2 Einzelinterviews über den Einfluss der Destinationserfahrung auf die Nachfrage destinationsspezifischer Angebote in den Quellmärkten

2.1 Zielsetzung der Untersuchung

Ziel dieser Untersuchung ist es, Erkenntnisse darüber zu gewinnen, wie persönliche Erfahrungen und Erlebnisse, die Touristen in Destinationen gemacht haben (Destinationserfahrung), das **Nachfrage**verhalten dieser Personen **nach destinationsspezifischen Angeboten** in den Quellregionen beeinflussen. Dazu wurde in zwei Unternehmen, die in einer Quellregion von Destinationen destinationsspezifische Leistungen anbieten, Kundenbefragungen durchgeführt. Solche Unternehmen werden im weiteren Verlauf dieser Arbeit **Destinations-Unternehmen** genannt und die Destinationen, an denen sich die destinationsspezifische Angebotsgestaltung orientieren, **„Original"-Destinationen**.

Darüber hinaus wurde **situationsbezogen** auf der subjektiven Erlebnisebene der befragten Touristen untersucht, in welcher Ausprägung sie kognitive bzw. emotionale Zusammenhänge zwischen der „Original"-Destination und dem Destinations-Unternehmen wahrgenommen bzw. empfunden haben.

Zum Schluss werden Chancen und Risiken für die Erweiterung des Wertsystems von Destinationen diskutiert, die sich aus den gewonnenen Erkenntnissen tendenziell ableiten lassen.

2.2 Methodisches Vorgehen

Im Rahmen der Untersuchung wurden in zwei **Destinations-Unternehmen** mündlich, face-to-face, mit insgesamt **121 Kunden** standardisierte Interviews mit geschlossenen und offenen Fragen durchgeführt. Die Befragung fand im Dezember 2001 an vier Tagen, zwei Wochentagen und zwei Sonnabenden, statt, wobei die Befragten willkürlich am Befragungstag unter den Kunden der Destinations-Unternehmen ausgewählt wurden.

Die **geschlossenen Fragen** wurden für die Themenkomplexe gewählt, für die es möglich war, aufgrund des theoretischen Vorverständnisses Grundannahmen zu formulieren, die von den Befragten lediglich bestätigt oder abgelehnt werden mussten. Die erzielten Ergebnisse lassen wegen der Fallzahlen der Untersuchung keine repräsentativen[31] Aussagen zu. Es handelt sich bei der Untersuchung um eine Stichprobe. Stichproben ergeben nie ein 100-prozentig sicheres Ergebnis, wie das Vollerhebungen tun. Die Ergebnisse der Stichproben streuen um den „Wahren Wert", wobei sich spätestens nach n>30 eine Normalverteilung einstellt (vgl. Koch, 2004, S. 49ff). Zur Berechnung der **Abweichung des Stichprobenergebnisses** von dem sog. „wahren Wert" wurde im Rahmen der vorliegenden Arbeit die Standardabweichung für homograde Fälle bei einer Sicherheitswahrscheinlichkeit (Signifikanzniveau) von 95 Prozent berechnet. Die probalistischen Aussagen[32], die getroffen werden, sind als Hypothesen zu verstehen, die später wissenschaftlich auf einer anderen empirischen Basis falsifiziert werden können.

Im Einzelnen wurden folgende Grundannahmen überprüft:

- Destinationsspezifische Leistungen in den Quellregionen werden häufiger von Kunden mit als von Kunden ohne Destinationserfahrung in Anspruch genommen.
- Kunden mit Destinationserfahrung stellen häufiger eine Verbindung zwischen Destinations-Unternehmen und „Original"-Destination her als Kunden ohne diese Erfahrung.
- Kunden mit Destinationserfahrung halten Destinations-Unternehmen häufiger für destinationstypisch als Kunden ohne diese Erfahrung.
- Bei Kunden mit Destinationserfahrung werden durch den Besuch eines Destinations-Unternehmens häufiger Destinationsgefühle geweckt als bei Kunden ohne diese Erfahrung.

Die **offene Frageform** wurde in den Fällen gewählt, in denen über den Untersuchungsgegenstand bisher keine wissenschaftlichen Erkenntnisse vorlagen, auf deren Basis die Kategorisierung möglicher Antworten möglich gewesen wäre. Dieser Teil der Befragung dient der **Exploration** erster wissenschaftlicher Erkenntnisse über diese spezifischen Themen. Die Ergebnisse der offenen Fragen können keinem Signifikanztest unterzogen werden. Eine Kategorisierung der Antworten ermöglicht es aber, Tendenzen abzulesen bzw. Hypothesen zu formulieren. Dazu wurden im Ver-

---

[31] „Meist wird mit Repräsentativität einer Stichprobe verbunden, dass sie ein „verkleinertes Abbild der Grundgesamtheit" darstellt (Schumann, S. 2000, S. 84).

[32] Wenn X, dann mit einer Wahrscheinlichkeit von p Prozent Y (Schumann, S. 2000, S. 1).

lauf des Forschungsprozesses die Nennungen der einzelnen Kategorien in das Verhältnis zu den Nennungen der gesamten Stichprobe bzw. zu relevanten Untergruppen gesetzt.

Im Einzelnen wurden folgende Themenschwerpunkte untersucht:

- Gründe bzw. die Motivation von Kunden mit und ohne Destinationserfahrung für die Inanspruchnahme einer destinationsspezifischen Leistung in den Quellmärkten.
- Assoziationen von Kunden mit und ohne Destinationserfahrung zu den Destinations-Unternehmen.

Ergänzend zur Befragung in den Destinations-Unternehmen wurden am Kurfürstendamm und am Breitscheidplatz ebenfalls 120 Berliner befragt, ob Sie die relevanten „Original"-Destinationen bereits besucht haben. Ziel dieser Parallelbefragung war es, Anhaltspunkte darüber zu erhalten, ob sich die Berliner Bevölkerung bezüglich der Destinationserfahrung von den Kunden der Destinations-Unternehmen unterscheidet. Diese Methode wurde gewählt, weil keine öffentliche Statistik diese Frage beantworten kann.

2.3 Auswahl der Unternehmen

Die exemplarisch ausgewählten **Destinations-Unternehmen** sind das Restaurant Gosch am Kurfürstendamm und das Scandinavium in Berlin. Bei der Auswahl dieser Unternehmen wurden keine wissenschaftlichen Kriterien angelegt, da es keine wissenschaftliche Definition für so genannte destinationsspezifische Leistungen gibt. Die Unternehmen müssen folgende Kriterien erfüllen. **Sie müssen in der Quellregion einer Destination kommerzielle Leistungen anbieten, die äußerlich eine Beziehung zu einer (touristischen) Destination erkennen lassen.**

Das **Restaurant Gosch** hat seinen Ursprung auf der Insel Sylt. Gosch betreibt auf Sylt mehrere sehr bekannte Fischrestaurants. Bereits vor Jahren hat Gosch mit der Eröffnung von Filialen außerhalb Sylts begonnen. Der Firmenname Gosch wird im direkten Verbund mit dem Namen der Destination Sylt kommuniziert. Das Logo beinhaltet den Firmennamen Gosch, den Namen der Destination Sylt und einen Hummer.

Das Angebot und die Einrichtung der Restaurants außerhalb Sylts sind denen auf Sylt nachempfunden. In Berlin gibt es mehrere Filialen Goschs. Für die Befragung wurde das Restaurant Gosch am Kurfürstendamm ausgewählt, da dieses in Berlin am längsten besteht.

Das **Scandinavium** ist ein Unternehmen, welches seit ca. 10 Jahren zwei Geschäftsbereiche mit Destinationsbezug unter dem Markennamen Scandinavium führt. In dem einen Geschäftsbereich werden Pauschal-, Individualreisen und Einzelleistungen für Reisen nach Nordeuropa vermittelt. In dem zweiten Geschäftsbereich werden nordeuropäische Produkte wie Bekleidung, Haushaltswaren und Reisezubehör angeboten. Beide Geschäftsbereiche befinden sich in einem gemeinsamen Ladengeschäft in der Rankestraße in Berlin. Die Inneneinrichtung des Geschäfts ist laut Geschäftsführung der Einrichtung nordeuropäischer Geschäfte nachempfunden.

2.4 Aufbau der Interviews

Das Interview war in **drei Phasen** gegliedert, in den ersten beiden Phasen wurden alle Probanden befragt, in der dritten Phase ausschließlich die Kunden mit Destinationserfahrung.

Zum Beginn der **ersten Phase** wurden die Probanden gefragt, ob und ggf. wie häufig sie das Destinations-Unternehmen bereits besucht haben. Es folgten zwei offene Fragen nach der Besuchsmotivation und den Assoziationen der Befragten zu dem Destinations-Unternehmen. Anschließend wurde gefragt, ob sie das Destinations-Unternehmen mit der „Original"-Destination verbinden und wenn ja, warum.

Die drei Fragen in der **zweiten Phase** thematisierten die Beziehung der Befragten zur Destination. Es wurde nach der Destinationserfahrung und den Assoziationen zur „Original"- Destination gefragt. Gäste ohne Destinationserfahrung wurden nach der Wahrscheinlichkeit befragt, die „Original"-Destination einmal zu besuchen.

In der **dritten Phase** wurden die Kunden mit Destinationserfahrung zunächst gefragt, ob das Destinations-Unternehmen ihrer Meinung nach auch typisch für die Destination ist und ob der Besuch Destinationsgefühle weckt. Die Begriffe „typisch" und „Destinationsgefühle" wurden vorher nicht definiert, sondern die Entscheidung sollte subjektiv durch die Kunden gefällt werden. Ziel war es herauszufinden, ob sich nach der Verknüpfung dieser subjektiven Meinungen mit anderen Ergebnissen der Befragung relevante Abhängigkeiten für die Planung grenzenloser Touristischer Regionen abzeichnen. Außerdem wurde nach der Nutzung von weiteren destinationsspezifischen Angeboten / Veranstaltungen außerhalb der Destination gefragt, um Potentiale für die Erweiterung des Wertsystems Touristischer Regionen zu erforschen.

2.5 Destinationserfahrung und Nachfragemerkmale

2.5.1 Allgemeine Zusammenhänge

84,3 Prozent der befragten Gäste in den Destinations-Unternehmen verfügen über Destinationserfahrung, denn sie waren vorher bereits in der „Original"-Destination. (vgl. Abb. 42, S. 172). Bei einem Signifikanzniveau mit 95 %-iger Wahrscheinlichkeit bedeutet das, dass sich der Anteil der **Gäste mit Destinationserfahrung in den untersuchten Destinations-Unternehmen** im Bereich zwischen 77,8 Prozent und 90,8 Prozent befindet. Dagegen hatten nur 45 Prozent der befragten Berliner Destinationserfahrung mit Sylt und/oder Nordeuropa. Bei einem Signifikanzniveau von 95 Prozent bedeutet dieses Ergebnis, dass zwischen 36,1 Prozent und 53,9 Prozent der **Berliner Bevölkerung** über Destinationserfahrung verfügen. Demnach liegt in den untersuchten Destinations-Unternehmen der Anteil der Kunden, die bereits auf Sylt und/oder in Nordeuropa waren mindestens 23,9 Prozentpunkte und maximal 58,9 Prozentpunkte über dem Anteil der Berliner Bevölkerung. 51 der insgesamt 60 befragten Gäste im **Restaurant Gosch** am Kurfürstendamm waren bereits auf Sylt. Das entspricht einem Anteil von 83,6 Prozent der Befragten. Bei den Berlinern lag die Zahl derer, die bereits auf Sylt waren, mit 36 der 120 Befragten (30%) deutlich darunter.

Der Anteil der befragten Gäste des **Scandinaviums** mit spezifischer Destinationserfahrung entspricht in etwa dem des Restaurants Gosch. 51 der 61 Befragten (85%) waren bereits in Nordeuropa. Im Vergleich dazu gaben 74 der 120 befragten Berliner an, dass Sie bereits in Nordeuropa waren. Dies entspricht einem Anteil von 61,6 Prozent.

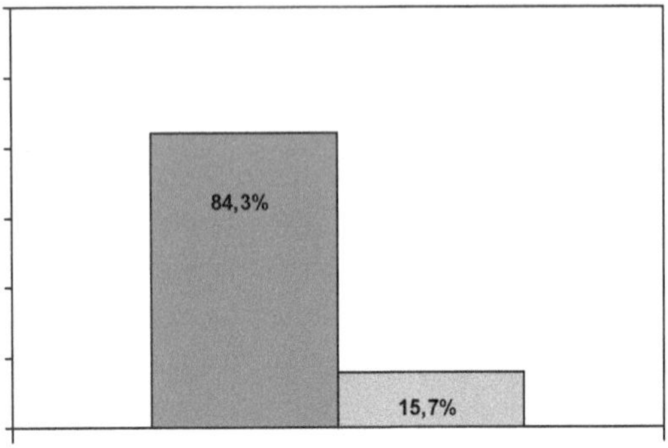

Abbildung 42: Destinationserfahrene Kunden in den Destinations-Unternehmen

Eigene Darstellung; Basis: 121 Einzelinterviews

Es verfestigt sich demnach die Grundannahme, dass die Destinations-Unternehmen in den Quellmärkten häufiger von Kunden mit als von Kunden ohne Destinationserfahrung besucht werden.

Die Wechselbeziehung gilt vermutlich auch umgekehrt. Die **Affinität** der Scandinaviumbesucher sowie der Goschbesucher, die noch keine Destinationserfahrung haben, ist **gegenüber einem Besuch der „Original"-Destination** ebenfalls sehr hoch. 82,3 Prozent der Gäste ohne Destinationserfahrung haben das Interesse geäußert, einmal die „Original"-Destination besuchen zu wollen. Bei einem Signifikanzniveau von 95 Prozent bedeutet das, dass mindestens 64,2 Prozent der Kunden der Destinations-Unternehmen ein Interesse an einer Reise in die „Original"-Destination haben[33].

Die Destinationserfahrung wirkt sich auch positiv auf die Besuchshäufigkeit der Gäste in den Destinations-Unternehmen aus. Der Anteil der befragten Kunden, die das Destinations-Unternehmen häufiger als fünf Mal besucht haben, ist bei den Befragten mit Destinationserfahrung mit 52,5 Prozent um 31,5 Prozentpunkte

[33] Normalverteilung stellt sich spätestens mit n=30 ein (vgl. Koch, 2004, S. 50) Aus diesem Grund kann theoretisch der Anteil auch darunter liegen, denn diese Berechnung basiert nur auf 17 Fällen.

höher als bei den Gästen ohne Destinationserfahrung (21 Prozent) (vgl. Abb. 43, S. 174).

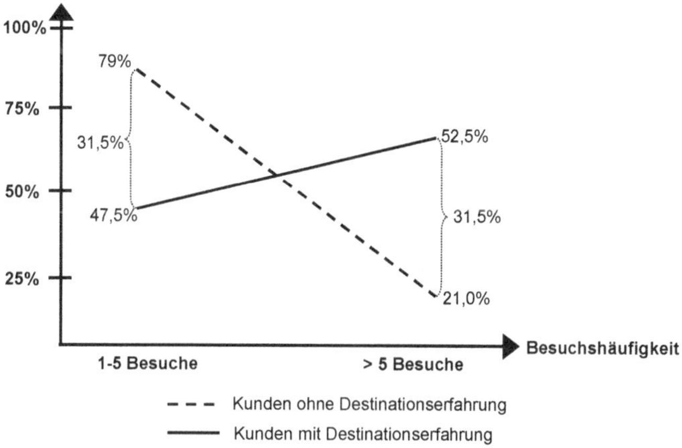

Abbildung 43: Destinationserfahrung und Besuchshäufigkeit

Eigene Darstellung; Basis: 121 Einzelinterviews

Bei einem Signifikanzniveau von 95 Prozent bedeutet das, dass der Anteil der Gäste mit Destinationserfahrung, die häufiger als fünf Mal das Destinations-Unternehmen besucht haben, mit 95%-iger Wahrscheinlichkeit zwischen 42,8 und 62,2 Prozent liegt. Bei den Gästen ohne Destinationserfahrung befindet sich dieser Wert dagegen zwischen 2,69 Prozent und 39,31 Prozent, d.h. mit 95%-iger Wahrscheinlichkeit liegt der Anteil der Kunden, die die Destinations-Unternehmen häufiger als fünf Mal besucht haben, mindestens um 3,49 Prozent und maximal 59,51 Prozentpunkte höher als bei den Gästen ohne Destinationserfahrung.[34]

2.5.2 Besuchsgründe und -motive

39,3 Prozent der befragten Kunden im Restaurant Gosch (n=24) gaben ungestützt als **Besuchsgrund bzw. -motiv** an, dass sie dort schnell und gut essen können.

[34] Normalverteilung stellt sich spätestens mit n=30 ein (vgl. Koch, 2004, S. 50) Aus diesem Grund können die Abweichungen bei den Kunden ohne Destinationserfahrung theoretisch auch größer sein, denn diese Berechnung basiert nur auf 19 Fällen.

Als weitere Gründe bzw. Motive folgten mit 29,5 Prozent (n=18) das Besondere, vor allem die Frische des Essens, mit jeweils 16,4 Prozent (n=10) die Lage und der allgemeine Wunsch, Fisch essen zu wollen. Darüber hinaus wurden die professionelle Dienstleistung (n=5), das Ambiente (n=4) und das Preis-Leistungsverhältnis (n=3) genannt (vgl. Abb. 44, S. 175).

Trotz der relativ niedrigen Fallzahl der befragten Kunden Goschs, die Sylt noch nicht besucht haben (n=10), werden im Folgenden Besuchsgründe bzw. -motive der Syltbesucher und Nicht-Syltbesucher vergleichend analysiert, da Unterschiede recht deutlich erkennbar sind. Dazu wurden die oben dargestellten Kategorien weiter verdichtet und unter den Oberkategorien Hardware, Software, Lage/Standort und Einrichtung/Ambiente zusammengefasst. **Hardware** steht in diesem Zusammenhang für das Angebot an Speisen und Getränken. **Software** steht für alle Serviceleistungen (vgl. Abb. 44, S. 175).

47,1 Prozent der Kunden mit Sylterfahrung und 40 Prozent der Kunden ohne Sylterfahrung haben die **Hardware** des Restaurants als Besuchsgrund bzw. -motiv genannt, das bedeutet, die Hardware nimmt bei beiden Kundengruppen die zweite Position unter allen Nennungen ein. Unterschiede zwischen den beiden Gruppen werden dagegen bei der Software und dem Standort deutlich. 53 Prozent der Befragten mit Destinationserfahrung und 20 Prozent der Befragten ohne diese Erfahrung nannten **Softwarefaktoren** als Besuchsgrund. Im Unterschied dazu nannten 50 Prozent der Kunden ohne und nur 9,8 Prozent der Kunden mit Destinationserfahrung den **Standort** als Grund für den Goschbesuch.

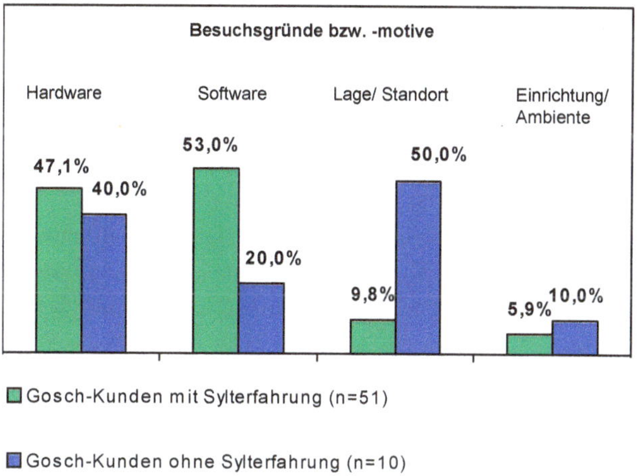

Abbildung 44: Besuchsgründe bzw. -motive der Kunden des Restaurants Gosch/Berlin

Eigene Darstellung; Basis: 121 Einzelinterviews

Es lässt sich daraus die folgende **Hypothese** ableiten: **Gäste mit Destinationserfahrung besuchen das Restaurant Gosch eher aufgrund von Produktpräferenzen, während die Kunden ohne Destinationserfahrung eher zu den Zufallskunden gehören.** Diese Hypothese wirkt insofern logisch, da die meisten Befragten ausgesagt haben, dass sie während ihrer Syltaufenthalte bereits mindestens einen Kontakt mit dem Restaurant Gosch hatten. Insofern dürften die meisten Kunden des Restaurants Gosch am Kurfürstendamm mit Sylterfahrung im Vergleich zu denen ohne diese Erfahrung über einen produktspezifischen Wissensvorsprung verfügen, der sich positiv auf die Entscheidungsfindung für das Restaurant ausgewirkt haben könnte.

Der Besuch des Scandinaviums wurde von 39,1 Prozent der Befragten (n=24) mit dem Kauf von Bekleidung bzw. Reisezubehör begründet, gefolgt von 28,1 Prozent der Befragten (n=18), die wegen Information bzw. Buchung einer Reise kamen. Darüber hinaus wurde der Kauf eines Geschenkes (n=8) und der Kauf von Reiseführern und -büchern (n=4) als Besuchsgrund bzw. -motiv angegeben.

Eine Kategorisierung der Gründe und Motive der Scandinaviumbesucher nach den Kriterien Hardware, Software, Standort und Ambiente ist nicht möglich. Die

Gründe und Motive der Kunden des Scandinaviums können dafür drei anderen Oberkategorien zugeordnet werden. 45,4 Prozent der Befragten haben das Scandinavium besucht, um eine typische **Reisebüroleistung** in Anspruch zu nehmen. 39,1 Prozent kamen wegen des **Angebotes an Bekleidung** und 12,5 Prozent, um ein **Geschenk** zu **kaufen**.

Ein Vergleich der befragten Kunden des Scandinaviums mit und ohne Nordeuropaerfahrung zeigt, dass es tendenziell leichte Unterschiede zwischen den Kunden mit und ohne Destinationserfahrung gibt. **Kunden mit Destinationserfahrung kamen im Vergleich zu den Kunden ohne Erfahrung häufiger wegen der Reisebüroleistungen (45,5 zu 33,3 Prozent) und zum Geschenkkauf (14,5 zu 0,0 Prozent), aber seltener zum Erwerb von Kleidung (34,5 zu 55,5 Prozent)** (vgl. Abb. 45, S. 176). Dies wirkt logisch, da Reisbüroleistungen mittelbar mit Nordeuropa als touristische Destination verbunden sind, und auch Geschenke können wie Souvenirs destinationsspezifische Inhalte transportieren. Nordeuropäische Bekleidung besitzt dagegen vermutlich ein eigenständiges, vom Tourismus unabhängiges Image und kann daher für Konsumenten auch unabhängig von der Destinationserfahrung attraktiv sein.

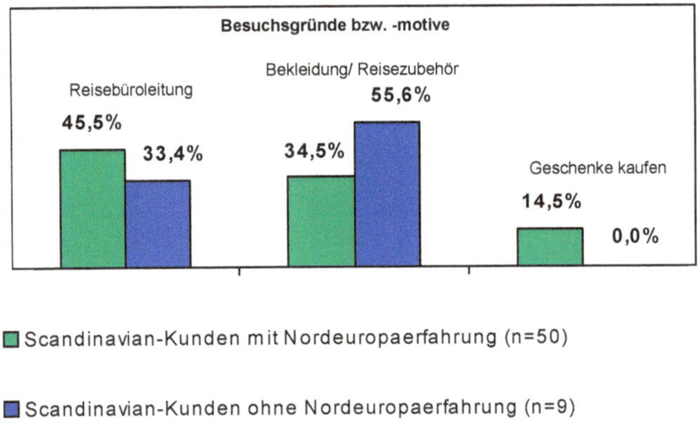

Abbildung 45: Besuchsgründe bzw. -motive des Scandinaviums von Nordeuropa und Nicht-Nordeuropabesuchern

Eigene Darstellung; Basis: 121 Einzelinterviews

2.5.3 Assoziationen zu den Destinations-Unternehmen (Marken)

Die Mehrzahl der **Assoziationen** der befragten Kunden zu den Destinations-Unternehmen (Marken) zählen zur Kategorie Hardware. Es folgen Software- und Stimulus-Faktoren. Bei einem Vergleich der Kunden mit und ohne Destinationserfahrung werden Unterschiede deutlich. Die befragten Kunden mit Destinationserfahrung nennen häufiger **Hardwarefaktoren** als Kunden ohne diese Erfahrung (78 zu 53 Prozent). Umgekehrt verhält es sich bei den **Softwarefaktoren**. Die freundliche, gute und professionelle Dienstleistung wird von 47,0 Prozent der Befragten ohne Destinationserfahrung mit den Destinations-Unternehmen assoziiert. Dieser Prozentsatz liegt 25 Prozentpunkte über dem der Kunden mit Destinationserfahrung. Bei den **Stimulusfaktoren** sind keine Unterschiede erkennbar.

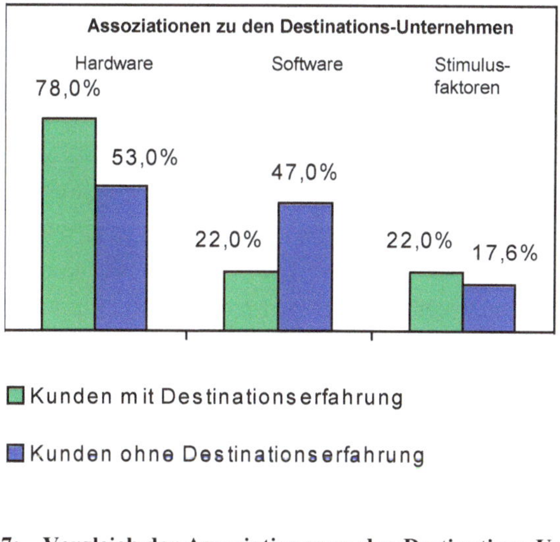

Abbildung 47: Vergleich der Assoziationen zu den Destinations-Unternehmen (Marken) der Kunden mit und ohne Destinationserfahrung

Eigene Darstellung; Basis: 121 Einzelinterviews, n=177 spontane Nennungen

Auf der **Ebene der einzelnen Marken** ist bei beiden Destinations-Unternehmen in den Kategorien Hardware und Software die gleiche Tendenz zu erkennen, dies allerdings in unterschiedlicher Ausprägung. Unterschiedlich verhält es sich dagegen bei den Stimulus-Faktoren (vgl. Abb. 47, S. 177).

Bei Gosch unterscheiden sich die **Assoziationen zur Marke** deutlich zwischen den befragten Kunden mit und ohne Sylterfahrung. Befragte mit Sylterfahrung nennen im Vergleich zu den Befragten ohne Sylterfahrung als typische Merkmale des Restaurants Gosch häufiger die Qualität des Angebotes (84,3 zu 50,0 Prozent) und die Einrichtung / das Ambiente (25,5 zu 10,0 Prozent). Dagegen wird von den Befragten ohne Sylterfahrung die freundliche, gute und professionelle Dienstleistung (60,0 zu 29,4 Prozent) häufiger genannt.

Die Unterschiede zwischen den Scandinaviumkunden mit und ohne Nordeuropaerfahrung sind dagegen geringer. Es sind aber auf sehr niedrigem Niveau ähnliche Tendenzen wie bei Gosch zu beobachten. Die Hardware, das spezifische (nordeuropäische) Angebot, wird von den Befragten mit Destinationserfahrung mit 71,5 Prozent wie bei Gosch etwas häufiger als typisches Merkmal genannt als von den Befragten ohne Erfahrung (57,0 Prozent). Auch die Besucher ohne Destinationserfahrung assoziieren häufiger Softwarefaktoren wie die freundliche und professionelle Beratung (28,6 Prozent gegenüber 18,4 Prozent) mit der Marke Scandinavium. Einrichtung und Ambiente werden dagegen im Unterschied zu Gosch bei den Kunden des Scandinaviums ohne Destinationserfahrung mit einem Anteil von 28,6 Prozent im Vergleich zu den Kunden mit Destinationserfahrung häufiger genannt (16,3 Prozent).

Insgesamt lässt sich sehr vorsichtig die folgende **Hypothese** ableiten:

„Original"-Destinationserfahrene Kunden von Destinations-Unternehmen in den Quellregionen assoziieren im Vergleich zu den Kunden ohne Destinationserfahrung diese Marken häufiger mit Hardwarefaktoren als mit Softwarefaktoren.

2.5.4 Fit -Wahrnehmung

Weiteres Ziel der Untersuchung war es zu erforschen, ob auf der subjektiven Beziehungsebene von den befragten Kunden kognitiv oder emotional eine **Verbindung von „Original"-Destination und Destinations-Unternehmen** in den Quellregionen wahrgenommen wird. Dazu wurden zunächst alle Kunden ganz allgemein danach gefragt, ob sie das Destinations-Unternehmen mit der „Original“-Destination verbinden (siehe hierzu auch Ausführungen über Markenerweiterung Kapitel III 3, S. 120-129)

Im weiteren Verlauf wurden die Kunden mit Destinationserfahrung gefragt, ob sie das Destinations-Unternehmen **destinationstypisch finden** und der Besuch des Destinations-Unternehmens bei ihnen **Destinationsgefühle weckt**.

2.5.4.1 Verbindung

91 Prozent der befragten Kunden mit Destinationserfahrung gegenüber 47,3 Prozent der Befragten ohne Destinationserfahrung verbinden das Destinations-Unternehmen mit der „Original“-Destination (vgl. Abb. 48, S. 179). Demnach verbinden mit einer Wahrscheinlichkeit von 95 Prozent zwischen 85 Prozent und 96,5 Prozent der Kunden der Destinations-Unternehmen diese Unternehmen mit der „Original“-Destination.

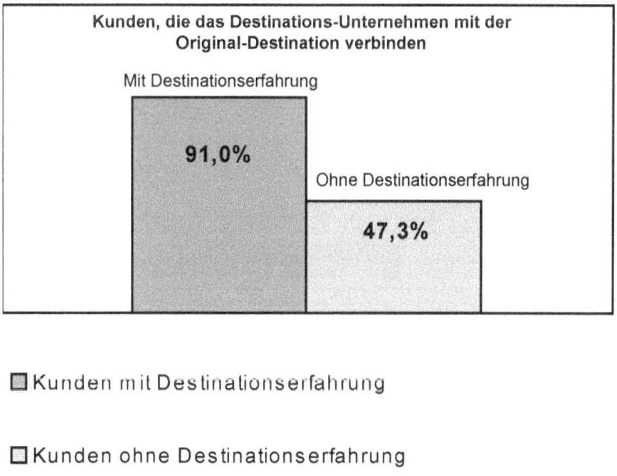

Abbildung 48: Kunden, die eine Verbindung zwischen Destinations-Unternehmen und „Original“-Destination wahrnehmen

Eigene Darstellung; Basis 121 Einzelinterviews

Bei den Kunden ohne Destinationserfahrung liegt der Anteil deutlich darunter und zwar zwischen 24,9 Prozent und 69,7 Prozent.[35] Auch unter Berücksichtigung der Fehlerbereiche liegt demnach der Anteil der Gäste mit Destinationserfahrung, die das Destinations-Unternehmen mit der „Original"-Destination verbinden, mit mindestens 15,3 bis höchstens 71,6 Prozentpunkten immer über dem Anteil der Kunden ohne Destinationserfahrung.

Auf der **Ebene der einzelnen Unternehmen** sind Unterschiede festzustellen. 80,3 Prozent der befragten Gosch-Kunden gegenüber 92,7 Prozent der Kunden des Skandinaviums verbinden das Destinations-Unternehmen mit der „Original"-Destination. Deutlicher werden die Unterschiede bei einem Vergleich zwischen den Kunden mit und ohne Destinationserfahrung. Das Restaurant Gosch verbinden 86,9 Prozent der Befragten mit Destinationserfahrung gegenüber 33,3 Prozent der Befragten ohne Destinationserfahrung mit Sylt. Dies entspricht einer Differenz von 53,6 Prozentpunkten. Beim Scandinavium beträgt diese Differenz nur 29,4 Prozentpunkte. 96 Prozent der Befragten mit Destinationserfahrung gegenüber 66,6 Prozent der Befragten ohne Destinationserfahrung verbinden dieses Unternehmen mit der „Original"-Destination.

Abschließend ist festzuhalten, dass die Destinations-Unternehmen sich wahrscheinlich als „nahe" Markenerweiterungen eignen würden, weil von nahezu allen Befragten mit Destinationserfahrung eine Verbindung mit der „Original"-Destination hergestellt wurde.

2.5.4.2 Destinationstypisch und Destinationsgefühle

72,1 Prozent der befragten Kunden mit Destinationserfahrung empfinden das Destinations-Unternehmen **typisch** für die „Original"-Destination, und bei 55,5 Prozent der Befragten hat der Besuch **Destinationsgefühle geweckt** (vgl. Abb. 49, S. 181). Bei einem Signifikanzniveau von 95 Prozent bedeutet das, dass zwischen 63,4 Prozent und 80,8 Prozent der Kunden der Destinations-Unternehmen der Meinung sind, dass die Destinations-Unternehmen typisch für die „Original"-Destination sind, und bei mindestens 45,9 Prozent bis maximal 65,1 Prozent der Kunden werden durch den Besuch Destinationsgefühle geweckt.

---

[35] Der große Fehlerbereich ist auf die Fallzahl n=19 zurückzuführen.

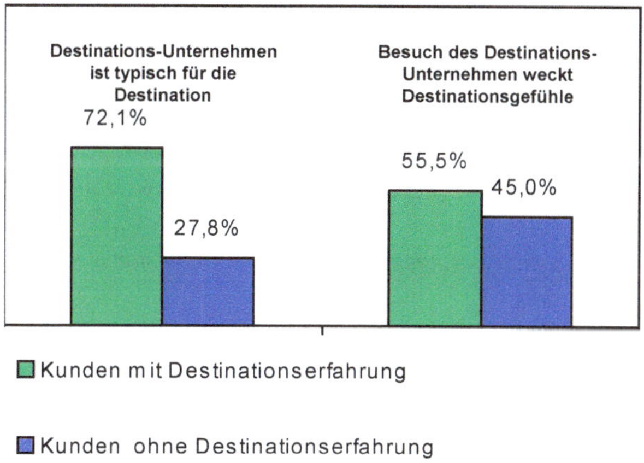

Abbildung 49: Emotionale Beziehungen zwischen „Original"-Destination und Destinations-Unternehmen

Eigene Darstellung; Basis: 121 Einzelinterviews

Unter den befragten Kunden, die weitere Angebote und Veranstaltungen außerhalb der „Original"-Destinationen nutzen (n=38, vgl. hierzu Ausführungen Kapitel IV 2.5.5, S. 182-183), steigt der Anteil derer, bei denen Destinationsgefühle durch den Besuch der Destinations-Unternehmen geweckt wurden, um 26,1 Prozentpunkte auf 81,6 Prozent. Bei einer Wahrscheinlichkeit von 95 Prozent liegt dieser Wert für die Kunden der Destinations-Unternehmen zwischen 69,3 und 93,9 Prozent.

Auf der **Ebenen der einzelnen Unternehmen** stellt sich das wie folgt dar. Die Anzahl der Befragten mit Destinationserfahrung, die das Angebot des Destinations-Unternehmens **destinationstypisch finden,** liegt mit 74,5 Prozent bei Gosch bzw. 71,1 Prozent beim Scandinavium etwa gleich hoch. Dagegen ist der Unterschied zwischen den befragten Kunden des Restaurants Gosch und des Scandinaviums, bei denen durch den Besuch **Destinationsgefühle** geweckt werden, vergleichsweise groß. Nur 36,3 Prozent der Goschbesucher aber 74,5 Prozent der Scandinaviumbesucher meinen, dass Destinationsgefühle geweckt wurden.

Zusammenfassend bleibt festzuhalten, dass die Anbindung der untersuchten Destinations-Unternehmen an die „Original"-Destinationen (Marken) vermutlich relativ leicht erfolgen könnte, da eine Mehrheit der destinationserfahrenen Kunden bereits kognitive und emotionale Anknüpfungspunkte beim Vergleichsprozess gefunden hat (vgl. hierzu auch Ausführungen über den gedächtnispsychologischen Erklärungsansatz zur Markenerweiterung, S. 124-128).

2.5.5 Nutzung sonstiger destinationsspezifischer Veranstaltungen und Angebote in den Quellmärkten

31 Prozent der befragten Kunden nutzen neben den Destinations-Unternehmen, in denen sie befragt wurden, weitere Veranstaltungen außerhalb der „Original"-Destination, die sie an diese Destination erinnern (vgl. Abb. 50, S. 182). Bei einem Signifikanzniveau von 95 Prozent liegt dieser Wert für die Kundschaft der Destinations-Unternehmen zwischen 22,8 Prozent und 39,2 Prozent.

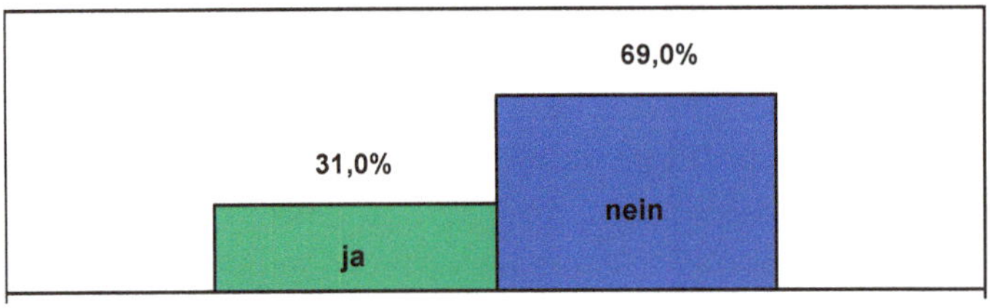

Abbildung 50: Kunden die verschiedene Destinations-Angebote außerhalb der „Original"-Destination nutzen

Eigene Darstellung; Basis 121 Einzelinterviews

Auf der **Ebene der einzelnen Unternehmen** stellt die Situation sich folgendermaßen dar: Über die Hälfte der Scandinaviumbesucher (54 Prozent) und etwa ein Viertel der Goschbesucher (27,5 Prozent) nutzen außerhalb der „Original"-Destination weitere Veranstaltungen und Angebote, die sie an die Destination erinnern. Dieser Unterschied erstaunt nicht. Er hängt vermutlich u.a. mit der Vielfalt destinationsspezifischer Angebote in Berlin zusammen, wo die Angebotsvielfalt nordeuropäischer Angebote größer als die der Angebote Sylts ist.

Die Scandinaviumbesucher haben am häufigsten kulturelle Veranstaltungen (n=11) Ikea (n=9), Messen/ Märkte (n=6) und Sprachkurse (n=4) genannt.

Die Goschbesucher nutzten am häufigsten das Syltmagazin (n=8) und das Internet (n=2).

Die Anbieter dieser Veranstaltungen und Dienstleistungen stellen potentielle Partner für grenzenlose Destinations-Marken dar.

2.6 Fazit

Auf der Basis der vorliegenden Ergebnisse der Kundenbefragung, die in Berlin in zwei Destinations-Unternehmen, dem Restaurant Gosch/Sylt und dem Scandinavium, durchgeführt wurde, verfestigt sich die Annahme, die aufgrund der leitfadengestützten Einzelinterviews getroffen werden konnte, dass in den Quellregionen vermutlich ein wirtschaftlich tragfähiges Nachfragepotential nach grenzenlosen, destinationsübergreifenden Produkten und Dienstleistungen mit destinationsspezifischer Ausrichtung besteht. Zwischen 77,8 Prozent und 90,8 Prozent der Kunden in den untersuchten Destinations-Unternehmen waren bereits in der „Original"-Destination, und von ihnen besuchen zwischen 22,8 Prozent und 39,2 Prozent noch weitere Veranstaltungen und Angebote außerhalb der „Original"-Destination, die sie an diese erinnern.[36]

Diese neuen Erkenntnisse sind ein weiteres Indiz dafür, dass im Markt vermutlich gute Chancen bestehen, erfolgreich **grenzenlose touristische Marken** mit destinationsspezifischen Inhalten zu kreieren. **Destinationserfahrung** einer (potentiellen) Zielgruppe müsste sich tendenziell vorteilhaft auf die Implementierung destinationsübergreifender Marken auswirken, denn Personen mit Destinationserfahrung scheinen sich generell häufiger als andere dadurch auszuzeichnen, dass sie kognitive und emotionale Verbindung zwischen Destinations-Unternehmen in den Quellregionen und der „Original"-Destination herstellen können. Außerdem wirkt die **Häufigkeit der Destinationsbesuche** der Kunden vermutlich positiv auf die Besuchshäufigkeit bei den Destinations-Unternehmen in den Quellregionen und, wenn das Verhalten der

---

[36] Signifikanzniveau 95 Prozent

Besucher des Restaurants Gosch auch in anderen Zusammenhängen bestätigt werden kann, handeln Kunden mit Destinationserfahrung bei der Auswahl von Destinations-Unternehmen in den Quellregionen tendenziell eher **präferenzorientiert.**

Eine Bestätigung der Ergebnisse der Kundenbefragung in weiteren Fällen (auf sicherem empirischen Niveau) würde außerdem bedeuten, das Kooperationen zwischen „Original"-Destinationen und Destinations-Unternehmen in den Quellregionen generell mit großen Synergiepotentialen verbunden sein können. Unter diesen Umständen könnte ein gemeinsames grenzenloses Markendach die Wettbewerbsposition der beteiligten Partner dauerhaft stärken und langfristig die Kommunikationskosten senken. Die „Original"-Destinationen könnten beispielsweise aufgrund des hohen Anteils destinationserfahrener Kunden in den Destinations-Unternehmen ihr Customer-Relationship-Management optimieren und ggf. zusätzliche Absatzwege erschließen. Aufgrund des hohen Anteils destinationserfahrener Kunden in den Destinations-Unternehmen eignen sich die Kunden destinationstypischer Einrichtungen in den Quellregionen zudem wahrscheinlich besonders gut als Zielgruppe für **individualisierte Kommunikation** (z.B. Direktmarketing, Multimedia), denn ein steigender Individualisierungsgrad der Kommunikation erfordert tiefere Kenntnisse der Kommunikationszielgruppe über das Produkt bzw. die Marke, damit diese die Kommunikation empfangen können (vgl. Becker, 2006, S. 583ff; Meffert/Bruhn, 2006, S. 479f). Daraus lassen sich **Chancen** für grenzenlose Destinationen ableiten, denn individualisierte Kommunikation eignet sich zur **Ausschöpfung des Kundenpotentials** und auch zur Beeinflussung des Weiterempfehlungsverhaltens der Konsumenten. **Mund-zu-Mund-Kommunikation** der Kunden gewinnt vor allem aufgrund des immateriellen und intangiblen Charakters von Dienstleistungen für die Gewinnung neuer Kunden an Bedeutung (vgl. Meffert/Bruhn, 2006, S. 482f), und dafür scheinen die Kunden der Destinations-Unternehmen in den Quellmärkten eine prädestinierte Zielgruppe zu sein. Individualisierte Kommunikation erleichtert Destinationen außerdem die Ausschöpfung von Cross-Selling-Potentialen, d.h. sie können bisherigen Kunden auch an andere bisher nicht genutzte Leistungen der grenzenlosen Destination heranzuführen (vgl. Belz, 1999, S. 1-8; Becker, 1998, S. 635). Für die Destinations-Unternehmen könnten im Gegenzug die Stammkunden der „Original"-Destination eine optimale Zielgruppe darstellen, die aufgrund der Kooperation leicht erreichbar wäre.

Vorhandene destinationstypische Angebote in den Quellregionen könnten auch zur Visualisierung einer Destination beitragen. Durch **klassische Massenkommuni-**

kation könnten beispielsweise potentielle Gäste Sylts beispielsweise unter dem Motto „Testen Sie Sylt - Besuchen Sie das Sylter Restaurant Gosch in Berlin“ in Bezug auf ihr Freizeitverhalten in Berlin beeinflusst werden. Indirekt könnte ein so bewirkter Besuch im Restaurant Gosch vielleicht dazu führen, dass positive Eigenschaftsausprägungen der Marke Gosch vom Konsumenten im Zusammenhang mit Sylt gespeichert werden, und dies könnte bei der Planung einer Reise an die Nordsee die Reiseentscheidung zu Gunsten Sylts beeinflussen. Eine derartige Kampagne würde sich aber auch positiv auf das Geschäft der Destinations-Unternehmen auswirken, wenn sie auf diese Weise Neukunden gewinnen.

V Quintessenz der wissenschaftlichen Erkenntnisse

Die Rahmenbedingungen grenzenloser Destinationen wurden im Rahmen dieser Arbeit mit einem breiten **Forschungs-Mix** untersucht, um insgesamt ein **höheres Sicherheitsniveau** der wissenschaftlichen Erkenntnisse anzustreben, was in dem Fall realisiert wird, wenn die relevanten Teilergebnisse gleiche Tendenzen aufweisen. Inhalt des letzten Teils dieser Arbeit ist daher die Zusammenführung der Forschungsergebnisse und die Ableitung grundlegender **wissenschaftlicher Tendenzaussagen** über die Rahmenbedingungen grenzenloser Destinationen in Markt, Wettbewerb und Gesellschaft.

1 Entgrenzung von Alltag und Gegenalltag (Tourismus)

Die **Entgrenzung zwischen Touristischen Regionen und Quellregionen** bzw., in der Terminologie des industriegesellschaftlichen Lebensmodells von Krippendorf, zwischen „Alltag" und „Gegenalltag" (vgl. S. 7-8), scheint einen immanenten Bestandteil gesamtgesellschaftlicher Entwicklung darzustellen. Im Rahmen dieser Forschungsarbeit konnten Verhaltensweisen von Touristen, Unternehmen und Touristischen Regionen sowie technologische Entwicklungen beobachtet und analysiert werden, die Ausdruck dieses Phänomens sind.

So ist man sich in der Soziologie, Freizeit- und Tourismuswissenschaft weitgehend einig, dass in den letzten Jahrzehnten in der westlichen Welt der **Lebensstil** der Menschen generell häufig durch die Freizeit, also auch durch das Reisen, geprägt wird (vgl. insbesondere S. 67-71). Die Primäruntersuchungen dieser Arbeit bestätigen diese Auffassung, darüber hinaus können auf der Basis der Ergebnisse **neue** differenzierende Erkenntnisse über den Zusammenhang zwischen Destinationserfahrung und allgemeinem Freizeit- bzw. Lebensstil der Touristen abgeleitet werden. Touristen werden demzufolge in relevanter Größenordnung (vermutlich auch wirtschaftlich) in Freizeitsituationen im Alltag durch Destinationserfahrung beeinflusst, was u.a. darin seinen Ausdruck findet, dass sie auch im zu Hause destinationsübergreifenden Verhaltensmustern folgen, und dass vor und nach dem Reisen kognitive und/oder emotionale Beziehung zu besonders geschätzten Destinationen fortbestehen (vgl. S. 135-165).

Die Entgrenzung zwischen Touristischer Region und Quellregion äußert sich auch im Verhalten einzelner **Unternehmen in den Quellregionen**, indem Produkt- und Markenerlebnisse scheinbar erfolgreich auf **Erlebnismuster von Destinationen** ausgerichtet werden (vgl. insbesondere S. 43-45, S. 46-51, S. 79-84, S. 171-185).

Touristische Regionen leisten ebenfalls der Entgrenzung Vorschub. Der Wesenskern des touristischen Angebotes verlagert sich bedingt durch die Marketingorientierung in vielen Destinationen im Laufe der Zeit vom ursprünglichen zum inszenierten Angebot, wodurch insgesamt die Menge **destinationsspezifisch inszenierter** Produkte und Dienstleistungen zunimmt, von denen mittlerweile bereits einige auch außerhalb der Destinationen gekauft bzw. genutzt werden können (vgl. insbesondere S. 24-36). Außerdem fördern Destinationen durch Markentransferstrategien (vgl. S. 10) sowie durch die vertikale Erweiterung des Wertsystems und die Gründung eigener Unternehmen mit destinationsspezifischen Angeboten in den Quellregionen (vgl. insbesondere S. 84-91; S. 91-99) die Entgrenzung. Zusätzlich wirken **neue Informations- und Kommunikationstechnologien**, die zu einer Integrationserleichterung interner und externer Wertschöpfungsstufen beitragen und zu einer Verwischung der Grenzen zwischen Incoming und Outgoing führen können (vgl. S. 99-102).

Auf der Basis der neuen Erkenntnisse über die Entgrenzung zwischen Touristischen Regionen und Quellregionen stellen sich die im **industriegesellschaftlichen Lebensmodell** von Jost Krippendorf (vgl. S. 7) aufgezeigten Beziehungen zwischen den Systemen „Alltag" (Quellregionen) und „Gegenalltag" (Touristische Regionen) heute verändert dar. **Es bildet sich aus der Konsumentenperspektive eine Schnittfläche zwischen den beiden Systemen mit vergleichbaren und/oder komplementären Produkten und Dienstleistungen, die nach touristischen bzw. destinationsspezifischen Mustern inszeniert oder thematisiert sind** (vgl. Abb. 51, S. 189).

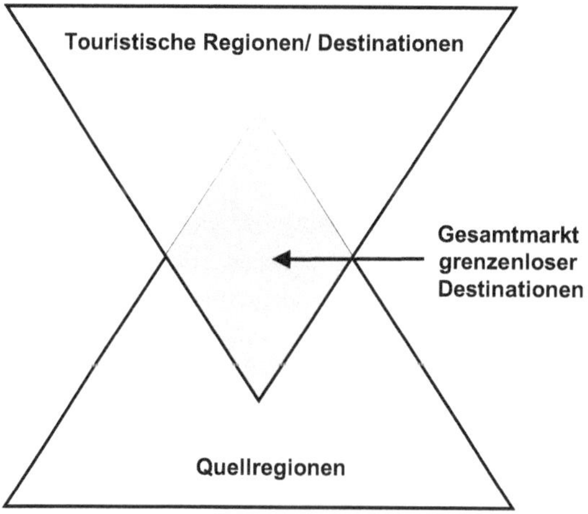

Abbildung 51: Schnittfläche zwischen Touristischen Regionen / Destinationen und Quellregionen

Eigene Darstellung

Gleichzeitig symbolisiert diese Schnittfläche den Gesamtmarkt, auf den grenzenlose Destinationen ihre Strategien ausrichten müssen; sie fasst Informationen über Nachfrage und Wettbewerb zusammen, die für die strategische Unternehmens- und Marketingplanung grenzenloser Destinationen notwenig sind. Im Allgemeinen ist vermutlich davon auszugehen, dass die Möglichkeiten, grenzenlose Destinationen zu implementieren, mit der Größe der Schnittfläche steigen werden; diese wird definiert über das Marktpotential (Nachfrage) sowie über das Angebot an Produkten und Dienstleistungen in den Quellregionen, die aus Konsumentensicht eine große Ähnlichkeit mit der Destination aufweisen (vgl. S.120-129) bzw. einen Zusatznutzen für die Kunden darstellen (vgl. insbesondere S. 12-13, S. 66-67, S. 112-115).

2 Grundlegende Tendenzaussagen für die Strategieentwicklung grenzenloser Destinationen

2.1 Zielgruppenmerkmale

Im Laufe des Forschungsprozesses wurden die Ergebnisse der Sekundär- und Primärforschung zusammengeführt und verdichtet, um erstmals eine **Tendenzaussage** über allgemeine und psychologische, produktspezifische und markenspezifische sowie kaufverhaltensspezifische Merkmale zur Bestimmung der Zielgruppe grenzenloser Destinationen treffen zu können (vgl. Abb. 52, S. 190).

Allgemeine und psychologische - Käufermerkmale - Erlebnis- und Wandelorientierung - Destinationsbeeinflusster Lebensstil	**Vorbereitungsphase/ Kaufverhalten** - Hohes Involvement - Stammkunden der Destination
Produktbezogene Merkmale - Hohe Aktivitätsvielfalt in der Destination - Destinationsübergreifende Aktivitäten folgen destinationsspezifischen Erlebnismustern	**Erinnerungsphase/ Wiederkaufphase** - Erinnerungsphase dauert an - Empfänglich für destinationsspezifische Angebote während der Erinnerungsphase - Wünschen sich Erinnerungsphase zu verlängern
Markenbezogene Merkmale - Assoziieren besonderen Lebensstil mit Destination - Empfinden einer engen emotionalen Beziehung zur Destination	

Abbildung 52: Zielgruppenmerkmale

Eigene Darstellung

Allgemeine und psychologische Käufermerkmale sind vermutlich die Erlebnis- und Wandelorientierung sowie ein destinationsbeeinflusster Lebensstil der Zielgruppe, denn die auf der Basis der Sekundärstudien gewonnene Erkenntnis, dass die Erlebnis- und Wandelorientierung der Konsumenten die wesentlichen relevanten Trends für die Realisierung grenzenloser Destinationen darstellen (Erlebnisorientierung, 46-51, S. 65-66; Wandelorientierung, vgl. S. 51-56, S. 66-67; Einfluss des Reisens auf Freizeitverhalten und Lebensstil, vgl. S. 67-71) wird durch die Ergebnisse der Primäruntersuchungen gestützt (vgl. S. 141-169, S. 171-185). Zudem lässt sich aus den Ergebnissen der Primäruntersuchungen die Tendenz ableiten, dass vor allem der erlebnis- und wandlungsorientierte Konsument auch im Alltag durch destinationsspezifische Erlebnisse und Aktivitäten seine Lebensqualität steigern möchte und auch bereit ist, dafür zu bezahlen (vgl. insbesondere S. 145, S. 147, S. 149, S. 159, S. 161).

Produktbezogene Merkmale der potentiellen Zielgruppe grenzenloser Destinationen können ausschließlich aus den Primäruntersuchungen abgeleitet werden. Danach sollte die Zielgruppe vermutlich relativ viele unterschiedliche Aktivitäten in der Destination ausüben und bei den destinationsübergreifenden Aktivitäten sollte sie sich häufig an destinationsspezifischen Erlebnismustern orientieren. In der **Wiederkaufphase** sollte die anvisierte Zielgruppe außerdem für destinationsspezifische Angebote empfänglich sein, was sich aufgrund der Forschungsergebnisse darin äußern könnte, dass die Erinnerungsphase andauert und die Zielgruppe sich eine Verlängerung der Erinnerungsphase wünscht (vgl. S. 138-166, S. 171-185).

Hohes Involvement und eine **emotionale Beziehung** der Zielgruppe **zur Destination (Marke)**, die erweitert werden soll, stellt mit ziemlicher Sicherheit einen weiteren Erfolgsfaktor für die Realisierung grenzenloser Destinationen dar, denn diese Erkenntnis entspricht dem wissenschaftlichen Stand über Markenerweiterungen (vgl. S. 120-129) und spiegelt sich außerdem in den Ergebnissen der Primäruntersuchungen wider, wonach die Probanden, die zu Hause relativ häufig destinationsspezifische Produkte und Dienstleistungen in Anspruch nehmen, sich dadurch auszeichnen, dass sie häufig Stammkunden der Destination (Marke) sind oder mit der Destination einen besonderen Lebensstil verbinden. Positiv ist zudem, dass mit zunehmender Destinationserfahrung die Ausgabebereitschaft der Befragten für destinationsspezifische Produkte und Dienstleistungen in den Quellregionen zu steigen scheint (vgl. S. 138-145). Diese verschiedenen Zielgruppenmerkmale werden in der Abbildung 52 sortiert nach den Kategorien markenbezogene Merkmale, Vorbreitungsphase/Kaufverhalten und Erinnerungsphase/Wiederkaufsphase dargestellt (vgl. Abb. 52, S. 190).

2.2 Positionierungsalternativen

Aufgrund der Entgrenzung zwischen Touristischen Regionen und Quellregionen bieten sich vermutlich für einzelne Destinationen Chancen, grenzenlose Positionierungen im Markt, Wettbewerb und Gesellschaft anzustreben. Vorausgehen muss, ergänzend zu den üblichen Verfahren, eine spezifische Analyse der Schnittfläche zwischen den Systemen Destination und Quellregion (vgl. Abb. 51, S. 189), d.h. eine wettbewerbsvergleichende Analyse des potentiellen Angebotes und der potentiellen Nachfrage, auf die die Strategie einer grenzenlosen Destination basieren könnte. Zudem muss das Erweiterungspotential der Destination bei gegenwärtiger Positionierung geprüft werden. Bereits heute streben Destinationen Positionierungen an, die prinzipiell auch grenzenlos auf Produkte und Dienstleistungen in den Quellregionen übertragbar sind (vgl. insbesondere S. 34-36). Grund dafür ist u.a. die Verlagerung des Wesenskerns des touristischen Angebotes vom ursprünglichen zum inszenierten Angebot (vgl. insbesondere S. 25-34). Im Zuge dieser Entwicklung werden Markenbilder von Destinationen vermehrt auch über abgeleitete Images kreiert.

Aufgrund der wissenschaftlichen Erkenntnisse über Markenerweiterungen ist mit ziemlicher Sicherheit davon auszugehen, dass das **Erweiterungspotential von Destinationen** mit einem hohen Markenwert und einem eigenständigen, z.B. nutzen- bzw. erlebnisgeprägten Markenschema relativ groß ist (vgl. insbesondere S.122-124), zumal die Ergebnisse der Primäruntersuchungen im Rahmen dieser Arbeit gleiche Tendenzen aufweisen, wonach das Erweiterungspotential von Destinationen, die vor allem mit Erholung und Genuss assoziiert werden, deutlich höher zu sein scheint als von Destinationen, die vor allem mit Natur assoziiert werden (vgl. insbesondere S. 164-165). Differenzierte Aussagen können auch über das Erweiterungspotential von Destinationen getroffen werden, die sich über Aktivitäten positionieren. Positionierungen über Aktivitäten, die mit einem destinationsspezifischen Lebensstil verknüpft werden, scheinen erweiterungsfähiger als Positionierungen über kulturelle Aktivitäten und diese wiederum erweiterungsfähiger als Positionierungen über sportliche Aktivitäten (vgl. insbesondere S. 138-143) zu sein. Alles in allem sind demzufolge Positionierungen mit destinationsspezifischen Erlebnismustern, die auch in den Quellregionen Erlebniswert schaffen können, besonders erweiterungsfähig (vgl. Abb. 53, S. 193).

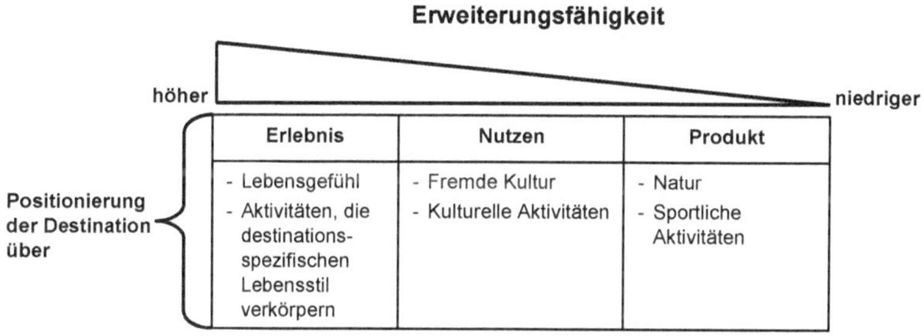

Abbildung 53: Erweiterungsfähigkeit von Positionierungen als grenzenlose Destinationen

Eigene Darstellung; Basis: Sekundärforschung und 20 leitfadengestützte Einzelinterviews

Eine weitere Voraussetzung für die Realisierung grenzenloser Positionierungen sind die notwendigen Managementfähigkeiten, die zur Führung solcher Destinationen benötigt werden. Diese Thematik wurde nicht explizit untersucht, es ist aber davon auszugehen, dass im Zuge der strategischen Marketingorientierung und der Führung von Destinationen als sog. Wettbewerbseinheiten Ressourcen und Fähigkeiten entwickelt wurden, die für die strategische Markenführung grenzenlos positionierter Destinationen Voraussetzung sind (vgl. insbesondere S. 36-40, S. 73-79, S. 86-89, S. 95-96).

2.3 Alternativen der Erweiterung des Wertsystems

Die Auswertung und Zusammenführung der relevanten Ergebnisse aus der deskriptiven Analyse der Praxis (Teil II), den Strategiealternativen (Teil III) und der Primäruntersuchungen (Teil IV) führt zu dem Ergebnis, dass durch die vertikale und branchenübergreifende Erweiterung des Wertsystems Touristische Region Wettbewerbsvorteile aufgebaut werden können, unter der Voraussetzung, dass dadurch für die anvisierte Zielgruppe ein bedeutender Zusatznutzen geschaffen wird (vgl. S. 115-116). Die Erweiterung kann vertikal auf den Stufen des touristischen Wertsystems mit direktem Bezug zur Reise in die Destination oder außerhalb des Wertsystems mit indirektem Bezug zur Reise erfolgen.

2.3.1 Vertikal mit direktem (Reise-)Produktbezug

Die Auswertung der Primäruntersuchungen ermöglicht eine Erweiterung bisher veröffentlichter Dienstleistungsketten der Destinationen um vor- und nachgelagerte Produkte und Dienstleistungen, die aus der Konsumentensicht vermutlich das Potential für bedeutende Zusatznutzen darstellen können (vgl. S. 138-166, S. 183-185).

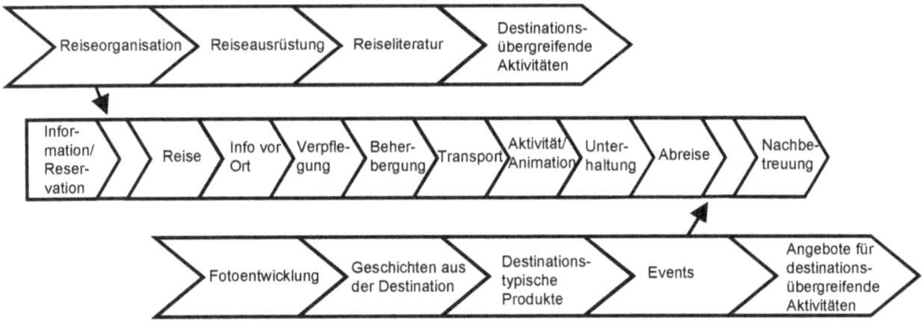

Abbildung 54: Dienstleistungskette grenzenloser Destinationen

Eigene Darstellung in Anlehnung an Bieger/Schallhart (1997, S. 47)

Als Basis der **erweiterten Dienstleistungskette grenzenloser Destinationen** dient die Dienstleistungskette von Bieger/Schallhart (vgl. mittlere Wertketten in Abb. 54, S. 194). Bei den Elementen der oberen Wertkette in der Abbildung handelt es sich um die potentiellen Erweiterungen vor der Reise, dazu zählen vermutlich Dienstleistungen, die dem Kunden die Reiseorganisation, die Beschaffung der Reiseausrüstung und Reiseliteratur erleichtern (vgl. S. 145) sowie ein Angebot an destinationsspezifischen Aktivitäten, die der Tourist bereits zu Hause ausüben oder auch lernen möchte (vgl. S. 157). Zu Produkten und Dienstleistungen nach der Reise (vgl. untere Wertketten in Abb. 54, S.194), die das Potential zum Aufbau von Wettbewerbsvorteilen besitzen, zählen neben der Fotoentwicklung vor allem regelmäßige Informationen und Geschichten aus der Destination sowie Events und ein Angebot an destinationstypischen Produkten sowie an destinationsspezifischen Aktivitäten, die der Tourist auch nach der Reise weiter ausüben möchte (vgl. S. 145-147, S. 169)

2.3.2 Branchenübergreifend mit indirektem (Reise-)Produktbezug

Aufgrund der Entgrenzung zwischen Destinationen und Quellregionen kann mit relativ großer Sicherheit davon ausgegangen werden, dass in dem Moment, in dem Leistungsbestandteile und Imagefacetten einer Destination auch außerhalb der Region in gleicher oder ähnlicher Weise bei einem Produkt oder einer Dienstleistung zusammentreffen, diese zu einem Cluster **„destinationsspezifischer Dimensionen“** gehören und damit als Objekte für grenzenlose Destinationen besonders geeignet sein müssten.

Die Ergebnisse der Primäruntersuchungen dieser Arbeit ermöglichen in Abbildung 55 (S. 195) erstmals eine empirisch ermittelte Darstellung bestehender Unternehmen in den Quellmärkten, die nicht zu der Dienstleistungskette Touristischer Regionen zählen, aber aus Konsumentensicht eine große Ähnlichkeit (Fit) mit einer Destination (Marke) aufweisen können (Markenerweiterung, vgl. S. 120-129) und unter diesen Umständen vermutlich häufiger von Kunden mit Destinationserfahrung als von Kunden ohne diese Erfahrung genutzt werden (vgl. S.171-185).

Abbildung 55: Fit-Objekte der Destinationen in den Quellregionen

Eigene Darstellung; Basis: 20 leitfadengestützte Einzelinterviews und 121 Einzelinterviews in Destinations-Unternehmen

Darüber hinaus wird in Abbildung 56 (S. 196) auf der Basis der Sekundäranalyse (Kapitel II) und der diskutierten Strategiealternativen (Kapitel III) eine

Auswahl weiterer Fit-Objekte gezeigt, die sich vermutlich ebenfalls als Markenerweiterungen für grenzenlose Destinationen eignen.

Abbildung 56: Pot. Fit-Objekte der Destinationen in den Quellregionen

Eigene Darstellung

3 Hypothetische markenstrategische Modelle grenzenloser Destinationen

Die **hypothetischen markenstrategischen Modelle** basieren auf der Diskussion markenstrategischer Alternativen grenzenloser Destinationen (vgl. S. 190-196) und auf dem veränderten allgemeinen Kauf- und Konsumverhalten der Touristen (vgl. 43-71, insbesondere eigene Erhebung S. 138-166; spezielles Verhalten der hypothetischen Destinations-Typen, S. 151-166) sowie auf den neu gewonnenen Erkenntnissen über bestehende und potentielle Fit-Objekte in den Quellregionen (vgl. Abb. 55, S. 195, Abb. 56, S. 196).

3.1 Neuseeland: New Zealand 100% Pure New Zealand

Am Beispiel Neuseelands wird modellhaft die Markenerweiterung für den hypothetischen Destinations-Typ Natur dargestellt. Neuseeland konnte aufgrund der Ergebnisse der 20 leitfadengestützten Einzelinterviews dem Destinations-Typ Natur zugeordnet werden. Die natürlichen Gegebenheiten wurden von den Befragten als die Unique Selling Proposition USP Neuseelands angesehen. Natur erleben ist das zentrale Motiv der Befragten für den Besuch der Destination. Vor der Reise beschäftigen sich die Reisenden vor allem mit der Suche nach Informationsquellen über Spezialthemen und die Beschaffung von Spezialausrüstung. Die häufigsten Aktivitäten während der Reise sind das Erleben von Natur und Farben, Wandern und Trekking sowie Fotografieren. Das Anschauen von Fotos soll die Erinnerungen an die Reisen verlängern. Der bewusstere Umgang mit der Natur und auch mit persönlichen Entscheidungen im Leben ist für den Typ Natur eine Folge der Reiseerfahrungen (vgl. insbesondere S. 151-166).

Aufgrund des ermittelten Kauf- und Konsumverhaltens dieses hypothetischen Destinations-Typs und der vermutlich relativ geringen Erweiterungsfähigkeit von Destinationen, die sich über Natur positionieren, könnte sich Neuseeland für eine **Markenerweiterung** auf Produkte und Dienstleistungen **mit direktem Produktbezug** eignen.

Das hypothetische grenzenlose markenstrategische Modell für Neuseeland könnte wie folgt aussehen:

Als **Dachmarke** orientiert sich die grenzenlose Destination Neuseeland an der heute angestrebten Positionierung „New Zealand 100% Pure New Zealand“[37] . Darunter werden Einzelmarken geführt, die Positionierungen über Aktivitäten und Motive anstreben (siehe Abb. 57, S. 198).

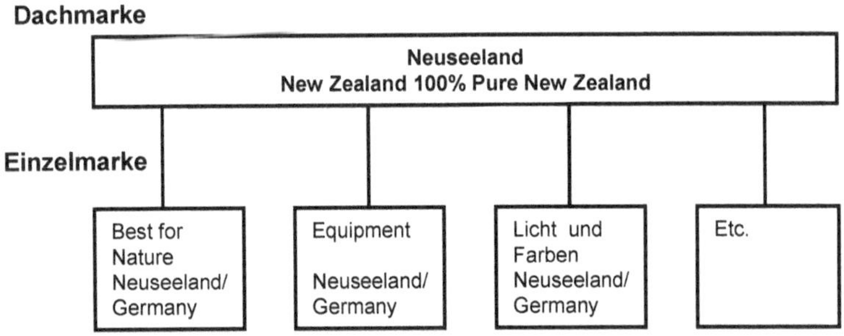

Abbildung 57: Modell einer zweifachen Marken-Kombination einer grenzenlosen Destination Neuseeland

Eigene Darstellung

Die Marke **„Best for Nature“** könnte aus der Positionierung abgeleitete Angebote beinhalten, die allgemein den bewussteren Umgang mit der Natur fördern. In Deutschland könnten zur Vor- und Nachbereitung der Reisen nach Neuseeland u.a. Vortragsveranstaltungen, Natur-Workshops und spezielle Literatur vermarktet werden, in Neuseeland vor allem thematische Reisen.

Die Einzelmarke **„Equipment“** könnte Spezialausrüstung aus Neuseeland und für Reisen nach Neuseeland in Deutschland und Neuseeland vermarkten. Denkbar wäre auch die Vermittlung von Testergebnissen, die Einrichtung von Experten-Foren sowie die Organisation von Messen und Kongressen.

Die Marke **„Licht und Farben“** könnte spezielle Fotokurse in Deutschland und thematische Fotoreisen in Neuseeland anbieten. Außerdem könnte u.a. die Vermittlung von Eintrittskarten für Lichtbildvorträge und I-Max-Filme zum Themenkreis angeboten werden.

---

[37] Slogan Neuseelands in englischer Sprache (www.purenz.com)

3.2 Italien: Italia - piu Italia que mai?

Am Beispiel Italiens wird modellhaft die Markenerweiterung für den hypothetischen Destinations-Typ Erholung & Genuss dargestellt, dem Italien aufgrund der Ergebnisse der 20 leitfadengestützten Einzelinterviews zugeordnet werden konnte (vgl. Abb. 58, S. 200). Touristen dieses Typs zeichnen sich dadurch aus, dass sie sich im allgemeinen nur wenig auf die Reisen vorbereiten, sie wünschen sich aber häufig eine Verlängerung der Erinnerungsphase und unternehmen zu diesem Zweck zu Hause vergleichsweise viele destinationsspezifische Aktivitäten, für die sie vermutlich auch relativ viel Geld ausgeben (vgl. insbesondere S. 151-166).

Aufgrund des ermittelten Kauf- und Konsumverhaltens dieses hypothetischen Destinations-Typs und der vermutlich relativ hohen Erweiterungsfähigkeit von Destinationen, die sich über Lebensstil und Kultur positionieren (vgl. S. 192-193), könnte Italien Markenerweiterungen auch ohne direkten Bezug zu den Reisen in die Destination realisieren.

Ein hypothetisches grenzenloses markenstrategisches Modell für Italien könnte eine dreifache Marken-Kombination beinhalten. Unter der **Dachmarke** Italien mit dem Slogan „Italia - piu Italia que mai?"[38] könnten mehrere Familienmarken geführt werden. Abgeleitet aus der angestrebten Positionierung und orientiert an den Konsumentenbedürfnissen wird im Modell für die Familienmarke die Positionierung Gourmet angestrebt. Unter dieser **Familienmarke „Gourmet"** werden aufgrund der Größe der einzelnen Marktsegmente mehrere **Einzelmarken** geführt, wobei u.a. in **„Ristorante"**, **„á Casa"** und **„da Arte"** unterschieden werden könnte. Ristorante steht für Restaurants, Casa für zu Hause und Arte für Kunst.

[38] Slogan Italiens in englischer Sprache (www.enit.it)

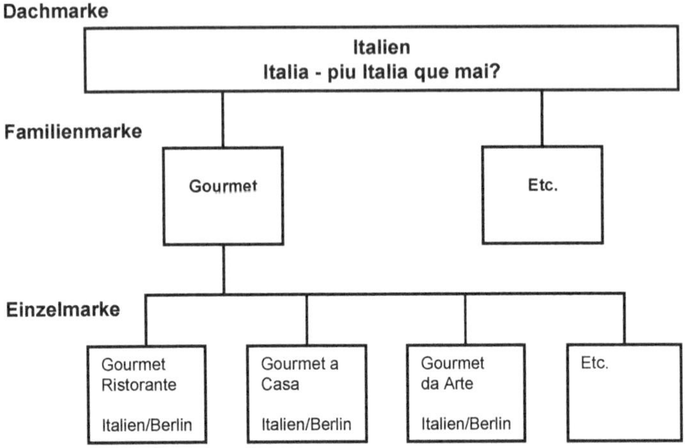

Abbildung 58: Modell einer dreifachen Marken-Kombination einer grenzenlosen Destination Italien

Eigene Darstellung

Die Einzelmarke **Gourmet a Casa** soll beispielhaft mit einigen Inhalten gefüllt werden. Gourmet a Casa kann sämtliche Angebote umfassen, die in irgendeiner Weise zur Gestaltung von italienischem Essen beitragen können. Das Angebot könnte Gourmetreisen nach Italien mit Essen in häuslicher privater Atmosphäre (z.B. bei Bauern und Adligen etc.) umfassen oder Kochkurse in Berlin oder Italien inkl. Einkauf, Zubereitung und Verspeisung. Die Destination könnte beispielsweise bei der Organisation und Durchführung eines italienischen Abends in Berlin als Berater sowie Einkäufer und Vermieter von Accessoires tätig werden. Auch die Direktvermarktung von Lebensmitteln aus der Destination und der Verkauf von italienischen Küchenutensilien, Geschirr und Kochbüchern etc. dürfte Teil des Leistungsangebotes sein. Insgesamt wird deutlich, dass das potentielle Leistungsspektrum für die wertsystemerweiterte Marke Gourmet á Casa sehr groß ist und die Liste an Angeboten problemlos erweitert werden könnte.

3.3 Grenzenlose Marke einer Destination als Wandlungsmoderator

Am Beispiel einer fiktiven Destination soll modellhaft eine grenzenlose Marke dargestellt werden, die eine Positionierung als Wandlungsanbieter anstrebt. Wissenschaftliche Untersuchungen kommen zu dem Ergebnis, dass das Konsumentenverhalten immer häufiger durch den Wunsch nach Veränderung grundsätzlicherer Art geprägt ist. Ausgerichtet auf diese spezifische Nachfrage ist in den letzten Jahrzehnten ein Markt mit eigenständigen wirtschaftlichen Angeboten entstanden, welche die **Herbeiführung einer Wandlung** beim Konsumenten bewirken sollen (vgl. hierzu S. 51). Diese Entwicklung ist tendenziell auch im Tourismus erkennbar. Die sekundäranalytischen Erkenntnisse und die explorativen Ergebnisse aus den leitfadengestützten Einzelinterviews lassen vermuten, dass die Entgrenzung zwischen Touristischen Regionen und Quellregionen auch mit dem Phänomen verbunden ist, dass eine Teilmenge von Touristen einen Lebensstil pflegt, der überwiegend destinationsgeprägt ist (vgl. S. 67-71, S. 138-166).

Im Hinblick auf diesen Touristen-Typ lässt sich vermutlich eine begründete Chance für Destinationen ableiten, sich als Wandlungsanbieter zu positionieren. Dafür müsste es der Destination gelingen, den Prozess der Wandlung aktiv zu managen, damit die beabsichtigte Veränderung für die Wandlungsanwärter (Touristen, die sich verändern wollen) erreicht werden kann. Die Voraussetzung dafür ist, dass die Zielgruppe eine Wandlung bewusst anstrebt und die Destination die Fähigkeit besitzt, ein glaubhaftes Angebot als Wandlungsanbieter zu schaffen. Sind diese Voraussetzungen erfüllt, könnte die Destination vor, während und nach dem Aufenthalt des Kunden in der Destination die Rolle eines so genannten Wandlungsmoderators übernehmen (vgl. S. 51-56).

Abgeleitet aus Positionierungen grenzenloser Destinationen als Wandlungsanbieter könnten Marken destinationstypische Leistungssysteme integrieren und zwar bestehend aus Produkten und Dienstleistungen, die der Konsument im Alltag und in der Touristischen Region benötigt, um die angestrebte Veränderung dauerhaft zu realisieren. Positionierungen dieser Marken sind aufgrund der vorliegenden Erkenntnisse vor allem über ganzheitliche Lebensstile und lebensstilprägende Eigenschaften, wie beispielsweise Spiritualität oder Wellness, zu realisieren.

4 Weiterführende Forschungsfragen

Mit dieser wissenschaftlichen Arbeit ist es gelungen, erstmals umfassend grundlegende Tendenzaussagen über grenzenlose Destinationen zu erforschen. Damit ist ein weiterer wichtiger Schritt zur Theoriebildung dieses Phänomens geleistet worden. Zukünftig dürften vor allem Soziologen, Wirtschaftswissenschaftler sowie Tourismus- bzw. Freizeitwissenschaftler ein besonderes Interesse haben, die Theoriebildung über die touristisierte bzw. destinationsbeeinflusste Schnittfläche zwischen Touristischen Regionen und Quellregionen voranzutreiben. Im Folgenden werden einige Ansätze für relevante Forschungsarbeiten aufgeführt, die sich aus den Ergebnissen der vorliegenden Arbeit ableiten lassen.

Die Hypothesen, die auf der Basis der Forschungsergebnisse gebildet werden konnten, können vertiefend untersucht werden. Dies gilt vor allem für die Existenz der hypothetischen Destinationstypen (vgl. S. 151-166), dabei ist wissenschaftlich zu überprüfen, ob die ermittelten Typen auf einer größeren empirischen Basis bestätigt werden können und, ob sich weitere Typen herausbilden.

Des Weiteren ist zu untersuchen, ob die quantitativ ermittelten Ergebnisse der Kundenbefragung in den beiden Destinations-Unternehmen (vgl. S. 171-185) auch auf allgemeinerem Niveau Gültigkeit behalten. Grundlage dafür sind u.a. die folgenden **Hypothesen**, die durch weitere Untersuchungen falsifiziert oder bestätigt werden müssten:

- **Der Anteil der Gäste mit „Original"-Destinationserfahrung ist in Destinations-Unternehmen in den Quellregionen absolut und auch relativ zur Bevölkerung größer als der Anteil ohne Destinationserfahrung.**
- **Der Anteil der Stammkunden ist unter den Gästen mit „Original"-Destinationserfahrung in Destinations-Unternehmen außerhalb der „Original"-Destinationen größer als unter denen ohne diese Erfahrung.**
- **Kunden von Destinations-Unternehmen mit „Original"-Destinationserfahrung empfinden auf kognitiver und emotionaler Ebene überdurchschnittlich ausgeprägt eine enge Beziehung zwischen den Destinations-Unternehmen und den „Original"-Destinationen.**

- **Das Interesse an einem Besuch der „Original"-Destination ist unter den Kunden von Destinations-Unternehmen in Quellregionen überdurchschnittlich hoch.**

Zunächst erscheint es sinnvoll, weitere Fälle in Berlin zu untersuchen, um die Sicherheit der Ergebnisse zu überprüfen. Im positiven Fall könnten anschließend vergleichende Untersuchungen innerhalb Deutschlands und Europas durchgeführt werden, um ggf. regionale Unterschiede aufzuzeigen.

Als weiterer Forschungsansatz bieten sich Fallstudien an, die den relevanten Markt grenzenloser Destination am Beispiel ausgewählter „Original"-Destinationen untersuchen, die sich nach bisherigem Wissensstand für grenzenlose Positionierungen besonders gut eignen (Positionierungsalternativen, vgl. S. 192-193). Im Rahmen derartiger Studien könnten neben soziologischen Aspekten Erfolgsfaktoren grenzenloser Destinationen untersucht werden, außerdem könnte der Versuch unternommen werden, langfristig den Erfolg instrumentalstrategischer Maßnahmen grenzenlos erweiterter Destinationen zu messen (z.B. Image, Kundenbindung und Neukundengewinnung).

Beispielverzeichnis

Literaturverzeichnis

Aaker, D.A. (1990): Brand Extensions: The Good, the Bad, and the Ugly. In: Sloan Management Review, Vol. 31, Summer, S. 47-56.

Aaker, D.A., K.L. Keller (1990): Consumer Evaluations of Brand Extensions. In: Journal of Marketing, Vol. 54, January, S. 27-41.

Aaker, J.L. (2000): Dimensionen der Markenpersönlichkeit. In: Esch, F.-R. (Hg.): Moderne Markenführung. Wiesbaden, S. 91-102.

Aaker, J.L. (2005): Dimensionen der Markenpersönlichkeit. In: Esch, F.-R. (Hg.): Moderne Markenführung, 4., vollst. überarb. und erw. Aufl., Wiesbaden, S. 165-176.

Adler, A. (1987): Lebenserkenntnis. Frankfurt am Main.

Althof, W. (1996): Incoming-Tourismus. München/Wien.

Amt der Tiroler Landesregierung (1997): Richtlinien für die Beratungsaktion „Touristische Kooperationen und Strukturwandel". Innsbruck, S. 1-8.

Anderson, A. (1988): Kognitive Psychologie – Eine Einführung. Heidelberg.

Ansoff, I. (1966): Management-Strategie. München.

Antonietti, T. (1995): Vom Hotel in den Bergen zur alpinen Erlebnislandschaft. In: Luger, K., K. Inmann (Hg): Verreiste Berge. Innsbruck, S.109-124.

Assael, H. (1998): Marketing. Orlando.

Atteslander, P. (2000): Methoden der empirischen Sozialforschung. 9., neu bearb. und erw. Aufl., Berlin/New York.

Atteslander, P. (2006): Methoden der empirischen Sozialforschung. 11., neu bearb. und erw. Aufl., Berlin.

Aumüller, J. (1994): Entwicklungstendenzen des Markenartikels aus Dienstleistungsperspektive. In: Bruhn, M. (Hg.): Handbuch Markenartikel Bd. III. Stuttgart, S. 2049-2059.

Bachleitner, R. (1998): Erlebniswelten: Faszinationskraft, gesellschaftliche Bedingungen und mögliche Effekte. In: Rieder, M., R. Bachleitner, H.J. Kagelmann (Hg.): Erlebnis Welten: Zur Kommerzialisierung der Emotionen in touristischen Räumen und Landschaften. Reihe Tourismuswissenschaftliche Manuskripte, Bd. 4. München/Wien, S. 43-57.

Bachleitner, R., H.J. Kagelmann, A.G. Keul (Hg.) (1998): Der durchschaute Tourist: Arbeiten zur Tourismusforschung. Reihe Tourismuswissenschaftliche Manuskripte, Bd. 3. München/Wien.

Bachleitner, R., P. Schimany (Hg.) (1999): Grenzenlose Gesellschaft – grenzenloser Tourismus? Reihe Tourismuswissenschaftliche Manuskripte, Bd. 5. München/Wien.

Backhaus, K., K. Piltz (1989): Strategische Allianzen – eine neue Form kooperativen Wettbewerbs? In: Backhaus, K., K. Piltz (Hg.): Strategische Allianzen / Sonderheft. Düsseldorf, S. 1-10.

Bad Tölz. Katalog (2000): Bad Tölz: Ich mag Dich. Ich weiß was ich will. Tourist-Information Bad Tölz (Hg.). Bad Tölz.

Baumbach, R. (1998): Renaissance des Bahntourismus – touristische Produkt- und Angebotsstrategien für das nächste Jahrtausend. In: Haedrich, G., C. Kaspar, K. Klemm, E. Kreilkamp (Hg.): Tourismus-Management. 3. Aufl., Berlin/New York, S. 649-659.

Becher, U.A.J. (1990): Geschichte des modernen Lebensstils: Essen, Wohnen, Freizeit, Reisen. München.

Beck, U. (1986): Risikogesellschaft. Auf dem Weg in eine andere Moderne. Frankfurt am Main.

Becker, C. (1998a): Reisebiographien. In: Haedrich, G., C. Kaspar, K. Klemm, E. Kreilkamp (Hg.): Tourismus-Management. 3. Aufl., Berlin/New York, S. 195-204.

Becker, C. (1998b): Reisebiographien und ihre unendlichen Auswertungsmöglichkeiten. In: Bachleitner, R., H.J. Kagelmann, A.G. Keul (Hg.): Der durchschaute Tourist: Arbeiten zur Tourismusforschung. Reihe Tourismuswissenschaftliche Manuskripte, Bd. 3. München/Wien, S. 128-137.

Becker, J. (1986): Steuerungsleistungen und Einsatzbedingungen von Marketingstrategien. In: Marken – ZFP, Heft 3, S. 189-198.

Becker, J. (1988): Marketing-Konzeption. 2., verbesserte und wesentl. erw. Aufl., München.

Becker, J. (1993): Marketing-Konzeption. 5., verbesserte und ergänzte Aufl., München.

Becker, J. (1998): Marketing-Konzeption. 6., vollständig überarb. und erw. Aufl., München.

Becker, J. (2000): Einzel-, Familien- und Dachmarken als grundlegende Handlungsoptionen. In: Esch, F.-R. (Hg.): Moderne Markenführung. Wiesbaden, S. 271-288.

Becker, J. (2005): Einzel-, Familien- und Dachmarken als grundlegende Handlungsoptionen. In: Esch, F.-R. (Hg.): Moderne Markenführung, 4., vollst. überarb. und erw. Aufl., Wiesbaden, S. 381-402.

Becker, J. (2006): Marketing-Konzeption. 8., überarb. und erw. Aufl., München.

Belz, C. (1999): Leistungssysteme und Marketingkoalitionen. In: Thexis, Heft 2, S. 1-8.

Belz, C., T. Bieger (Hg.) (2000): Dienstleistungskompetenz und innovative Geschäftsmodelle. St. Gallen.

Berger, W. (1999): Die Technologisierung des Erlebens. In: Voyage: Jahrbuch für Reise- und Tourismusforschung 1999. Künstliche Ferien – Leben und Erleben im Freizeitreservat, Bd. 3. Köln, S. 33-47.

Bieger, T. (1996): Management von Destinationen und Tourismusorganisationen. München/Wien.

Bieger, T. (1998a): Reengineering Destination Marketing Organisations – The Case of Switzerland. In: Revue de Tourisme – The Tourist Review – Zeitschrift für Fremdenverkehr, Heft 3. AIEST Association Internationalc d'Èxperts Scientifiques du Tourisme (Hg.). St. Gallen, S. 4-17.

Bieger, T. (1998b): Dienstleistungsmanagement. Einführung in Strategien und Prozesse bei persönlichen Dienstleistungen. Bern/Stuttgart/Wien.

Bieger, T. (1998c): Tourismusmarketing im Umfeld der Globalisierung: Aktuelle Herausforderungen, innovative Lösungen und neue Strukturen. In: Thexis, Heft 3, S. 2-15.

Bieger, T. (2000): Management von Destinationen und Tourismusorganisationen. 4. Aufl., München/Wien.

Bieger, T. (2002): Dienstleistungsmanagement. Einführung in Strategien und Prozesse bei persönlichen Dienstleistungen. 3., unveränd. Aufl., Bern/Stuttgart/Wien.

Bieger, T. (2005): Management von Destinationen. 6., unwesentl. veränd. Aufl., München/Wien.

Bieger, T., S. Jäger (2001): Neue Geschäftsmodelle im Tourismus – Wie kann in der Net Economy Geld verdient werden? In: Bieger, T., H. Pechlaner, A. Steinecke (Hg.): Erfolgskonzepte im Tourismus. Wien, S. 135-165.

Bieger, T., H. Pechlaner, A. Steinecke (Hg.) (2001): Erfolgskonzepte im Tourismus: Marken-Kultur - Neue Geschäftsmodelle. Schriftenreihe Management und Unternehmenskultur, Bd. 5. Wien.

Bieger, T., M. Schallhart (1997): Dienstleistungsqualität – Konzept, Messung, Maßnahmen am Beispiel der Oberengadiner Bergbahnen. In: Kaspar, C. (Hg.): Jahrbuch der Schweizerischen Tourismuswirtschaft 1996/97. St. Gallen, S. 41-72.

Biel, A.L. (2000): Grundlagen zum Markenwertaufbau. In: Esch, F.-R. (Hg.): Moderne Markenführung. Wiesbaden, S. 63-90.

Binder, C. (2001): Markentransfer mit Lizenzen. In: Absatzwirtschaft, Heft 7, S. 92-95.

Boesch, M. (1989): Engagierte Geographie – Zur Rekonstruktion der Raumwissenschaft als politik-orientierte Geographie. Erdkundliches Wissen, Heft 98. Stuttgart.

Bratl, H., F. Schmidt (1998): Destination Management: Ein Weg für starke Tourismusregionen mit dem Mut, wie „ein Unternehmen" zu werden. Wien.

Bridges, S. (1990): A Schema Unification Model of Brand Extensions. Dissertation. Stanford.

Bruhn, M. (1998): Kommunikationspolitik von Dienstleistungsunternehmen. In: Bruhn, M., H. Meffert (Hg.): Handbuch Dienstleistungsmanagement. Wiesbaden, S. 581-612.

Bruhn, M. (2001): Kommunikationspolitik von Dienstleistungsunternehmen. In: Bruhn, M., H. Meffert (Hg.): Handbuch Dienstleistungsmanagement. 2., überarb. und erw. Aufl., Wiesbaden, S. 573-605.

Cantauw, C. (Hg.) (1995): Arbeit, Freizeit, Reisen: die feinen Unterschiede im Alltag. Münster/New York.

Cohen, E. (1979): A phenomology of tourist experiences. In: Sociology, Heft 13, S. 179-201.

Dacin, P.A., C.S. Smith (2000): Einfluss des Produktportfolios auf die Markenstärke. Moderne Markenführung. Esch, F.-R. (Hg.). Wiesbaden, S. 779-797.

Dacin, P.A., D.C. Smith (1994): The Effect of Brand Portfolio Characteristics on Consumer Evaluations of Brand Extensions. In: Journal of Marketing Research, Vol. 31, May, S. 229-242.

Danuser, H. (1998): St. Moritz: Luxusmarketing. In: Belz, C. (Hg.): Akzente im innovativen Marketing. St. Gallen, S. 342-347.

Deutsche Gesellschaft für Freizeit (Hg.) (2000): Freizeit in Deutschland. Freizeittrends 2000plus. Schriftenreihe der Deutschen Gesellschaft für Freizeit. Erkrath.

Diller, H. (Hg.) (1992a): Vahlens Großes Marketing Lexikon. München.

Diller, H. (1992b): Beziehungsmanagement. In: Diller, H. (Hg.): Vahlens Großes Marketing Lexikon. München.

Diller, H. (Hg.) (2001): Vahlens Großes Marketinglexikon. 2., völlig überarb. und erw. Aufl., München.

Dworschak, H. (1998): Inszenierte Authentizität – zum Transformationsprozess kultureller Tradition. In: Wöhler, K.H. (Hg.): Tourismus Journal, Bd. 2, Heft 1, S. 115-131.

Enzensberger, H.M. (1976): Eine Theorie des Tourismus. In: Enzensberger, H.M.: Einzelheiten I. Bewusstseins-Industrie. 9. Aufl., Frankfurt am Main, S. 179-205.

Esch, F.-R. (2000a): Markenpositionierung als Grundlage der Markenführung. In: Esch, F.-R. (Hg): Moderne Markenführung. Wiesbaden, S. 233-268.

Esch, F.-R. (Hg.) (2000b): Moderne Markenführung. Wiesbaden.

Esch, F.-R. (2005a): Markenpositionierung als Grundlage der Markenführung. In: Esch, F.-R. (Hg.): Moderne Markenführung, 4., vollst. überarb. und erw. Aufl., Wiesbaden, S. 131- 164.

Esch, F.-R. (Hg.) (2005b): Moderne Markenführung, 4., vollst. überarb. und erw. Aufl., Wiesbaden.

Esch, F.-R., M. Fuchs, S. Bräutigam (2000): Konzeption und Umsetzung von Markenerweiterungen. In: Esch, F.-R. (Hg.): Moderne Markenführung. Wiesbaden, S. 669-704.

Esch, F.-R., M. Fuchs, S. Bräutigam u.a. (2005): Konzeption und Umsetzung von Markenerweiterungen. In: Esch, F.-R. (Hg.): Moderne Markenführung, 4., vollst. überarb. und erw. Aufl., Wiesbaden, S. 905-946.

Esch, F.-R., A. Wicke (2000): Herausforderungen und Aufgaben des Markenmanagements. In: Esch, F.-R. (Hg.): Moderne Markenführung. Wiesbaden, S. 3-60.

Esch, F.-R., A. Wicke, J. E. Rempel (2005): Herausforderungen und Aufgaben des Markenmanagements. In: Esch, F.-R. (Hg.): Moderne Markenführung, 4., vollst. überarb. und erw. Aufl., Wiesbaden, S. 3-60.

Europäische Gesellschaft für Freizeit (ELRA) (Hg.) (1997): Leisure, Culture and Tourism in Europe. The Challenge for Reconstruction and Modernization of Communities. 10Th ELRA Congress, Book of Abstracts and Program. Dubrovnik.

Ferner, F-K., W. Pötsch (1998): Marken Lust und Marken Frust. Wien.

Fichtner, U. (1997): Freizeitparks – traditionell inszenierte Freizeitwelten vor neuen Herausforderungen. In: Steinecke, A., M. Treinen (Hg.): Inszenierung im Tourismus. ETI-Studien, Bd. 3. Trier, S. 78-97.

Fichtner, U., R. Michna (1987): Freizeitparks. Allgemeine Züge eines modernen Freizeitangebotes, vertieft am Beispiel des Europa-Park Rust/Baden. Freiburg.

Fischer, D. (1996): Künftige Kernkompetenz im Tourismusmanagement. Ansatzpunkte für eine grundlegende Erneuerung der Tourismuswirtschaft. In: Fischer, G., C. Laesser (Hg.): Theorie und Praxis der Tourismus- und Verkehrswirtschaft im Wertewandel. Bern u.a., S. 35-48.

Fischer, M. (1995): Typologien von Unternehmensverbindungen und Theorie der strategischen Führung. München.

Flick, U. (1998): Qualitative Forschung. Reinbeck bei Hamburg.

Flick, U. (1999): Qualitative Forschung. Reinbeck bei Hamburg.

Flick, U., E. von Kardorff, I. Steinke (Hg.) (2005): Qualitative Forschung. Ein Handbuch. 4. Aufl., Reinbeck bei Hamburg.

Fontanari, M. (1996): Kooperationsgestaltungsprozesse in Theorie und Praxis. Betriebswirtschaftliche Schriften, Heft 138. Berlin.

Forschungsgemeinschaft Urlaub und Reisen (1999): Reiseanalyse: Berichtsband. Hamburg.

Forschungsgemeinschaft Urlaub und Reisen (2001): Reiseanalyse: Erste Ergebnisse. Hamburg.

Forschungsgemeinschaft Urlaub und Reisen (2002a): Reiseanalyse: Erste Ergebnisse. Hamburg.

Forschungsgemeinschaft Urlaub und Reisen (2002b): Reiseanalyse: Berichtsband. Hamburg.

Franck, J., S. Petzold, C.-O. Wenzel (1997): Inszenierung im Tourismus: Motor der künftigen touristischen Entwicklung. In: Steinecke, A., M. Treinen (Hg.): Inszenierung im Tourismus. ETI-Studien, Bd. 3. Trier, S. 174-187.

Freyer, W. (1995): Tourismus. Einführung in die Fremdenverkehrsökonomie. München/Wien.

Freyer, W. (1997): Tourismus-Marketing. München.

Freyer, W. (1999): Tourismus-Marketing. 2. Aufl., München/Wien.

Freyer, W. (2001): Tourismus: Einführung in die Fremdenverkehrsökonomie. 7. Aufl., München/Wien.

Freyer, W. (2006): Tourismus: Einführung in die Fremdenverkehrsökonomie. 8., überarb. und aktualisierte Aufl., München/Wien.

Freyer, W. (2007): Tourismus-Marketing. 5., überarb. Aufl., München.

Freyer, W., K. Scherhag (Hg.) (1996): Zukunft des Tourismus. Tagungsband zum 2. Dresdener Tourismus Symposium. Dresden.

Fricke, D.U. (2001): Das Fleesensee-Projekt in Mecklenburg-Vorpommern: Konzept, Partner, Perspektiven. In: Kreilkamp, E., H. Pechlaner, A. Steinecke (Hg.): Gemachter oder gelebter Tourismus? Wien, S. 75-87.

Georg, W. (1995): Lebensstile in der Freizeitforschung – ein theoretischer Bezugsrahmen. In: Cantaw, C. (Hg.): Arbeit, Freizeit, Reisen: die feinen Unterschiede im Alltag. Münster/New York, S. 13-20.

Ghazizadeh, U.R. (1987): Werbewirkungen durch emotionale Konditionierung: Theorie, Anwendung und Meßmethode. Frankfurt am Main.

Glaser, B.G., A.L. Strauss (1967): The Discovery of Grounded Theory: Strategies for Qualitative Research. New York.

Gluchowski, P. (1988): Freizeit und Lebensstile. Plädoyer für eine integrierte Analyse von Freizeitverhalten. Erkrath, S. 112.

Gnam, S. (1999): Wo beginnt das Heidiland? In: Frankfurter Allgemeine Zeitung v. 21.1.1999, S. R1.

Graumann, J. (1983): Die Dienstleistungsmarke. München.

Greenwood, D.J. (1977): Culture by Pound. An Anthropological Perspective on Tourism as Cultural Commodization. In: Smith, V.L. (Hg.): Hosts and Guests. The Anthropology of Tourism. Pennsylvenia, S. 129-138.

Gruner + Jahr (2001): Branchenbild: Tendenzen, Interessen im Freizeitbereich. Gruner + Jahr Marktanalyse, Heft 1. Hamburg.

Günther, A. (1996): Reisen als ästhetisches Projekt. In: Hartmann, H.A., R. Haubl (Hg.): Freizeit in der Erlebnisgesellschaft. Opladen, S. 95-124.

Haedrich, G. (1998a): Destination Marketing – Überlegungen zur Abgrenzung, Positionierung und Profilierung von Destinationen. In: Revue de Tourisme – The Tourist Review – Zeitschrift für Fremdenverkehr, Heft 4. AIEST Association Internationale d'Èxperts Scientifiques du Tourisme (Hg.). St. Gallen, S. 6-12.

Haedrich, G. (1998b): Leitbild und Positionierung. In: Haedrich, G., C. Kaspar, K. Klemm, E. Kreilkamp (Hg.): Tourismus-Management. 3. Aufl., Berlin/New York, S. 279-286.

Haedrich, G. (1998c): Tourismus-Management und Tourismus-Marketing. In: Haedrich, G., C. Kaspar, K. Klemm, E. Kreilkamp (Hg.): Tourismus-Management. 3. Aufl., Berlin/New York, S. 33-43.

Haedrich, G. (1999): Marketing für Kultur-Destinationen. In: Pechlaner H., K. Weiermair (Hg.): Destinations-Management. Führung und Vermarktung von touristischen Zielgebieten. Schriftenreihe Management und Unternehmenskultur, Bd. 2. Wien, S. 159-177.

Haedrich, G. (2001a): Branding und Positionierung von Destinationen. In: Bieger, T., H. Pechlaner, A. Steinecke (Hg.): Erfolgskonzepte im Tourismus. Wien, S. 41-50.

Haedrich, G. (2001b): Tourismuspolitik und Destinations-Management: Begriffhierarchie oder enge Verzahnung? In: Kreilkamp, E., H. Pechlaner, A. Steinecke (Hg.): Gemachter oder gelebter Tourismus? Wien, S. 7-10.

Haedrich, G., B. Herle, H. Lütters, A. Seidel (2000): Strukturveränderungen in der Reiseveranstalter- und Reisebürobranche. Im Auftrag der Willy Scharnow-Stiftung für Touristik. Berlin/Frankfurt.

Haedrich, G., T. Tomczak (1988): Erlebnis-Marketing: Angebots-Differenzierung durch Emotionalisierung. In: Thexis, Heft 1, S. 35-41.

Haedrich, G., T. Tomczak (1996a): Produktpolitik. Stuttgart.

Haedrich, G., T. Tomczak (1996b): Strategische Markenführung. 2., unveränd. Aufl., Bern/Stuttgart/Wien.

Haedrich, G., T. Tomczak, P. Kaetzke (2003): Strategische Markenführung. 3., vollständig überarb., erw. und aktualisierte Aufl., Bern/Stuttgart/Wien.

Hard, G. (1987): Bewusstseinsträume. Interpretationen zu geographischen Versuchen, regionales Bewusstsein zu erforschen. In: GZ, Bd. 75, S.127-148.

Hartmann, M. (1995): Blick in die Bündner Ferienwerkstatt. Bündner Beiträge zum Tourismusmanagement 2, Bieger, T. (Hg.). Chur/Zürich.

Hartmann, H.A. (Hg.) (1996): Freizeit in der Erlebnisgesellschaft: Amüsement zwischen Selbstverwirklichung und Kommerz. Opladen.

Hartmann, H.A., R. Haubl (1998): Freizeit in der Erlebnisgesellschaft. 2. Aufl., Opladen/Wiesbaden.

Hätty, H. (1989): Markentransfer. Heidelberg.

Hätty, H. (1994): Markentransferstrategie. In: Bruhn, M. (Hg.): Handbuch Markenartikel, Bd. 1. Stuttgart, S. 561-582.

Heine, G. (1998): Reiseveranstalter – Funktion im Touristikmarkt. In: Haedrich, G., C. Kaspar, K. Klemm, E. Kreilkamp (Hg.): Tourismus-Management. 3. Aufl., Berlin/New York, S. 615-628.

Hennig, C. (1997): Reiselust: Touristen, Tourismus und Urlaubskultur. Frankfurt am Main/Leipzig.

Hennig, C. (1997): Der schöne Schein: Gemeinsamkeiten von ‚authentischen Reisen' und künstlichen Erlebniswelten'. In: Steinecke, A., M. Treinen (Hg.): Inszenierung im Tourismus. ETI-Studien, Bd. 3. Trier, S. 98-105.

Herle, B. (1982): Die Diskrepanz zwischen Urlaubserwartungen und Realisierbarkeit. Diplomarbeit. Berlin.

Hertel, L. (1992): Wellness und Gesundheitsfördeung in den USA, Entwicklungen und Realisierungen im betrieblichen Bereich. In: Zeitschrift für Prävention und Gesundheitsförderung, Heft 4, S. 36-48.

Hesselmann, G. (1998): Verbände im Tourismus. In: Haedrich, G., C. Kaspar, K. Klemm, E. Kreilkamp (Hg.): Tourismus-Management. 3. Aufl., Berlin/New York, S. 713.

Heuskel, D. (1999): Wettbewerb jenseits von Industriegrenzen – Aufbruch zu neuen Wachstumsstrategien. Frankfurt/New York.

Hillebrand, B. (1998): Verrückt nach Schnee. In: Berliner Zeitung v. 24./25.1.1998, S. 24.

Hinterhuber, H. (1990): Wettbewerbsstrategie. Berlin/New York.

Hinterhuber, H. (1992): Strategische Unternehmensführung. Bd. II: Strategisches Handeln. 5. Aufl., Berlin/New York.

Hinterhuber, H. (1996): Strategische Unternehmensführung, Bd. I: Strategisches Denken. Berlin/New York.

Hinterhuber, H., G. Handlbauer, K. Matzler (1997): Kundenzufriedenheit durch Kernkompetenzen. München/Wien.

Hinterhuber, H., H. Pechlaner (1999): Verbundsysteme von Tourismusorganisationen und Destinationen. In: Pechlaner, H., K. Weiermair (Hg.): Destinations-Management. Führung und Vermarktung von touristischen Zielgebieten. Schriftenreihe Management und Unternehmenskultur, Bd. 2. Wien, S. 227-242.

Hoffmann-Riem, C. (1980): Die Sozialforschung einer interpretativen Soziologie. Der Datengewinn. In: Kölner Zeitschrift für Soziologie und Sozialpsychologie, Heft 32, S. 339-372.

Homburg, S., H. Schäfer (2001): Strategische Markenführung in dynamischer Umwelt. In: Köhler, R., W. Majer, H. Wiezorek (Hg.): Erfolgsfaktor Marke. Neue Strategien des Markenmanagements. München, S. 158-173.

Horx-Strathern, O., M. Horx (2001): Was ist Wellness? Anatomie und Zukunftsperspektiven des Wohlfühl-Trends. Frankfurt am Main.

I.T.C. Orienta (2002): Orienta am Prälat Schöneberg. Pressemitteilung 06.09.02. Hamburg, S. 1-2.

Immobilien Team Consulting GmbH&Co (2000): Orienta Berlin: Pressespiegel. Berlin.

Immobilien Team Consulting GmbH&Co (2000): Orienta Berlin: International Shopping Culture Experience. Berlin.

Institut für Planungskybernetik IPK (1999): Europäische und deutsche Reisemarkttrends 1998 im Überblick. München.

Jugel, S., K. Zerr (1989): Dienstleistungen als strategisches Element eines Technologie-Marketing. In: Marketing - ZFP, Heft 3, S. 162-172.

Kagelmann, H.J. (1998): Erlebniswelten: Grundlegende Bemerkungen zum organisierten Vergnügen. In: Rieder, M., R. Bachleitner, H.J. Kagelmann (Hg.): Erlebnis Welten: Zur Kommerzialisierung der Emotionen in touristischen Räumen und Landschaften. Reihe Tourismuswissenschaftliche Manuskripte, Bd. 4. München/Wien, S. 58-94.

Kagelmann, H.J. (1999): Forschungsbericht: Trends in Freizeit- und Erlebniswelten. In: Voyage: Jahrbuch für Reise- und Tourismusforschung 1999. Künstliche Ferien – Leben und Erleben im Freizeitreservat, Bd. 3. Köln, S. 172-176.

Kaspar, C. (1990): Einführung in das touristische Management. St. Galler Beiträge zum Tourismus und zur Verkehrswirtschaft, Bd. 21. Bern/Stuttgart.

Kaspar, C. (1991): Die Tourismuslehre im Grundriss. St. Galler Beiträge zum Tourismus und zur Verkehrswirtschaft, Bd. 1. 4., überarb. und ergänzte Aufl., Bern/Stuttgart.

Kaspar, C. (1996): Die Tourismuslehre im Grundriss. St. Galler Beiträge zum Tourismus und zur Verkehrswirtschaft, Bd. 1. 5., nicht überarb. Aufl., Bern/Stuttgart.

Kaspar, C. (1998): Das System Tourismus im Überblick. In: Haedrich, G., C. Kaspar, K. Klemm, E. Kreilkamp (Hg.): Tourismus-Management. 3. Aufl., Berlin/New York, S. 15-32.

Keller, K.L. (2000): Erfolgsfaktoren von Markenerweiterungen. In: Esch, F.-R. (Hg.): Moderne Markenführung. Wiesbaden, S. 704-719.

Keller, K.L. (2005): Erfolgsfaktoren von Markenerweiterungen. In: Esch, F.-R. (Hg.): Moderne Markenführung, 4., vollst. überarb. und erw. Aufl., Wiesbaden, S. 947-961.

Keller, K.L., D.A. Aaker (1992): The Effects of Sequential Introduction of Brand Extensions. In: Journal of Marketing Research, Vol. 29, No. 1, S. 35-50.

Keller, P. (1998a): Globaler Wettbewerb der Destinationen: Herausforderungen für das kooperative Tourismusmarketing. In: Thexis, Heft 3, S. 44-46.

Keller, P. (1998b): The possibilities and limitations of destination marketing – findings of the 1998 AIEST Congress. In: Revue de Tourisme – The Tourist Review – Zeitschrift für Fremdenverkehr, Heft 3. AIEST Association Internationale d'Èxperts Scientifiques du Tourisme (Hg.). St. Gallen, S. 2-5.

Kiefl, W., U. Klörs (1999): Beschränkt in die Welt und frei im Ghetto. Zum Dilemma grenzenlosen Reisens. In: Bachleitner, R, P. Schimany (Hg.): Grenzenlose Gesellschaft – grenzenloser Tourismus. München/Wien, S. 25-37.

Kirstges, T. (1996): Expansionsstrategien im Tourismus: Marktanalysen und Strategiebausteine für mittelständische Reiseveranstalter. Neue Betriebswirtschaftliche Forschung, Band 110. 2., vollständig überarb. Aufl., Wiesbaden.

Koch, J. (1997): Marktforschung. Begriffe und Methoden. 2., erw. Aufl., München/Wien.

Koch, J. (2004): Marktforschung. Begriffe und Methoden. 4., überarb. und erw. Aufl., München/Wien.

Köhler, R. (1994): Tendenzen des Markenartikels aus der Perspektive der Wissenschaft. In: Bruhn, M. (Hg): Handbuch Markenartikel. Bd. III. Stuttgart, S. 2061-2119.

Köhler, R., W. Majer, H. Wiezorek (Hg.) (2001): Erfolgsfaktor Marke. Neue Strategien des Markenmanagements. München.

Kotler, P. (1982): Marketing-Management. Stuttgart.

Kotler, P., F. Bliemel (1999): Marketing-Management. Analyse, Planung und Verwirklichung. 9., überarb. und aktualisierte Aufl., Stuttgart.

Kotler, P., F. Bliemel (2006): Marketing-Management. Analyse, Planung und Verwirklichung. 10., überarb. und aktualisierte Aufl., Stuttgart.

Krane, M. (2000): Club Med auf dem Weg zum Freizeitunternehmen. In: FVW, Heft 17, S. 20.

Kreilkamp, E. (1987): Strategisches Management und Marketing. Berlin/New York.

Kreilkamp, E. (1998a): Strategische Planung im Tourismus. In: Haedrich, G., C. Kaspar, K. Klemm, E. Kreilkamp (Hg.): Tourismus-Management. 3. Aufl., Berlin/New York, S. 287-324.

Kreilkamp, E. (1998b): Produkt- und Preispolitik. In: Haedrich, G., C. Kaspar, K. Klemm, E. Kreilkamp (Hg.): Tourismus-Management. 3. Aufl., Berlin/New York, S. 325-356.

Kreilkamp, E., H. Pechlaner, A. Steinecke (Hg.) (2001): Gemachter oder gelebter Tourismus? Schriftenreihe Management und Unternehmenskultur. Bd. 3. Wien.

Krippendorf, J. (1984): Die Ferienmenschen. Zürich.

Krippendorf, J., B. Kramer, H. Müller (Hg.) (1986): Freizeit und Tourismus. Eine Einführung in Theorie und Politik. Berner Studien zum Fremdenverkehr, Heft 22. Bern.

Kroeber-Riel W., P. Weinberg (1996): Konsumentenverhalten. 6., völlig überarb. Aufl., München.

Kroeber-Riel W., P. Weinberg (2003): Konsumentenverhalten. 8., aktualisierte und ergänzte Aufl., München.

Kronen, J. (1994): Computergestützte Unternehmenskooperation: Potentiale – Strategien – Planungsmodelle. Wiesbaden.

Kühn, R. (1992): Das „Made-in-Image" der Schweiz als strategischer Parameter. In: Die Unternehmung, Heft 4, S. 303-314.

Kunisch, R. (2001): Brand-Stretching: Chancen und Risiken. In: Köhler, R., W. Majer, H. Wiezorek (Hg.): Erfolgsfaktor Marke. Neue Strategien des Markenmanagements. München, S. 150-155.

Kuß A., T. Tomczak (1998): Marketingplanung. Einführung in die marktorientierte Unternehmens- und Geschäftsfeldplanung. Wiesbaden.

Kuß A., T. Tomczak (2004): Marketingplanung. Einführung in die marktorientierte Unternehmens- und Geschäftsfeldplanung. 4., überarb. Aufl., Wiesbaden.

Kuß A., T. Tomczak (2000): Käuferverhalten, 2. Aufl., Stuttgart.

Kuß A., T. Tomczak (2004): Käuferverhalten, 3., überarb. Aufl., Stuttgart.

Lambertz, M., P. Schütz (2001): World of TUI. Ein Geschäftsmodell wird zum Markenerlebnis. In: Absatzwirtschaft, Heft 11, S. 40-46.

Lettl-Schröder, M. (1997): Starke Marken für clevere Verbraucher. In: FVW, Heft 22, S. 100-105.

Lettl-Schröder, M. (2001): Stabile Reiselust auf hohem Niveau. In: FVW, Heft 6, S. 38-40.

Litzenroth, H.A. (1999): Otto Normalverbraucher wird zum Auslaufmodell. In: FVW Sonderausgabe, Heft 5, S. 74-77.

Lohmann, M., P. Aderhold (2000): Die Reiseanalyse Trendstudie – Von der Vergangenheit zur Zukunft – Langfristige Entwicklungen des Urlaubsreiseverhaltens der Deutschen aus 30 Jahren Reiseanalyse. Hamburg.

Loken, B., J.D. Roedder (1993): Diluting Brand Beliefs: when do Brand Extensions Have a Negative Impact? In: Journal of Marketing, Vol. 57, July, S. 71-84.

Luft, H. (2001): Organisation und Vermarktung von Tourismusorten und Tourismusregionen: Destination Management. 1. Aufl., Meßkirch.

Luft, H. (2005): Organisation und Vermarktung von Tourismusorten und Tourismusregionen: Destination Management. 3., Aufl., Meßkirch.

MacCannell, D. (1976): The Tourist. A New Theory of the Leisure Class. London/New York.

MacCannell, D. (1992): Empty meeting grounds: the tourist papers. London/New York.

Manschwetus, U. (1995): Regionalmarketing. Wiesbaden.

Margreiter, J.G. (1998): Der Neue Tiroler Weg – Wegmarken für die Zukunft des Tourismus in Tirol. In: Thexis, Heft 3, S. 37-39.

Maslow, A.H. (1954): Motivation and Personality. New York.

Matzler K., H. Pechlaner (1999): Kompetenzorientierte Entwicklung von Kundenakquisitionsstrategien für touristische Destinationen. In: Pechlaner, H., K. Weiermair (Hg.): Destinations-Management. Führung und Vermarktung von touristischen Zielgebieten. Schriftenreihe Management und Unternehmenskultur, Bd. 2. Wien, S. 137-157.

Mayer, A., R.U. Mayer (1987): Imagetransfer. SPIEGEL-Verlag Rudolf Augstein GmbH (Hg.). Hamburg.

Mayerhofer, W. (1995): Imagetransfer. Die Nutzung von Erlebniswelten für die Positionierung von Ländern, Produktgruppen und Marken. Empirische Marketingforschung, Bd. 13. Schweiger, G. (Hg.). Wien.

Meffert, H. (1994): Marketing-Management. Analyse, Strategie, Implementierung. Wiesbaden.

Meffert, H. (1999): Philosophie extra light. In: Supplement zum Deutschen Marketingtag 1999 von w&v, Süddeutsche Zeitung, media & marketing und Der Kontakter: Die Zukunft des Marketing? Die Zukunft ist Marketing! S. 12-14.

Meffert, H., M. Bruhn (2000): Dienstleistungsmarketing. Grundlagen – Konzepte – Methoden. 3., vollständig überarb. und erw. Aufl., Wiesbaden.

Meffert, H., M. Bruhn (2006): Dienstleistungsmarketing. Grundlagen – Konzepte – Methoden. 5., überarb. und erw. Aufl., Wiesbaden.

Meffert, H., C. Burmann (1998b): Abnutzbarkeit und Nutzungsdauer von Marken – Ein Beitrag zur steuerlichen Behandlung von Warenzeichen. In: Meffert, H., N. Krawitz (Hg.): Unternehmensberechnung und -besteuerung – Grundfragen und Entwicklung. Wiesbaden, S. 75-126.

Meffert, H., G. Heinemann (1990): Operationalisierung des Imagetransfers. Begrenzung des Transferrisikos durch Ähnlichkeitsmessungen. In: Marketing - ZFP, Heft 1, S. 5-10.

Meffert, H., G. Kimmeskamp, (1983): Industrielle Vertriebssysteme im Zeichen der Handelskonzentration. In: Absatzwirtschaft, Heft 3, S. 214-231.

Messe München/ Projektleitung CBR (1999): Traumurlaub als Event? Event als Traumurlaub. 2. C-B-R – Tourismus-Symposium, 24. Februar 1999, Dokumentation. München.

Meyer, A. (Hg.) (1998): Handbuch Dienstleistungs-Marketing. Bände 1 und 2. Stuttgart.

Müllenmeister, H.M. (1997): Spiegelungen und Vorspiegelungen – Infotainment oder kulturelle Animation. In: Steinecke, A., M. Treinen (Hg.): Inszenierung im Tourismus. ETI-Studien, Bd. 3. Trier, S. 106-117.

Müller, H., M. Thiem (1993): Kulturelle Identität. In: Hahn, H., H.J. Kagelmann (Hg.): Tourismuspsychologie und Tourismussoziologie – Ein Handbuch zur Tourismuswissenschaft. München, S. 279-285.

Mundt, J.W. (1998): Einführung in den Tourismus. München/Wien.

Mundt, J.W. (2006): Tourismus, 3., völlig überarb. und ergänzte Aufl., München/Wien.

Mussner R., H. Pechlaner, A. Schönhuber (Hg.) (1999): Destinationsmanagement. Chur/Zürich.

Nahrstedt, W. (1990): Leben in freier Zeit. Grundlagen und Aufgaben der Freizeitpädagogik. Darmstadt.

Naisbitt, J. (1990): Megatrends 2000. Düsseldorf/Wien/New York.

Niedner, M. (1994): Markenpolitik für Städte und Gemeinden. In: Bruhn, M. (Hg): Handbuch Markenartikel. Bd. III. Stuttgart, S. 1645-1658.

Nieschlag, R., E. Dichtl, H. Hörschgen (1990): Marketing. Berlin.

Nieschlag, R., E. Dichtl, H. Hörschgen (2002): Marketing. 19., überarb. und ergänzte Aufl., Berlin.

Nobel-Sagolla, S., (2000): All-inclusive im All. In: Süddeutsche Zeitung v. 28.04.2000, S. V2/3.

Olkus, H. (2000): Mischung aus Shopping, Dienstleistung und Unterhaltung. In: Der Tagesspiegel v. 08.01.2000, S. I 11.

Opaschowski, H.W. (1992): Freizeit 2001: Ein Blick in die Zukunft unserer Freizeitwelt. Eine Projektstudie zur Freizeitforschung vom B.A.T Freizeit-Forschungsinstitut. Hamburg.

Opaschowski, H.W. (1993a): Freizeit und Lebensqualität: Perspektiven für Deutschland. Eine Grundlagenstudie zur Freizeitforschung vom B.A.T. Freizeit-Forschungsinstitut. Schriftenreihe zur Freizeitforschung, Bd. 11. Hamburg.

Opaschowski, H.W. (1993b): Lebensstile. In: Hahn, H., H.J. Kagelmann (Hg.): Tourismuspsychologie und Tourismussoziologie – Ein Handbuch zur Tourismuswissenschaft. München, S. 175-179.

Opaschowski, H.W. (1994): Einführung in die Freizeitwissenschaft. Freizeit- und Tourismusstudien, Bd. 2. 2., völlig neubearb. Aufl., Opladen.

Opaschowski, H.W. (1995): Freizeitökonomie: Marketing von Erlebniswelten. Freizeit- und Tourismusstudien, Bd. 5. 2., durchges. Aufl., Opladen.

Opaschowski, H.W. (1996): Pädagogik der freien Lebenszeit. Freizeit und Tourismusstudien, Bd. 1. Opladen.

Opaschowski, H.W. (1997): Freizeitaktivitäten 1997. Hamburg.

Opaschowski, H.W. (2000): Kathedralen des 21. Jahrhunderts. B.A.T. Freizeit-Forschungsinstitut (Hg.). Hamburg.

Opaschowski, H.W. (2001): Deutschland 2010. Wie wir morgen arbeiten und leben – Voraussagen der Wissenschaft zur Zukunft unserer Gesellschaft. B.A.T. Freizeit-Forschungsinstitut (Hg.). 2. Aufl., Hamburg.

Opaschowski, H.W. (2002): Tourismus: Eine systematische Einführung. Analysen und Prognosen. Freizeit- und Tourismusstudien, Bd. 3. 3. Aufl., Opladen.

o.V. (2000): Erste Club Med World in Paris eröffnet. Ein neues Produkt. In: Touristik R.E.P.O.R.T., Heft 16, S. 20.

o.V. (2000): Kaum noch zu fassen. In: Touristik R.E.P.O.R.T., Heft 1, S. 45-46.

o.V. (2001): Abfahrt in der Tiefkühltruhe. In: Wirtschaftswoche, Heft 3, S. 108-111.

o.V. (2002): Der Orient gleich nebenan. In: Brigitte, Heft 17. S. 10-11.

Pechlaner, H. (1998): Strategisches Management von Destinationen im Alpenraum. In: Handlbauer, G., K. Matzler, E. Sauerwein, M. Stumpf (Hg.): Perspektiven im Strategischen Management. Berlin/New York, S. 219-238.

Pechlaner, H., K. Matzler (1999): Tourismuswettbewerb jenseits von Branchengrenzen. In: Bieger, T., C. Laesser (Hg.): Jahrbuch 1999/2000. Schweizerische Tourismuswirtschaft. Bern, S. 141-160.

Pechlaner, H., K. Matzler (2000): Tourismuswettbewerb jenseits der Branchengrenzen. In: Bieger, T., C. Laesser (Hg.): Jahrbuch 1999/2000. Schweizerische Tourismuswirtschaft. Bern, S. 141-162.

Pechlaner, H., K. Weiermair (Hg.) (1999): Neue Qualifikationsanforderungen in Destinationsorganisationen. Destinations-Management. Führung und Vermarktung von touristischen Zielgebieten. Schriftenreihe Management und Unternehmenskultur, Bd. 2. Wien, S. 79-90.

Pepels, W. (1997): Lexikon der Marktforschung. München.

Picot, A., R. Reichwald, R.T. Wiegand (1996): Die grenzenlose Unternehmung. Information, Organisation und Management. 2., aktualisierte Aufl., Wiesbaden.

Pine, B.J., J.H. Gilmore (2000): Erlebniskauf: Konsum als Ereignis, Business als Bühne, Arbeit als Theater. München.

Poirier, C.C., S.E. Reiter, A.T. Kearney (1997): Die optimale Wertschöpfungskette: Wie Lieferanten, Produzenten und Handel bestens zusammenarbeiten. Frankfurt/New York.

Popcorn, F. (1996): Clicking: Der neue Popcorn Report. München.

Porter, M.E. (1984): Wettbewerbsstrategien. Frankfurt.

Porter, M.E. (1992): Wettbewerbsstrategien. Frankfurt.

Porter, M.E. (1999): Wettbewerb und Strategie. München.

Reiners, G. (1999): Investor will eine Piazza in der City bauen. In: Die Welt v. 15.12.1999, S. 43.

Rieder, M. (1998): Erlebniswelten: Jenseits der Realität – Inmitten der Utopie. In: Rieder M., R. Bachleitner, H.J. Kagelmann (Hg.): Erlebnis Welten: Zur Kommerzialisierung der Emotionen in touristischen Räumen und Landschaften. Reihe Tourismuswissenschaftliche Manuskripte, Bd. 4. München/Wien, S. 20-34.

Rieder M., R. Bachleitner, H.J. Kagelmann (Hg.) (1998): Erlebnis Welten: Zur Kommerzialisierung der Emotionen in touristischen Räumen und Landschaften. Reihe Tourismuswissenschaftliche Manuskripte, Bd. 4. München/Wien.

Romeiß-Stracke, F. (1989): Neues Denken im Tourismus. Allgemeiner Deutscher Automobil-Club e.V. (Hg.). München.

Romeiß-Stracke, F. (1991): Zukunftsperspektiven für den Tourismus. In: Tourismus in der Gesamtwirtschaft. Schriftenreihe Forum der Bundesstatistik, Bd. 17. Stuttgart, S. 26-34.

Romeiß-Stracke, F. (1998): Tourismus – gegen den Strich gebürstet. Essays. Reihe Tourismuswissenschaftliche Manuskripte, Bd. 2. München/Wien.

Romeiß-Stracke, F. (2000): Gewachsene oder simulierte Attraktionen. In: Keller, P., T. Bieger (Hg.): Tourismus und Kultur – Management des Wandels. 50. AIEST-Kongress, Vol. 42. Hnagzhou, S. 59-76.

Roth, P., A. Schrand (Hg.) (1992): Touristik-Marketing: das Marketing der Tourismusorganisationen, Verkehrsträger, Reiseveranstalter und Reisebüros. München.

Roth, P., A. Schrand (Hg.) (1999): Touristik-Marketing: das Marketing der Reiseveranstalter, Verkehrsträger und Reisebüros, 3., überarb. und aktualisierte Aufl., München.

Roth, P., A. Schrand (Hg.) (2003): Touristik-Marketing: das Marketing der Reiseveranstalter, Verkehrsträger und Tourismusdestinationen, 4., überarb. und aktualisierte Aufl., München.

Sattler, H. (2001): Brand-Stretching: Chancen und Risiken. In: Köhler, R., W. Majer, H. Wiezorek (Hg.): Erfolgsfaktor Marke. Neue Strategien des Markenmanagements. München, S. 140-149.

Schemm, V., K. Unger (1997): Die Inszenierung von ländlichen Tourismusregionen: Erfahrungen aus touristischen Kampagnen in Ostbayern. In: Steinecke, A., M. Treinen (Hg.): Inszenierung im Tourismus. ETI-Studien, Bd. 3. Trier, S. 30-46.

Scherhag, K. (1999): Destinationsmarken. In: Tourismus Jahrbuch, Heft 1, S. 18-44.

Schertler, W. (1994a): Dienstleistungseigenschaften begründen Informationsgeschäfte – dargestellt an Tourismusdienstleistungen. In: Schertler W. (Hg.): Tourismus als Informationsgeschäft. Wien, S.17-42.

Schertler, W. (1994b): Informationssystemtechnologie und Strategisches Tourismusmanagement. In: Schertler W. (Hg.): Tourismus als Informationsgeschäft. Wien, S. 525-584.

Scheuch, E. K. (1972): Ferien und Tourismus als neue Form der Freizeit. In: E.K. Scheuch, R. Meyersohn (Hg.), Soziologie der Freizeit. Köln.

Scheuch, E. K. (1973): Das Interview in der Sozialforschung. In: König, R. (Hg.): Handbuch der empirischen Sozialforschung. Grundlegende Methoden und Techniken, Bd. 2, 1. Teil. Stuttgart.

Scheuch, E. K. (1977): Freizeit, Konsum. Handbuch der empirischen Sozialforschung, Bd. 11. 2., völlig neubearb. Aufl., Stuttgart.

Scheurlen, W. (1998): Spätes Coming-out. In: touristik management, Heft 1-2, S. 52-53.

Schimany, P. (1999): Tourismussoziologie zwischen Begrenzung und Entgrenzung. Eine vorläufige Zwischenbilanz. In: Bachleitner, R, P. Schimany (Hg.): Grenzenlose Gesellschaft – grenzenloser Tourismus. München/Wien, S. 9-24.

Schnell, R., E. Esser, P.B. Hill (1999): Methoden der empirischen Sozialforschung. 6. Aufl., München/Wien.

Schober, R. (1993): (Urlaubs-)Erleben, (Urlaubs-)Erlebnis. In: Hahn, H., H.J. Kagelmann (Hg.): Tourismuspsychologie und Tourismussoziologie – Ein Handbuch zur Tourismuswissenschaft. München, S. 137-140.

Schrand, A. (1993): Urlaubertypologien. In: Hahn, H., H.J. Kagelmann (Hg.): Tourismuspsychologie und Tourismussoziologie – Ein Handbuch zur Tourismuswissenschaft. München, S. 547-553.

Schulze, G. (1992): Die Erlebnisgesellschaft. Kultursoziologie der Gegenwart. Frankfurt/New York.

Schulze, G. (2000): Die Erlebnisgesellschaft. Kultursoziologie der Gegenwart. 8. Aufl., Frankfurt/New York.

Schumann, S. (2000): Repräsentative Umfrage. 3., überarb. Aufl., München/Wien.

Schweiger, G. (1978): Ergebnis einer Image-Transfer-Untersuchung. In: Österreichische Werbewissenschaftliche Gesellschaft (Hg.): Die Zukunft der Werbung. Bericht der 25. Werbewissenschaftlichen Tagung. Wien, S. 129-138.

Sharp, B.M. (1993): Managing Brand Extensions. In: Journal of Consumer Marketing, Vol. 10, No. 3, S. 11-17.

Siebert, H. (1992): Einführung in die Volkswirtschaftslehre. 11. überarb. und erw. Aufl., Köln.

Smeral, E. (1994): Tourismus 2005: Entwicklungsaspekte und Szenarien für die Tourismus- und Freizeitwirtschaft. Wien.

Smith, D.C., C.W. Park (1992): The Effects of Brand Extensions on Market Share and Advertising Efficiency. In: Journal of Marketing Research, Vol. 29, August, S. 296-313.

Spinnarke, V. (1994): Trading-up. Entwicklung eines situativen Entscheidungsmodells zur Aufwertung von Marken. Dissertation. St. Gallen.

Spode, H. (1998): Wie vor fünfzig Jahren keine theoriegeleitete Tourismuswissenschaft entstand. In: Bachleitner, R., H.J. Kagelmann, A.G. Keul (Hg.): Der durchschaute Tourist: Arbeiten zur Tourismusforschung. München/Wien, S. 11-19.

Staehle, W.H., überarb. von Conrad, P., J. Sydow, (1994): Management. 7. Aufl., München.

Staehle, W.H., überarb. von Conrad, P., J. Sydow, (1999): Management. 8. Aufl., München.

Stahl, M. (1998): Freizeit - Sport - Tourismus. Bd. 2. Bonn.

Statistikkommission der Vereinten Nationen (1993): Empfehlungen zur Tourismusstatistik. Statistisches Bundesamt (Deutschland). Wiesbaden.

Stauss, B. (1998): Markierungspolitik bei Dienstleistungen – Die Dienstleistungsmarke. In: Bruhn, M., H. Meffert (Hg.): Handbuch Dienstleistungsmanagement. Wiesbaden, S. 557-580.

Steinecke, A. (Hg.) (1996): Der Tourismusmarkt von morgen – zwischen Preispolitik und Kultkonsum. ETI-Texte, Heft 10. Trier.

Steinecke, A. (1997): Inszenierung im Tourismus: Motor der künftigen touristischen Entwicklung. In: Steinecke, A., M. Treinen (Hg.): Inszenierung im Tourismus. ETI-Studien, Bd. 3. Trier, S. 7-17.

Steinecke, A. (2000a): Auf dem Weg zum Hyperkonsumenten. In: Isenberg, W., M. Sellmann (Hg.): Konsum als Religion? Über die Wiederverzauberung der Welt. Mönchengladbach, S.85-94.

Steinecke, A. (2000b): Erlebnis- und Konsumwelten. München.

Steinecke, A. (2001): Erlebniswelten und Inszenierungen im Tourismus: Die Thematisierung des touristischen Raumes. In: Kreilkamp, E., H. Pechlaner, A. Steinecke (Hg.): Gemachter oder gelebter Tourismus? Wien, S. 67-74.

Steinecke, A., M. Treinen (Hg.) (1997): Inszenierung im Tourismus – Trends, Modelle, Prognosen. ETI-Studien, Bd. 3. Trier.

Steffenhagen, H. (1978): Wirkungen absatzpolitischer Instrumente. Stuttgart.

Stengel, M. (1998): Freizeit als Restkategorie. Das Dilemma einer eigenständigen Freizeitforschung. In: Hartmann, H.A., R. Haubl (Hg.): Freizeit in der Erlebnisgesellschaft. 2. Aufl., Opladen/Wiesbaden, S. 19-44.

Strauss, A. (1998): Grundlagen qualitativer Sozialforschung. München.

Strauss, A.L., J. Corbin (1990): Basics of Qualitative Research. London.

Studienkreis für Tourismus e.V. (1993): Urlaubsreisen 1992. Berichtsband. Starnberg.

Swarbrooke, J. (1995): The Development and Management of Visitor Attractions. Oxford.

Sydow, J. (1992): Strategische Netzwerke. Evolution und Organisation. Wiesbaden.

Sydow, J. (1995): Strategische Netzwerke. Evolution und Organisation. 1. Aufl., Wiesbaden.

Tamma, M. (1999): Strategische Aspekte des Destinationsmanagements. In: Pechlaner, H., K. Weiermair (Hg.): Destinations-Management. Schriftenreihe Management und Unternehmenskultur, Bd. 2. Wien, S. 37-63.

Tauber, E.M. (1981): Brand Franchise Extensions: New Product Benefit from Existing Brand Names. In: Business Horizons, Vol. 24, No. 2, S. 36-41.

Thiem, M. (1992): Tourismus und kulturelle Identität – Die Bedeutung des Tourismus für die Kultur touristischer Ziel- und Quellgebiete. Dissertation. Bern.

Thiem, M. (1998): Kulturwandel durch Reisen? Die Bedeutung des Tourismus für die Kultur touristischer Ziel- und Quellgebiete. In: Isenberg, T. (Hg.): Tourismus – Gewinn oder Verlust von Identität? Die Wechselwirkungen von Kultur und Tourismus. Schriftenreihe der Thomas-Morus-Akademie Bensberg. Bensberger Protokolle 88. Bensberg, S. 25-38.

Tobarski, W. (1989): Freizeit- und Lebensstile. Kassel.

Tokarski, W. (1979): Aspekte des Arbeitslebens als Faktoren des Freizeiterlebens. Frankfurt am Main.

Tomczak, T., S. Dittrich (1997): Erfolgreich Kunden binden. GfM Manual, Bd. 1. St. Gallen.

Tschurtschenthaler, P. (1999): Grundsatzprobleme im Destination Management. In: Pechlaner H., K. Weiermair (Hg.): Destinations-Management. Führung und Vermarktung von touristischen Zielgebieten. Schriftenreihe Management und Unternehmenskultur, Bd. 2. Wien, S. 7-35.

Urry, J. (1990): The Tourist Gaze. London/Newburry Park/New York.

Vagt, G. (1976): Freizeit-Forschung. Gesichtspunkte, Probleme. In: Kölner Zeitschrift für Soziologie und Sozialpsychologie, 28, S. 724-727.

Vandermerwe, S., M. Chadwick (1991): The Internationalization of Services. In: Lovelock, C.H. (Hg.): Services Marketing. 2. Aufl., London, S.48-58.

Vester, H.-G. (1988): Zeitalter der Freizeit. Eine soziologische Bestandsaufnahme. Darmstadt.

Vester, H.-G., (1993a): Resort Cycle. In: Hahn, H., H.J. Kagelmann (Hg.): Tourismuspsychologie und Tourismussoziologie – Ein Handbuch zur Tourismuswissenschaft. München, S. 312-314.

Vester, H.-G. (1993b): Tourismussoziologie. In: Hahn, H., H.J. Kagelmann (Hg.): Tourismuspsychologie und Tourismussoziologie – Ein Handbuch zur Tourismuswissenschaft. München, S. 36-43.

Vester, H.-G. (1998a): Die soziale Organisation des Tourismus. In: Tourismus Journal, Bd. 2, Heft 1, S. 133-154.

Vester, H.-G. (1998b): Soziologische Theorien und Tourismus – eine Tour d'horizon. In: Bachleitner, R., H.J. Kagelmann, A.G. Keul (Hg.): Der durchschaute Tourist: Arbeiten zur Tourismusforschung. München/Wien, S. 20-28.

Vogt, P. (1998): Das Leben ist keine Baustelle. In: Süddeutsche Zeitung v. 10.08.1998, S. 9.

Voyage (1999): Jahrbuch für Reise- und Tourismusforschung 1999. Künstliche Ferien – Leben und Erleben im Freizeitreservat, Bd. 3. Köln.

Walch, S. (1999): Implementierung von Marketingstrategien in Tourismusregionen. St. Galler Beiträge zum Tourismus und zur Verkehrswirtschaft, Reihe Tourismus, Bd. 34. Bern/Stuttgart/Wien.

Watson, G.L., J.P. Kopachevsky (1994): Interpretations of Tourism as Commodity. In: Annals of Tourism Research, Vol. 21, No. 3, S. 643-660.

Weinberg, P. (1992): Erlebnismarketing. München.

Weinberg, P., S. Diehl (2000): Erlebniswelten für Marken. In: Esch, F.-R. (Hg): Moderne Markenführung. Wiesbaden, S. 185-207.

Weinberg, P., S. Diehl (2005): Erlebniswelten für Marken. In: Esch, F.-R. (Hg.): Moderne Markenführung, 4., vollst. überarb. und erw. Aufl., Wiesbaden, S. 263-286.

Werthmöller, E. (1995): Räumliche Identität als Aufgabenfeld des Städte- und Regionenmarketing. Schriften zu Marketing und Management, Meffert, H. (Hg). Frankfurt.

Wöhler, K. (1999): Sustainabilisierung des Tourismus. Zur Logik einer postmodernen Wachstumsstrategie. In: Bachleitner, R., P. Schimany (Hg.): Grenzenlose Gesellschaft – grenzenloser Tourismus. München/Wien, S. 38-54.

Wöhler, K. (2001a): Konvergenz von Destinationen und Freizeitparks – Zur postmodernen Organisation des Tourismuskonsums. In: Kreilkamp, E., H. Pechlaner, A. Steinecke (Hg.): Gemachter oder gelebter Tourismus? Wien, S. 101-116.

Wöhler, K. (2001b): Kultur oder Kult-Tour? Zur touristischen Kulturalisierung von Räumen. In: Bieger, T., H. Pechlaner, A. Steinecke (Hg.): Erfolgskonzepte im Tourismus. Wien, S. 67-89.

Wöhler, K., A. Saretzki (1996): Tourismus ohne Raum – Preise und Plätze als Reiseentscheidungsdeterminanten. In: Steinecke, A. (Hg.): Der Tourismusmarkt von morgen – zwischen Preispolitik und Kultkonsum. ETI-Texte, Heft 10. Trier, S. 26-38.

Wolff, J. (1997): Die kulturelle Inszenierung eines Urlaubslandes: das ‚Lutherjahr 1996' in Deutschland. In: Steinecke, A., M. Treinen (Hg.): Inszenierung im Tourismus. ETI-Studien, Bd. 3. Trier, S. 18-29.

www.allrounder.de vom 17.07.2001.

Zitty (2001): Rubrik Reisen, Heft 7, S. 233ff.

ANHANG Gesprächsleitfaden und Fragebogen

Gesprächsleitfaden

Einführende Worte, Ziel der Untersuchung.

1 Phase

Ich möchte zusammen mit Ihnen Ihre Reisebiographie erarbeiten. Dabei geht es mir um die Urlaubsreisen, dass sind die Reisen, die mindestens 5 Tage gedauert haben. Mir kommt es dabei nicht darauf an, dass Sie jede Reise zeitlich genau zuordnen können, wichtig wäre es aber, dass sich die Reisen besonderen Lebensphase zuordnen lassen (Ausbildung z.B. Lehr- oder Studienjahre, Reisejahre mit bzw. ohne Kinder im Urlaub, evtl. auch unterscheiden nach Reisen mit und ohne Kinder)

- Als erstes möchte ich gemeinsam mit Ihnen Ihre bisherigen Lebensphasen zeitlich bestimmen.

Aufschreiben in eine vorgefertigte Tabelle

- Versuchen Sie nun Ihre Haupturlaubsreisen zuzuordnen.

Zielgebiete in der Tabelle zuordnen

- Was waren wesentlichen Motive (z.B. Erholen, Kultur etc.) für die Reisen?

(nicht tiefer nachhacken, kommt später)

- Waren die wesentlichen Motive in den Lebensphasen unterschiedlich?

(nicht tiefer nachhacken, kommt später)

- Was haben Sie im Urlaub unternommen? (Baden, Essen gehen, Konzerte besuchen etc.) **Einfach aufzählen lassen. (nicht tiefer nachhacken, kommt später)**
- Welchen dieser Aktivitäten unternehmen Sie auch zu Hause? **(Hier etwas tiefer einsteigen, auch sonstige Aktivitäten)**
- Wenn Sie einmal zurückblicken, glauben Sie, dass die Erlebnisse und Aktivitäten im Urlaub, die Art der Freizeitgestaltung zu Hause beeinflusst oder verändert haben? (Mode, Roller fahren, Sport, Essen gehen etc.)
- Gibt es unter den bereisten Urlaubsregionen Destinationen, damit meine ich Zielgebiete oder- orte, zu denen Sie sich immer wieder hingezogen fühlen und die vielleicht auch zu Hause in ihrem Leben in irgendeiner Form eine Rolle spielen (z.B. Musik hören, Essen gehen oder kochen, Bücher lesen, Inneinrichtung etc.)?

Sollten mehrere Destinationen genannt werden, eine für das weitere Gespräch auswählen lassen.

2. Phase

Auf die ausgewählte Destination x möchte ich jetzt noch etwas tiefer einsteigen.

- Sagen Sie mir bitte, was ist für Sie das besondere an der Destination x?

Falls nur geographische Kriterien genannt wurden nachhaken.

- Was sind die wesentlichen Motive (z.B. Erholen, Kultur, Freunde und Bekannte auch Kommunikative Aspekte etc.) für die Reisen in die Destination x? (etwas tiefer einsteigen)
- Haben sich diese Motive im Laufe der Zeit verändert?

Wenn ja, erläutern und begründen.

- Was unternehmen sie, wenn Sie in diese Destination reisen? (Aktivitäten und Konsumverhalten wie Essen gehen, Shopping abfragen)
- Haben sich Ihre Aktivitäten im Laufe der Zeit verändert? **Wenn ja, erläutern und begründen.**
- Welchen dieser Aktivitäten unternehmen Sie auch zu Hause?

3. Phase

- Als nächstes würde ich von Ihnen gerne erfahren, wie Sie sich auf die Reisen in die Destination x in der Regel vorbereitet haben (Informieren, Buchen, Zeiträume). **Falls zu offen, auf die letzte Reise beziehen.**
- **Genauer nachhaken, wie sieht es mit Leistungen aus der Destination aus?**
- Hat sich die Art der Vorbereitung im Laufe der Zeit verändert?

Wenn ja, erläutern und begründen.

- Nun würde ich gerne wissen, ob Sie nach den Reisen etwas dafür getan haben, die Erinnerung an die Reise zu verlängern oder aufzufrischen (Fotos anschauen und aufhängen, Musik hören, Souvenirs aufstellen, Briefe schreiben, Essen gehen, Veranstaltungen besuchen, Kleidung tragen. Inneneinrichtung etc..)
- Wie lange dauert in etwa diese Phase?
- Würden Sie diese Phase gerne verlängern? Was könnte seitens der Destination x geschehen, um diese Phase zu verlängern.

4. Phase

- Wenn Sie einmal genau überlegen, würden Sie sagen, dass Ihre Reisen in die Destination x manche Ihrer Verhaltensweisen, Ihren Lebensstil und Aktivitäten zu Hause verändert haben? (Mode, Medien, Lifestyle- und Fitness, Gastronomie, Computer und Video, Theater und Museen, Literatur, Freizeitsport, Gartenarbeit, Lebensmittelbedarf). Wenn ja, welche und wie?

(falls nichts kommt, auf das Freizeitverhalten konkret eingehen und ggf. hinterfragen, ob es Verhaltensänderungen gegeben hat.)

5. Phase

- Was für Angebote / Veranstaltungen etc. gibt es außerhalb der Destination x, die Sie an die Destination x erinnern?
- Gibt es weitere Angebote, Veranstaltungen etc., die Sie aus der Destination x kennen und die Sie wahrscheinlich auch zu Hause besuchen würden, wenn diese angeboten würde?
- Können Sie sich völlig neue Angebote oder Serviceleistungen vorstellen, die die Destination x Ihnen zu Hause anbieten könnte?. (z.B. Infoservice über destinationsspezifische Veranstaltungen, Feste organisieren, spezielle Märkte, Destinationsläden, Kaufhäuser, Direktvertrieb von Lebensmitteln, Kneipen, Kulinarische Veranstaltungen, Erlebnisparks)

Fragebögen der Einzelinterviews

1 Restaurant Gosch

Guten Tag, einleitende Worte

Fragebogen – Nr.:

Datum__________

Waren Sie schon einmal in einem Restaurant Gosch außerhalb Sylts?

Nein O¹ Ja O² und zwar 1-5 mal O¹ 6-10 mal O² mehr als zehn Mal O³

Bitte nennen Sie mir **Gründe/ Motive** für Ihren heutigen Besuch

____

____

Sagen Sie mir bitte, was sind für Sie typische Merkmale Goschs**?**

____

____

Verbinden Sie Gosch auch mit Sylt?;

Nein O¹ Ja O², warum?

____

____

Waren Sie schon einmal auf der Insel Sylt?
Nein O^1 Ja O^2, und zwar 1-5 mal O^1 6-10 mal O^2 mehr als zehn mal O^3

Wenn nein: Möchten Sie Sylt einmal zu besuchen? Ja O^1, eher ja O^2; eher nein O^3, Nein O^4

Alle: Was sind für Sie **typische Merkmale Sylts**?

____

____

Bedanken und verabschieden der Befragten, die Sylt noch nicht besucht haben

Ist Gosch Ihrer Meinung nach auch typisch für Sylt? Nein O^1, Ja O^2

Weckt der heutige Besuch bei Gosch Syltgefühle bei Ihnen? Nein O^1; Ja O^2

Nutzen Sie weitere Angebote/ Veranstaltungen (z.B. Sylt-Magazin) außerhalb Sylts, die Sie an Sylt erinnern?
Nein O^1 Ja O^2, und zwar

____

Glauben Sie, dass Sie das Restaurant Gosch auch besucht hätten, wenn Sie nicht auf Sylt gewesen wären? Nein O^1; Ja O^2

Scandinavium

Waren Sie schon einmal im Scandinavium?
Nein O^1 Ja O^2, und zwar 1-5 mal O^1 6-10 mal O^2 mehr als zehn mal O^3

Bitte nennen Sie mir **Gründe/ Motive** für Ihren heutigen Besuch

____

____

Sagen Sie mir bitte, was sind für Sie typische Merkmale des Scandinaviums**?**

Verbinden Sie das Scandinavium auch mit Nordeuropa?

NeinO^1 Ja O^2, warum?

Waren Sie schon einmal in Nordeuropa?

Nein O^1 Ja O^2, und zwar 1-5 mal O^1 6-10 mal O^2 mehr als zehn mal O^3

Wenn nein: Möchten Sie Nordeuropa einmal besuchen? Ja O^1, eher ja O^2; eher nein O^3, Nein O^4

Alle: Was sind für Sie **typische Merkmale Nordeuropas**?

Bedanken und verabschieden der Befragten, die Skandinavien noch nicht besucht haben

Ist das Scandinavium Ihrer Meinung nach auch typisch nordeuropäisch?; Nein O^1, Ja O^2

Weckt der Besuch des Scandinaviums „Nordeuropa-Gefühle" bei Ihnen? Nein O^1; Ja O^2

Nutzen Sie weitere Angebote/ Veranstaltungen etc. außerhalb Nordeuropas, die Sie an Nordeuropa erinnern?

Nein O^1 Ja O^2, und zwar ______________________________

Gibt es darüber hinaus Angebote, Veranstaltungen etc., die Sie aus Nordeuropa kennen und die Sie wahrscheinlich auch zu Hause besuchen würden, wenn diese angeboten würden?

Nein O^1 Ja O^2, und zwar ____

____

Glauben Sie, dass Sie das Scandinavium auch besucht hätten, wenn Sie nicht in Nordeuropa gewesen wären? Nein O^1; Ja O^2

Abonnement

Hiermit abonniere ich die *Schriftenreihe der School of International Business*

❐ *Europäischer Studiengang für Wirtschaft und Verwaltung (ESWV)* **(ISSN 1863-9798),** herausgegeben von Hans-Jürgen Busse,

❐ *Internationaler Studiengang für Tourismusmanagement (ISTM)* **(ISSN 1863-9798),** herausgegeben von Felix Bernhard Herle,

❐ ab Band # 1

❐ ab Band # ___

❐ Außerdem bestelle ich folgende der bereits erschienenen Bände:
#___, ___, ___, ___, ___, ___, ___, ___, ___, ___, ___, ___

❐ ab der nächsten Neuerscheinung

❐ Außerdem bestelle ich folgende der bereits erschienenen Bände:
#___, ___, ___, ___, ___, ___, ___, ___, ___, ___, ___, ___

❐ 1 Ausgabe pro Band ODER ❐ ___ Ausgaben pro Band

Bitte senden Sie meine Bücher zur versandkostenfreien Lieferung innerhalb Deutschlands an folgende Anschrift:

Vorname, Name: ______________________________

Straße, Hausnr.: ______________________________

PLZ, Ort: ______________________________

Tel. (für Rückfragen): ________________ *Datum, Unterschrift:* ______________

Zahlungsart

❐ *ich möchte per Rechnung zahlen*

❐ *ich möchte per Lastschrift zahlen*

bei Zahlung per Lastschrift bitte ausfüllen:

Kontoinhaber: ______________________________

Kreditinstitut: ______________________________

Kontonummer: ________________ Bankleitzahl: ______________

Hiermit ermächtige ich jederzeit widerruflich den *ibidem*-Verlag, die fälligen Zahlungen für mein Abonnement von meinem oben genannten Konto per Lastschrift abzubuchen.

Datum, Unterschrift: ______________________________

Abonnementformular entweder **per Fax** senden an: **0511 / 262 2201** oder 0711 / 800 1889
oder als **Brief** an: *ibidem*-Verlag, Julius-Leber Weg 11, 30457 Hannover oder
als **e-mail** an: **ibidem@ibidem-verlag.de**

ibidem-Verlag
Melchiorstr. 15
D-70439 Stuttgart

info@ibidem-verlag.de

www.ibidem-verlag.de
www.edition-noema.de
www.autorenbetreuung.de

Kolibri 360 GmbH
Ferdinand-Jühlke-Straße 7
99095 Erfurt, Deutschland
produktsicherheit@kolibri360.de